# 公的年金の
# 経済学

## 今泉佳久

日本経済評論社

平成17年度千葉経済大学学術図書刊行助成費交付対象図書

# 目　次

本書の目的　1

## 第1章　年金および年金制度の概略 …………………………… 7

1　年金の目的　7
2　老後貯蓄の条件　8
3　公的年金の範囲　12
4　最適配分への障害　14
5　日本の公的年金　18

## 第2章　不合理な行動と公的年金 …………………………… 25

1　はじめに　25
2　基本的枠組　29
3　老後貯蓄の不足　30
4　保険による解決　32

## 第3章　公的年金の成立 …………………………… 41

1　はじめに　41
2　歴史概説　42
3　工業化にともなう変化　45
4　人口構造の変化　49
5　制度成立へのメカニズム　53

## 第4章　積立方式年金の分配効果 …………………………… 61

1　はじめに　62
2　異なる人々の経済行動　65
3　公的年金と貯蓄　80
4　厚生分配への効果　86
第4章付録　数式を用いた展開　90

## 第5章　経済成長への障害 ……………………………………… 105

1　はじめに　105
2　基本モデル　107
3　公的年金制度の導入　113

## 第6章　引退への影響 …………………………………………… 121

1　はじめに　122
2　労働者の引退決定　125
3　年金制度を含むケース　129
第6章付録　数式による展開　136

## 第7章　人口構造と年金 ………………………………………… 143

1　はじめに　143
2　経済と均衡状態　144
3　財政方式の維持　152
4　財政方式の転換　159
　（1）　置き換え比率維持、拠出率固定　159
　（2）　置き換え比率維持、拠出率変化　167

(3) 収益率維持 170
     (4) 本節のまとめ 172
    5 政策上の含意 174
   第7章付録 数式を用いた展開 180
あとがき 201
索　　引 203

## 本書の目的

　わが国の人口構造が高齢化しつつあることは周知の事実である。しかしながらそれは特殊日本的な現象ではなく、広く、いわゆる先進諸国において共通してみられる現象である。なぜならば、その現象は人口転換あるいは人口革命として知られ、経済の進歩発展とともに展開される人口構造の長期的変遷過程の終幕の一コマであるからにほかならない。つまり、多産多死から多産少死へさらに少産少死へという出生と死亡のパターン変化の一つの局面として生じた低出生率低死亡率の結果として人口成長率が低下し、最近の人口構造の高齢化がひきおこされているのである[1]。ただ、わが国において人口の高齢化が注目されるにはそれなりの理由がある。第一に人口高齢化の程度が、諸外国に比べて、高いことである。総人口に占める65歳以上人口の比率（老年人口比率）でみると、日本は2001年の18.0％から2054、2055年に36.0％に達しそれがピークになると予測されている[2]。それに対し諸外国の2000年から2050年の推移はアメリカ：12.30→21.09％、イギリス：15.75→27.31％、フランス：15.97→26.73％、ドイツ：16.40→30.97％、イタリア：18.07→35.87％、スウェーデン：17.43→30.36％と予測されるから、2050年でのほとんどの国の老年人口比率は日本よりも低いとみられる[3]。第二に高齢化の速度が高いことである。老年人口比率が10％から20％に上昇するのに必要な時間はアメリカ58年、イギリス74年、フランス76年、ドイツ58年、イタリア42年、スウェーデン63年と予測されているが、日本は21年にすぎない[4]。

　このような人口構造の高齢化は、社会保障のあり方に対しても影響を与えるであろう。2001年の勤労者世帯（全国）年平均1か月間の収入でみると、世帯主の年齢を問わず平均すると、実収入55万1160円のうち社会保障給付は2万0359円で3.7％にすぎない。ところが、世帯主が65～69歳では実収入43万4663

円のうち社会保障給付は16万4629円で37.9％、同じく70歳以上では44.5％（実収入44万0284円、社会保障給付19万5733円）を占める。直前の年齢階級（60～64歳）の17.2％（実収入45万0134円、社会保障給付7万7268円）と比べ、百分比、金額ともに2倍を超える[5]。例えば2001年の厚生年金保険の制度によれば、64歳までは稼得に応じ年金が減額されるが、65歳以上では稼得にかかわらず年金の全額が支給されること[6]、および2000年度の社会保障給付費78兆1272億円のうち年金は41兆2012億円で52.7％を占めることから上記高齢世帯の社会保障給付のうちかなりの部分が年金であると考えられる[7]。人口構造の高齢化によって老年人口は2000年の2200万5000人から2013年には3000万人を超えると予測されるから、公的年金給付費は確実に増大するであろう[8]。ここで、近年における各国の社会保障給付費のうち年金が占める割合を見ると、日本50.5％（1996年度）、アメリカ42.1％（1995年度）、イギリス39.7％（1993年度）、ドイツ39.8％（1996年）、フランス48.8％（1993年度）、スウェーデン38.9％（1996年）である[9]。これら諸国の老年人口比率は、1995年に、日本14.54％、アメリカ12.54％、イギリス15.87％、ドイツ15.47％、フランス15.01％、スウェーデン17.56％である[10]。これらを比較すれば、最近の実績について次のことが明らかである。アメリカ以外の諸国の老年人口比率は日本よりも高い。ところが年金の比重は日本が最も高く、フランスを除いて8ポイントから12ポイント近くも差がある。したがって今後の人口高齢化によって、現行制度の下では、日本の社会保障給付費に占める年金の割合は一層上昇し、上記諸国との間に大きな格差が生じるであろうことが推測できる。また、医療費については、国民医療費の増加傾向の中で、それに占める老人医療費の割合が着実に増加してきている[11]。その要因としては、年齢別に見ると、65歳以上の受療率が入院・外来共により若い年齢層よりも高いこと[12]、および65歳以上の在院日数がより若い年齢層に比べ長いことが指摘されてきた[13]。各年齢での健康状況が今後大きく変わらないとすれば、人口の高齢化は老人医療費の増大を通じて、社会保障制度の医療給付費を押し上げるであろう。

　現行制度の下での日本の社会保障給付費の今後の見通しについては、人口と

経済成長をどのように想定するかによって異なる。2000年度には社会保障給付費が78兆円、対国民所得比は20.5％という実績であった。これに対し、2025年度には給付費は176兆円、対国民所得比は31.5％と予測されている。このように大規模な社会保障制度をまかなうための社会保障負担は、2000年度に国民所得の14.0％であったが、2025年度には同じく21％から22％に上ると予測されている[14]。2000年度の租税負担は国民所得の23.2％であった[15]。もし租税負担が同様の水準であるとすれば、2025年度の国民負担率は国民所得の45％程度に上ると見なされる。

　他方、老年人口の増加は日常生活を自立して送ることができない要介護もしくは要支援老人を増やす。したがって今後は、サービス供給体制の整備などによって介護保険が日本社会に親和するにつれ、介護保険による給付が急激に増加することが予想される。前述の社会保障給付費の将来予測にそのような構造的変化が考慮されていないとすれば、将来の国民負担率はさらに高まるものと考えなければならない。

　どのような水準の国民負担率が適正であるのか、あるいは、どのような水準が限度であるのかについては、明確な答は存在しないであろう。経済理論の側からすれば、社会保障を含めた政府サービスを拡大することによって国民が得られる便益とそのために国民が負う負担とを限界において等しくする国民負担率が適正な水準である、という答が得られよう。これを明確な数値として示すためには、例えば社会厚生関数を特定化することが必要である。しかし社会厚生関数の型を仮定することは容易であるが、ある社会に適合する社会厚生関数を特定することは困難である。したがって、適正な国民負担率の数値を求めることも困難である。

　これに対し、現実にどれだけの国民負担がなされているかについては観察が可能である。1995年の国民負担率はアメリカ36.5％、イギリス49.2％、ドイツ56.4％、フランス64.1％、スウェーデン73.2％である[16]。これらの数値からすれば、国民負担率が50％を超えたとしても、その事実のみによって特段の問題が生じるようには見えない。

しかしながら、将来の国民負担については、たとえそれが負担可能であるとしても、現実に負担が生じる以前に、国民の間で合意することが必要であろう。そのような負担を生じる将来のわが国の社会保障制度がどのようなものであるべきかについては、広く議論がなされた上で、選択されねばならない。その場合、前述のようにきわめて大きな割合を占める年金について論点として考えられるのは以下の諸点である。第一に、人々の老後消費財源の中で公的年金はどのような役割を果たすべきか、という問題がある。これは公的年金が必要であるか否かという問題と、もし必要であるならばその給付水準はどれだけであるべきかという問題に分けられる。ただし、適正な負担率を求めることが困難であるように、適正な給付水準を求めることも困難である。第二に、公的年金が必要であるという前提の下に、公的年金は人々をより幸福にするものでなければならぬ。具体的には、公的年金が経済活動を促進するか、それとも阻害するかという問題である。もし阻害するならば、どのように対処すべきかが明らかにされねばならない。第三に、少子高齢化の下で長期にわたり維持しうる公的年金とはどのような仕組みであろうか。これについては、現行制度からの移行が可能でなければならぬという条件が付け加わる。本書は、これらの論点に答えることによって、将来の公的年金制度のあるべき姿を明確にしようとするものである。

　本書の構成は以下のようである。第１章は日本の年金制度の概略を説明し、さらに年金が公的な制度として存在する理由を明らかにする。第２章は人々の不合理な行動に関する社会心理学における成果を利用して、公的年金の必要性を明らかにする。ただし、人々の不合理な行動に焦点を合わせたアプローチをとるところで、第１章とは異なる。第１、２章が現代社会での公的年金の必要性を明らかにするのに対し、第３章は歴史の視点から、年金制度を社会にとって必要なものとする経済的メカニズムを提示する。ところで、異なる環境にある異なる世代に対し同一の制度が異なる影響を与えることは容易に予想しうる。また、同一世代でも異なる状況にある人々には異なる影響を与えるであろう。そこで第４章は、公的年金が同一世代内のさまざまな人々の期待効用にどのよ

うな影響を与えるかを調べる。年金制度は、老後所得を保障することによって、人々の老後生活の安定性を高めるものである。ところが年金制度は、同時に、貯蓄、投資、労働供給などさまざまな側面に影響を与える。第5章は、貯蓄投資の側面から経済の成長発展を阻害するおそれのある公的年金をどのような時期に経済に導入したらよいかを検討する。年金制度の導入は人々が職業生活から引退することを可能にする。ところが、制度の設計によっては、早期引退を促進し、労働供給に制約を課すことになる。そこで第6章は引退時期をより遅く（労働供給を促進）する年金制度を探る。最後の第7章は、一般均衡の枠組みの中で人口成長率の低下によって生じる公的年金の変容を論じる。具体的には人口成長率の低下が年金制度の収支、あるいは各世代の拠出と給付の関係にどのような影響を与えるかを分析する。第7章の章末で、将来の公的年金制度について、若干の私見を述べる。

註

1) 経済企画庁（編）『2000年の日本——国際化、高齢化、成熟化に備えて——』2000年の日本シリーズ1、大蔵省印刷局、1982年、p. 2。最近では、平成10年厚生白書、p. 18、平成14年厚生労働白書、pp. 4-5。
2) 平成14年版社会保障統計年報、第1表、第5表。
3) 平成14年版社会保障統計年報、第358表(i)。
4) 平成14年版社会保障統計年報、第358表(ii)。
5) 平成13年家計調査年報、第7表。
6) 2002年4月から、65歳以上70歳未満についても、在職老齢年金制度が導入された。
7) 平成14年版社会保障統計年報、第19表。
8) 平成14年版社会保障統計年報、第5表。
9) イギリス、フランスは平成11年版社会保障統計年報、第375表。他は、ILO, Cost of Social Security 1994-96 により、支出のうちⅠ. Old ageとⅡ. Survivorsの合計額がA. Social protection benefitsに占める比率を求めた。
10) 平成11年版社会保障統計年報、pp. 413-414、第364表(i)。
11) 例えば、平成12年厚生白書、p. 445。
12) 平成12年厚生白書、p. 60、図2-1-2。
13) 平成12年厚生白書、p. 68、図2-2-6。

14) 平成12年厚生白書、p. 350、詳細データ①。
15) 平成14年版社会保障統計年報、第31表。
16) 平成12年厚生白書、p. 352、詳細データ⑤。

# 第1章　年金および年金制度の概略

　本章は日本の年金制度の概略と年金が公的な制度として存在する理由を明らかにすることが役割である。ただしその前に、公的な制度としてのみならず、民間の金融商品としても存在する年金の目的が老後の消費財源をまかなうことにあること、および、老後貯蓄が人々の意志のみによって可能となるのではないことを示す。

## 1　年金の目的

　人はその生涯において年齢とともに立場が変わる。経済生活という側面からみると、誕生から社会人になるまでの親の保護の下で養育される期間、何らかの職業につき稼得を得る現役での就業期間、定年などを画期として就業の程度が低下し、さらには完全に引退し死亡するまでの老後の引退期間に人の生涯を類型化することができよう。

　ところで、人は生きるために消費が必要である。親に養育される期間を除いて考えれば、就業期間には自分の稼得によって消費をまかなうことができる。ところが、引退期間には稼得はゼロもしくはそれに近い。子女の教育、住宅購入などは就業期間になされるであろうが、引退期間においても、当人の生活費をはじめ、なお支出需要は大きい。つまり、収入はほぼ就業期間に集中するのに対し、支出は就業期間と引退期間を通じほぼ安定してなされる必要があるので、収入と支出の時間パターンは大きく異なる。そこで支出需要とそれをまかなう収入の時間パターンの不一致を解消することが必要になる。そのためには、就業期間の収入の一部を引退期間に持ち越し、引退後の支出をまかなえばよい。

このように個人が現役時に資産を蓄積しそれを老後に取り崩すことは、個人によって行われる老齢年金もしくは退職年金と見なすことができる。言いかえると、老齢化ないし職業生活からの引退によって生じる収入と支出の時間パターンの不一致を解消し、老後の消費財源をまかなうことが年金の目的である。つまり、ここで言う年金は個人がなす貯蓄で、民間金融商品としての個人年金はそのような貯蓄の一形態である。このような老後の消費財源に充てるための貯蓄を、ハロッド（Roy F. Harrod）は hump saving と名付けた[1]。現代ではライフ・サイクル貯蓄と呼ぶこともあるが、遺産動機による貯蓄と明確に区別するためには、例えば老後貯蓄と名付けることが必要である。

## 2　老後貯蓄の条件

　上述の「現役時の貯蓄によって引退後の消費をまかなう」ことは、あたかも自明の事柄で、何の制約もなく可能であるかのように見える。ここで、自分の老後に備えるために個人が貯蓄をなしうるには条件があることを、サミュエルソン（Paul A. Samuelson）とともに考える[2]。

　いま、政府が存在しない実物経済を考える。言いかえれば、その経済は社会保障制度を持たず、貨幣を使用しない。また、生産された財は貯蔵できず、次期以降に持ち越せないものとする。次に個人の生涯を3期間に分割する。第1期（若年期）、第2期（中年期）では、各人はそれぞれ1単位ずつの財を生産する。第3期（老年期）は引退しており、生産はゼロである。なお、人々は確実に第3期末まで生存し、途中では死亡しない。個人が合理的であれば、生涯所得の制約の下で生涯効用を最大にするよう各期の消費の大きさを選択する。このとき、ゼロ生産の老年期にも消費することが人々にとって望ましいのであるが、これは無条件には成立しない。なぜなら、財を貯蔵できないという上述の仮定により個人が自分の生産物を次期以降に持ち越そうとしても財は消滅してしまうので、自分の生産物を老年期に消費することができないからである。したがって、ロビンソン・クルーソーであれば、就業期間の第1期、第2期に

それぞれ生産した1単位を消費し、生産ゼロの第3期は消費もゼロとなり、対応して各期の貯蓄はすべてゼロにならざるを得ない。それに対し、自分の生産がゼロであるにもかかわらず老年期に消費しようとすれば、その時若年期あるいは中年期にある誰かから財が提供されねばならない。

人々はロビンソン・クルーソーではないから、同世代はもちろん、異なる世代の人々も同時に存在する。そうであれば、若年期もしくは中年期にある人々から老年期にある自分に財を提供してもらうことができよう。しかしながら、個人の生涯効用がその人の各期の消費の大きさによって決まるから、反対給付の無い財の一方的移転は生じない。贈り手は生涯効用のいくらかを失うからである。すなわち財の提供は、市場での自由な取引により、合理的に行動する関係者のすべてに便益が生じるようなされねばならない。

はじめに、取引が二者間で行われる場合を考える。二者の双方に便益があるためには、自分の老年期に財を提供してもらう代わりに、その相手に前期までにあらかじめ財を提供しておかねばならない。言いかえれば、自分が中年期にあるとき相手は若年期にあるという関係でなければならないので、二者間取引は隣あう世代間に限定される。$t$期に中年のA氏から老年のB氏に財が提供されるとすれば、$t-1$期に未だ中年であるB氏から若年のA氏に財が提供されていなければならない。その$t-1$期に中年のB氏は前期（$t-2$期）に自分が財を受けとった相手である今期（$t-1$期）老年のC氏に財を提供する。したがって二者間取引の場合には、中年世代のプラスの貯蓄が老年世代と若年世代に提供され消費される。若年世代は、財を提供すべき相手が未だ生まれていないので、生産した以上に消費することになる。このような生涯消費配分は、個人が中年期と老年期の消費よりも若年期消費を特に重視する選好を持つことを意味する。しかし、そのように偏った選好を合理的とする根拠は明らかではない。もしそのような選好が合理的でないとすれば、若年期にも誰かに財を提供することが必要である。ところが、二者の双方に便益があるためには提供相手は自分より若くなければならないのであるが、その相手は未だ生まれていない。このことから、自由市場での二者間取引はプラスの老年期消費を実現でき

ないおそれがあることがわかる。

　次に、三者による多角的な市場取引を考えよう。いま上述のA、B、C三者についてt期に老年のB氏が中年のA氏から財を提供されるとすれば、t−1期に中年のB氏は若年のA氏に財を提供することになるので、上述の二者間取引のケースに帰着し、プラスの老年期消費は期待できない。そこで、t期に老年のB氏が若年のD氏から財を提供され消費するとしよう。D氏はその報酬として2期後（t+2期）にE氏から財を得る。B、D、E、三者間の取引が成立するには、B氏がE氏に財を提供すればよい。ところがE氏はt+2期に若年もしくは中年でなければならないので、t期には未だ生まれていない。他方、B氏は自分が老年となるt期に財を受けとるためには、t−1期までに誰かに財を提供していなければならない。したがって、B氏が財を提供する相手の中には、t期に未だ生まれていないE氏は含まれない。このように、三者間での相互に便益のある自由な取引は市場では生じえないので、老年期のプラスの消費は不可能である。

　以上のように、財が貯蔵できないとすると、自由市場での取引は老年期のプラスの消費を保証しそうにない。ここで、未だ生まれていない人々も既存の社会のルールに従う、としよう。そのルールとは、現役期に引退世代を扶養すれば自分の引退期の消費が保証される、というものである。このルールは、個人間の取引によらず、現役期での財提供を条件として、引退期に財を受け取ることを可能にする。もしこのような「社会契約」が受容されれば、財を貯蔵できない経済においても、老年期のプラスの消費が可能となることは明らかであろう。

　ところで、この経済への貨幣の導入はどのような意味を持つか？　貨幣は、そのものが消費されるのではなく、交換を媒介し、価値を保蔵する機能を持つ。いま、人々が交換手段として貨幣を使用することに合意すると仮定する。その時、新しい世代が以前からある貨幣を拒否しない限り、先行世代は貨幣と交換に後続世代から財を手に入れることができる。したがって、現役期に自分の生産物すなわち収入の一部を貨幣と交換しておけば、老年期に、その貨幣を財と

交換することによって、プラスの消費が保証される。すなわち貨幣は、その価値保蔵機能によって、貯蔵できない財をあたかも貯蔵し得るかのように次期以降へ持ち越すことを可能にする。このことをサミュエルソンは「貨幣の使用それ自体を社会契約と見なしうる」[3]と表現する。以上のように人々は、貨幣を使用することによって、所与の利子率の下で生涯効用を最大にするよう、各期の消費及び貯蓄を実現することができるようになる。したがって老年期のプラスの消費が可能であるためには、たとえ財が貯蔵できないとしても、貨幣を使用すればよいのである。

　現実の経済において財は貯蔵できると考えてよいであろうか。言うまでもなく、生鮮食料品に限らず、貯蔵できない財の範囲は広い。衣類のように、長期の貯蔵が可能であるとしても、デザイン、色、柄の流行によって心理的に使用できなくなる財もある。また生活様式が変化すれば、住宅のような耐久財でも、そのままでは実用に耐えなくなる。したがって時間を長くとれば、それだけ貯蔵できない財の範囲は拡大するから、本節の分析は現実に近づく。すなわち現実の経済においても、稼得の有無にかかわらず、貨幣の使用によってはじめて老後の消費が可能になるのである。それに対し、ある一時点を取り出してみれば、その時に生産された現役世代の生産物を現役世代と引退世代とが貨幣との交換を通じて分け合い消費していると見ることができる。現役世代の貨幣保有は個人の老後貯蓄であり、私的に行われる年金であるのは言うまでもない。ところが、貯蓄は利子率によって殖えるが、物価上昇がその実質価値を侵食する。言い換えると老後にどれだけを消費できるかは、現役時の貯蓄によって予め約束されているのではなく、老後の経済実態によって決まるのである。すなわち個人の貯蓄は、民間の個人年金をも含め、将来の実質価値を約束するものではなくいわば確定拠出なのである。したがって貨幣の使用は、老後貯蓄を可能にするが、老後消費の実質価値を保証するものではない。このことは、第4節で詳述するように、民間部門の範囲内では老後貯蓄に限界があることを意味する。将来の老後消費財源として何らかの実質価値を保証するのは政府部門の役割であり、具体的には公的年金による。

## 3　公的年金の範囲

　年金は、収入と支出の時間パターンの不一致を解消するために、購買力を就業期間から引退期間へ持ち越す仕組みである。したがって各個人が私的に資産を蓄積すれば、それが年金の役割を果たすことになる。ところが、前節の末尾に述べたように望ましい資産蓄積を私的には達成できないおそれがあり、各国で公的年金が制度化されている。本節では公的年金の範囲を、言い換えると何をもって公的年金と称するのかを明らかにする。

　老齢・障害・遺族を原因とする困窮に対する社会保障制度を持つ国の数は、1949年に44カ国であったが、1997年には166カ国になり、この間に3.8倍に増加した[4]。またILO『社会保障の費用　1990-96』[5]によれば、掲載される110カ国のうち老齢年金制度を持たないと見なしうる国はタイのみである。タイと他の年金制度を確認できない国を除外すると、110カ国のうち102カ国で年金制度を確認できる。このように最近では、いわゆる先進国のみならず、多くの国に公的年金制度が存在する。

　公的年金の範囲はどのようなものであるか。ILOは『社会保障の費用 1994-96　第19次国際調査』[6]において次のように述べている。社会保障制度の枠組みは第102号条約および勧告第67号および第69号に示される。また、社会保障制度が人々を防衛すべき事故、危険、欠乏と対応する制度の機能はそれら条約と勧告で(1)保健医療、(2)老齢、(3)障害、(4)遺族、(5)失業、(6)労働災害と分類され、それらに(7)家族、(8)住宅、(9)公的扶助が追加される。さらに、制度が社会保障制度に含まれるためには、以下の基準を満たさねばならぬ。すなわち、(a)その目的が上記9機能のうちの一つに応じた給付を提供することであること、(b)公的、準公的、もしくは独立の機関に特定の権利を付与するかもしくは特定の義務を課す法律に基づくこと、(c)法律に基づく公的、準公的、もしくは独立の機関によって運営されること、ただし法律上規定された義務を実行するよう委任された民間機関でも良いこと、である。それら基準

に適合する制度として具体的に例示されるなかで、年金と関連する項目は、
(イ) 強制社会保険、
(ロ) 任意社会保険、
(ハ) 産業別および職業別の制度もしくは上記基準の枠内で雇用主と従業員との間の合意によって設立される制度および協定、
である。

　ILO基準からすればわが国の公的年金制度は(イ)強制社会保険としては国民年金、厚生年金保険、各種共済組合[7]、(ロ)任意社会保険としては厚生年金基金、国民年金基金、および農業者年金基金、(ハ)制度および協定としては税制適格退職年金、確定給付企業年金、確定拠出年金を、それぞれあげることができよう。ただし厚生年金基金については、その設立に従業員の過半数の賛成が必要であるから、(ハ)に分類すべきかもしれない。ところでわが国における公的年金制度の範囲は、例えば厚生労働省によれば、国民年金、厚生年金保険、および共済年金からなる[8]。したがって、ILOの(ロ)にあたると見なされる厚生年金基金、国民年金基金、農業者年金基金、および(ハ)にあたると見なされる税制適格退職年金、確定給付企業年金、確定拠出年金は含まれない。他方、社会保障制度審議会は、上述の国民年金、厚生年金保険、各共済組合のほかに、厚生年金基金、農業者年金基金を加え、それらを社会保険(の年金)として狭義の社会保障に分類した[9]。それらが社会保障制度審議会の公的年金の範囲であるから、国民年金基金は公的年金と見なされない。次に、課税上の取扱いからみると以下のようである。所得税法第74条の社会保険料控除の対象となるという意味での社会保険たる公的年金は、社会保障制度審議会の社会保険年金に国民年金基金を加えたものである。他方、所得税法第35条の3でその収入が公的年金等とされる年金は上述の控除対象となる年金に税制適格退職年金、確定給付企業年金、確定拠出年金が加わる。以上のように、わが国の公的年金について確立された範囲というものはないようである。したがって、その目的に応じ公的年金の範囲を設定すればよいということになる。ただ、上述のいくつかの公的年金の範囲を比較すると、税制適格退職年金、確定給付企

業年金、確定拠出年金は企業年金として公的年金には含めないとすれば、諸基金をどのように取り扱うかによって公的年金の範囲が異なると言えよう。すべての基金を排除すれば厚生労働省の公的年金となり、逆にすべてを含めれば社会保険料控除の対象としての公的年金となる。その中間に社会保障制度審議会の狭義の社会保障がある。ちなみに同審議会の広義の社会保障の年金は、狭義のそれに恩給を加えたものである。

## 4　最適配分への障害

　第1節で年金の目的が老後の消費財源をまかなうことにあると指摘した。次いで第2節で、貨幣の使用が老年期の消費を可能にすることを述べた。つまり、貨幣の価値保蔵機能によって、競争市場で合理的に行動する人々は、所与の利子率の下で、取引相手を特定することなく生涯効用を最大化することができる。そうであれば、老後の消費財源は各個人の老後貯蓄によって私的にまかなうことができるはずである。ところが例えば、個人が私的に行う老後貯蓄によって老後の消費財源をまかなうとき、自分の死亡時点を予め知ることはできないという事情がある。したがって蓄積した老後貯蓄は必要額と一致せず、長生きすれば不足し、早死にすれば過剰となる。言い換えれば、個人が私的に行う老後貯蓄は、死亡時点の不確実性によって、非効率的である。ここで、各人が個別にではなく、集団で老後貯蓄を蓄積するとどうであろうか。集団内の人々がすべて平均寿命まで生きるとして各自の老後貯蓄を蓄積する。現実には死亡時点は平均寿命の周辺に分散するものの、平均すれば平均寿命に一致するから、集団内の人々の老後貯蓄の総体を財源として集団内の人々の老後消費をまかなえば、過不足は生じない。これは集団による相互保障すなわち私保険の年金によって、長生きが財源不足を来すという危険を共同負担し、解消することにほかならない。しかも、ちょうど過不足を生じないので、私保険の年金は効率的である。

　ところが現実には、前述のように、いわゆる公的年金制度が存在する。これ

は、人々の老後の消費財源としての私的な貯蓄・保険加入と他の支出項目との間で望ましい配分が実現せず、公的介入が必要となることを意味する。配分が最適とならない原因は、個人の合理的行動、完全な市場といった経済理論が想定する条件が現実には満たされないことにあると考えられる。言いかえると、条件が満たされないことに公的年金の存在理由があると考えられる。そこで、本節はこの点に注目する。はじめに、個人は合理的に行動する、と仮定しよう。このとき、以下のような諸状況が最適配分を妨げると考えられる[10]。

1）少額資金の不利益

一個人の老後貯蓄は少額と言わざるを得ない。例えば、就業期間40年、引退期間20年、就業期間の年収600万円、利子率ゼロとして、単純に生涯所得と生涯消費を等置すれば、就業期間の年間貯蓄は200万円となる。貯蓄目的に住宅取得、子女の教育が加えられるとすれば、老後貯蓄に充てられる分はそれだけ少なくなる。したがって、一般に取引金額が大きい不動産や取引単位に下限がある株式で運用することには困難があり、インフレに弱く、収益率が低い投資機会に限定される。このように、その規模が小さいことは、明らかに個人の資産形成への制約として作用する。

2）民間保険市場の失敗

個人の蓄積資産によって引退後の消費をまかなうとすれば、以下のリスクに備える必要がある。
イ）インフレによる資産の実質価値の減価。
ロ）予想以上の長寿による必要資金の増大。
ハ）引退早期化（繰り上げ）による蓄積期間の短縮と取り崩し期間の伸長。

なお、引退早期化が生じるのは、熟練や技術が陳腐化したり健康や体力が低下することによって稼得能力が減退し、あるいは労働不効用が増大することが原因と考えられる。さて、もし民間保険への加入によって上記リスクを回避しようとするならば、それらのリスクに対応して、次の条件を備えた保険でなけ

ればならぬ。
イ）給付額はインフレにスライドすること。
ロ）給付期間は終身であること。
ハ）給付開始は標準的な年齢より引き下げが可能であること。

　ところが、これらのリスクが顕在化した場合、必要な給付は長期にわたり高額になるので、私保険であれば保険料も高額でなければならない。そのような保険料を割高と思う人々は保険購入を抑制するので、任意加入の民間保険では十分な老後の保障を確保することにはならない。また、画一的な保険料の下では、それを自分にとって割安で有利と見なす人々のみが保険を購入する。つまり情報の非対称性によって逆選択が発生し、保険会社は赤字を回避するため保険料を引き上げざるを得ない。再び、引き上げられた保険料でも有利な人のみが購入し、保険購入を抑制する人が増えることになる。さらに、ハ）については人々が保険購入後に引退年齢を引き下げるというモラル・ハザードの恐れがある。この場合には給付期間の伸長が保険会社の経営を悪化させる。以上のように、民間市場では、それらの条件を備えた保険は供給困難であると考えられる。

### 3）不確実性

　人々は、将来の状況が不確実な現時点で、将来に関して意志決定をせねばならない。その意志決定が望ましい結果を生じるためには、正しい情報に基づいた将来見通しの下で合理的な意志決定をせねばならない。ところが、次のような可能性がある。

a）将来に関する良質な情報を個人が集めるのは困難である。また、集めた情報が正しいか否かを判断することは個人には限界がある。したがって、将来見通しの基礎となる情報が誤っている可能性がある。

b）正しい情報の下で合理的な選択が行われても、実現する外的条件によっては選択された見通しが実現しない可能性がある。すなわち、結果として見れば、誤った意志決定がなされたことになるかもしれない。

以上のような状況が生じ得るので、不確実性の下では、合理的な意志決定が望ましい結果をもたらすとは限らない。

4）戦略的行動

もし「困窮者への慈善」を期待してよいならば、就業期間の貯蓄を意図して過少にし老年期には他の人々から移転を受けることにすれば、移転の受取分だけ生涯消費は増大する。生涯消費の増大は生涯効用を高めるであろうから、このような戦略的行動は合理的で、意図的な貯蓄不足が発生する。なお、老後のために妥当な貯蓄をなした上で慈善を与える立場の人は、移転の支払分だけ生涯消費が減少する。すなわち、戦略的行動を考慮に入れると、意図して老後貯蓄を過少にした人が生涯消費に関して有利になるという不公平が生じる。

上述の1）から4）は個人は合理的に行動するが望ましい結果が得られない、あるいは社会的に問題が生じる可能性があるという場合である。次に、個人は合理的に行動しないかもしれない、と仮定しよう。

5）不合理な行動

a）人々が現在消費を高く評価し将来消費を低く評価すれば、評価の低い将来消費は少な目に抑制するのがその限りにおいては合理的である。したがって、このようないわゆる近視眼的行動をとれば、明らかに老後貯蓄は過少となる。

b）人々は怠惰で、状況の変化に適応しようとしないかもしれない。このとき、過少な老後貯蓄という結果になるかもしれない。

これらの不合理な行動は、選好の偏りもしくは合理的意志決定能力の欠如が原因であると言えよう。

以上のように、老後の消費財源を私的にまかなおうとするとき、市場と個人行動の両面に不都合な状況が生じうる。上では個人が合理的に行動する（1、2、3、4）か否(5)かで分けたが、次のように分けることもできる。すなわち、1）、

2）は、個人の合理的な行動にもかかわらず市場では望ましい結果が得られない、という状況である。そこでこれらを「市場の失敗」に分類することができる。3）は経済システムの内外にある「不確実性」によるものである。4）、5）は、人々の自由に任せておくと、十分な老後貯蓄をしない人が多い、ということである。これに対する公的介入の根拠を「温情主義、あるいは家父長主義」と呼ぶ。

## 5　日本の公的年金

現実には公的年金がどのように前述の最適配分を妨げる障害を克服するか、日本の制度に即して説明する。

１）資金の規模

日本の公的年金制度は強制全員加入を原則とし、制度成立の歴史的経過から地域あるいは職域によっていくつかの制度に分かれ、保険方式の下で年金収支は各制度ごとに独立して経理される。それら制度のうち最も加入人員の少ない日本私立学校教職員振興・共済事業団でも、平成14年度末現在で42万人を超え、同年度の加入者からの掛け金収入は2500億円以上、平成13年度末の積立金は3兆円以上である。このように、各制度ごとに加入者の拠出をプールすることによって、資金を大規模化する。

２）民間保険市場の失敗

年金給付は、例えば厚生年金保険に加入していた65歳以上の人については、老齢基礎年金と老齢厚生年金とからなる。受給開始時の老齢基礎年金の額は、平成16年4月現在、

$$79万4500円 \times (保険料納付済み期間の月数 + 保険料全額免除期間の月数 \times \frac{1}{3} + 保険料半額免除期間の月数 \times \frac{2}{3}) \div (加入可能年数 \times 12)$$

と算定される。これは、満額で79万4500円であるが、その人の保険料納付済み期間が加入可能年数よりも短ければ、それに応じて減額されることを意味する。また年金額は、実質価値を維持するため、物価、賃金の動きに応じて改訂されるもので、基礎年金が創設された昭和61年4月時点での満額の金額は62万2800円、平成9年4月時点では同じく78万5500円、さらに平成11年4月時点では80万4200円であった。この間の伸びは昭和61年に比べ、平成9年は1.26倍、平成11年は1.29倍である。他方、消費者物価指数は昭和61年から平成9年にかけ1.16倍に、平成11年にかけても同じく1.16倍になった。したがって昭和61年から平成9年にかけて物価で16％、賃金で10％、平成11年にかけては物価で16％、賃金で13％それぞれ基礎年金の額が上昇したと見られる。老齢厚生年金は、平成15年4月の総報酬制の導入にともない

[（平成15年3月以前の平均標準報酬月額×乗率×平成15年3月以前の被保険者期間の月数）＋（平成15年4月以後の平均標準報酬額×乗率×平成15年4月以後の被保険者期間の月数）］×スライド率

と算定される。平均標準報酬月額および平均標準報酬額は当人の被保険者期間の標準報酬月額および標準報酬額を平均したものであるが、受給開始時までの賃金の伸びに応じて再評価したものによる。乗率は当人の生年月日によって異なり、平成16年4月現在、平成15年3月以前の分について昭和21年4月2日以後の生まれの人は1000分の7.125である。これは、被保険者期間が40年あれば年金月額は平均標準報酬月額の28.5％になるという意味を持つ。また、平成15年4月以後の分について、同じく生年月日によって異なり、昭和21年4月2日以後の生まれの人の乗率は1000分の5.481である。スライド率は、物価変動による年金額の実質価値の変動を年平均の全国消費者物価指数の変動率に応じて翌年4月分から自動的に埋め合わせるためのもので、平成16年4月現在で0.988である。受給開始以降の賃金上昇に対しては、通常5年ごとに行われる財政再計算（制度改正）において、賃金の再評価によって給付額を改定してきた。ただし、当分の間、2割程度まで格差が拡大するまで賃金スライドは行わ

れないことになっている。以上のように年金額が算定されるので、前述のリスクのうちイ）インフレに対してはスライド率などによって給付の実質価値が保全される。また同じくロ）予想以上の長寿については、例えば厚生年金保険法第45条に「老齢厚生年金の受給権は、受給権者が死亡したときは、消滅する」とあるように、当人が存命である限り、公的年金は終身給付されることで解決される。

　以上のイ）インフレ、ロ）長寿については、当人の現役時の拠出とその運用利子を超過した追加給付が発生するかもしれない。その財源は、各制度ごとに保険方式で運営され政府補助もあるので、同一世代内の受給期間が短い（短命な）者から長い者への移転、および現役世代から引退世代への課税・補助金ないしは賦課方式を加味した世代間の移転によってまかなわれると見ることができる。

　公的年金の受給開始は65歳が原則である。開始年齢がこれより低いときは年金額が減額（基礎年金および老齢厚生年金報酬比例部分の繰上げ支給制度）され、高いときは増額（基礎年金および平成19年4月から実施される老齢厚生年金の繰下げ支給制度）される。これは各人の予想寿命によっては受給開始を遅らせる誘因となるから、とりもなおさず職業生活からの引退も遅らせる効果を持つであろう。ただし70歳未満について（平成19年4月からは70歳以上も）年金の一部を減額する在職年金は、賃金所得税の限界税率を実質的に高めるので、勤労意欲を損ない引退を早めるおそれがある。したがって、ハ）引退早期化リスクについては、公的年金制度が引退年齢を有効に高めるとは必ずしも言えない。

3）不確実性

　公的年金の各制度は、長期の収支見通しを定期的に見直す。その基礎になる情報は、個人と比べ、格段に豊富であると言えよう。それらの中には、相互に整合し、既知の事実と矛盾しない情報も多く含まれるであろう。したがって、将来見通しはそれだけ信頼度が高いと言えよう。また、公的年金制度はきわめ

て多くの人々を対象とし、資金の収支は個人別ではなく、各制度ごとにプールされることは前述の通りである。したがって、将来実現する事柄がすべての個人に適合する必要はない。要は集団の全体について妥当な事柄あるいは平均的に適切な事柄が実現すればよいのである。以上のように、情報の量、質、および将来の不確実性について、公的年金は個人に比べ優位にあると言ってよいであろう。

　4）戦略的行動
　公的年金は、各人の自由裁量の範囲を狭め、その水準と時期を指定して老後貯蓄をいわば強制するものと見ることができる。したがって、本来、個人が老後貯蓄について戦略的に行動する余地はない。しかも、年金給付の最低水準が「困窮者に対して与えられる慈善」を上回るものであれば、個人が戦略的に行動する誘因はない。

　5）不合理な行動
　4）で述べたように、公的年金は強制貯蓄と見ることができる。したがって、4）と同じく個人の自由裁量が制限される結果ではあるが、個人が不合理な行動をとる余地はなく、指定された水準の老後貯蓄が確保されることになる。

　以上のように、最適配分への障害に日本の公的年金制度がどのように対処するか、説明される。なお、一世帯当たりの給付水準は、現役勤労者世帯の税込み平均賃金（年収）の約5割と見なすことができるようである[11]。現役勤労者の税込み月収の平均は、家計調査の勤労者世帯（全国）について賞与込みで平成8年に57万9461円、平成12年に56万0954円で、このうち世帯主については平成8年に47万4550円、平成12年に46万0436円である。また、毎月勤労統計の常用労働者について賞与を含まずに事業所規模30人以上で平成8年度に31万2034円、平成12年度に30万8930円、同じく5人以上では平成8年度に28万4976円、平成12年度に28万3846円である。これに対し、老齢基礎年金新規裁定分の一人

当たり平均額は平成8年度60万4142円、平成12年度64万7204円である。一人当たり老齢厚生年金新規裁定分は、平成8年度216万6836円、平成12年度209万6989円である。老齢厚生年金は、65歳以上では報酬比例部分のみである。65歳未満では特別支給として定額部分も支給され、65歳時点での老齢基礎年金と報酬比例部分の合計にほぼ等しいとされる。現状では65歳以上の退職は少数であるから、上記の老齢厚生年金新規裁定分は65歳未満の者が受給する特別支給分で老齢基礎年金と老齢厚生年金（報酬比例部分のみ）の合計と見なしてよいであろう。そのように見なし、夫婦ともに65歳以上でそのうち一人が老齢厚生年金を受給するとすれば、世帯（夫婦二人のみ）の公的年金は平成8年度に月額23万0915円、平成12年度に同じく22万8684円になる。したがって、前述の「現役勤労者世帯の税込み平均賃金（年収）」は賞与を含め、かつ世帯主以外の働き手の収入をも含めたもので、それに対し公的年金は平成8年度は48.7％、平成12年度は49.7％になることがわかる[12]。

## 註

1) Roy F. Harrod, *Towards a Dynamic Economics*, London, 1949. 邦訳：『動態経済学序説』（高橋長太郎・鈴木諒一訳、有斐閣、1965年）、pp. 60-66。
2) Paul A. Samuelson, "An Exact Consumption-Loan Model of Interest with or without Social Contrivance of Money," *Journal of Political Economy*, Vol. LXVI, No. 6, December 1958.
3) Ibid., p. 482。
4) 平成11年版社会保障統計年報、第371表。
5) ILO, *Cost of Social Security 1990-96*. 対応するURLはhttp://www.ilo.org/public/english/protection/socsec/publ/css/cssindex.htm である。
6) ILO, *Cost of Social Security 1994-96 Nineteenth International Inquiry*. 対応するURLはhttp://www.ilo.org/public/english/protection/socsec/publ/css/introinq.htm である。
7) 日本私立学校振興・共済事業団も含めて考える。
8) 平成16年版厚生労働白書、p. 430。
9) 平成11年版社会保障統計年報、pp. 59-60。ただし、社会保障制度審議会は平成13年1月の省庁再編にともない、改編された。したがって、農業者年金基金が平

成14年1月1日から、従来の強制加入でなく、任意加入の新方式へ改正されたことは分類に反映されない。

10) 本節は以下の2論文を参考にしている。
Peter A. Diamond, "A Framework for Social Security Analysis," *Journal of Public Economics,* Vol. 8, 1977.
Laurence J. Kotlikoff, "Justifying Public Provision of Social Security," *Journal of Policy Analysis and Management,* Vol. 6, No. 4, 1987.

11) 村上清『年金制度の危機』東洋経済新報社、1997年、p. 210、図15。

12) 平成14年版社会保障統計年報、第95表、第97表、第108表など。なお、家計調査については「実収入」、毎月勤労統計については「きまって支給する給与」である。

## 第2章　不合理な行動と公的年金

　年金が私的にとどまらず公的であらねばならぬ理由の一つとして、人々が合理的に行動しない可能性を第1章で指摘した。そこでは、選好の偏りもしくは合理的意志決定能力の欠如をその原因として挙げた。第2章は、人々の不合理な行動に関する社会心理学における成果を利用して、公的年金の存在理由を明らかにしようとする。本章の構成は次の通りである。まず第1節で、認知的不協和理論の内容を簡潔に説明し、すでに経済学に応用した先人の業績を概観する。第2節では加齢と失業ないし引退との関係を考える。認知的不協和理論を用いて、人々の不合理な行動の下で老後貯蓄が不足することを説明するのが第3節である。最後に、保険によって稼得の減少を補償するとき、どのような保険でなければならないかをアカロフらとともに明らかにし、不合理な行動の下で老後所得の不足を補償する保険は公的保険と見なされることを示すのが第4節である。

### 1　はじめに

　経済学は、人々の行動に関して、合理性を仮定する。ところが、現実には人々は常に合理的に行動するわけではない。例えば車の運転を考えてみる。事故を起こさずに目的地に到達するためには、交通規則を守ることが合理的な行動であろう。すべての人が規則を守れば、円滑な交通が実現する。しかし、現実には自動車事故が起きている。これは多くの場合、速度超過がその原因であると言われる。すなわち運転者が、客観的には技術未熟であるにもかかわらず、「自分は運転が上手だ」と思いこみ、「この程度のスピードならば大丈夫だろう」

と速度を上げる。その道路状況の下で運転者の技術水準が許容し得る速度を超過したとき、事故が起きる。これは自分にとって望ましい事柄を、たとえそれが真実でなくとも、信じることから生じていると言える。このような合理的とは言い難い行動は、社会心理学において分析されてきた。認知的不協和理論がそれである。

フェスティンガー（Leon Festinger）は、個人の知識、意見、行動などが互いに矛盾するとき、個人の内面では矛盾の軽減、合理化が行われることを主張する[1]。すなわち人は自分自身について、自分の行動について、あるいは自分の周囲について認知（知識、意見、信念、価値あるいは態度）を持つ。それら認知の内部にある二つの要素が何らかの理由によって相互に適合しないとき、不協和であるという。「例えばある人が、空は晴れて暖かくなるであろう、と信じ込んでピクニックに行くプランをたてたとしよう。ところが、まさに出発しようとするときになって雨が降り出すこともあろう。いま雨が降っているという知識と、〈晴れる〉という彼の確信や〈ピクニックに行く〉という彼のプランとは、互いに不協和である」[2]。彼の基本仮説は次のとおりである。

「1. 不協和の存在は、心理学的に不快であるから、この不協和を低減し協和を獲得することを試みるように、人を動機づけるであろう。

2. 不協和が存在しているときには、それを低減しようと試みるだけでなく、さらに人は不協和を増大させると思われる状況や情報を、すすんで回避しようとするであろう」[3]。

「一般に、二つの要素の間に不協和が存在するとき、これらの要素の一方を変化させることによって、その不協和を除去することができる」[4]。

不協和の低減・除去については、以下の方法が考えられる。

(1)行動に関する認知要素を変える。

喫煙と肺ガンとの関連を知っている喫煙者は、禁煙することにより、自分の行動と知識との間の不協和を除去できる。

(2)環境に関する認知要素を変える。

肺ガンの原因はタールにある（と仮定する）。タールを含まないタバコは肺

ガンと無関係だから、それを入手することによって不協和を除去できる。
(3) 新しい認知要素を付加する。

　喫煙と肺ガンの関連を否定する資料を入手する。あるいは、喫煙よりも危険度の高い事柄（例えば、大量の飲酒は肝臓病の、禁煙による肥満は心臓病の原因となる）があると考える。また、今現在生きているのだから喫煙は人が言うほど危険ではない、と思う。例えば以上の認知要素は喫煙の事実と協和する。したがって、これらを付加すれば相対的に不協和は低減・除去される。

　これらの方法について、以下のような抵抗がある。例えば(1)行動に関する認知要素を変えようとするとき、次のように難点がある。

イ．変えることが苦痛を伴う。禁煙は苦しい。

ロ．現在の行動は、一点を除いて、満足である。死の危険を除けば、タバコの味・香りはすばらしく、喫煙の動作は優雅である。

ハ．変えることが単純には可能でない。喫煙から得ている種類の満足を与えてくれる活動がほかにない。

ニ．取り消すことができない。これまでの喫煙によって、肺ガンにかかる危険度はすでにかなり高くなってしまっている。

　また、(2)環境に関する認知要素を変えようとするとき、個人にはそれが不可能なことがある。そもそも、タールを含まないタバコはどこで入手できようか？　さらに(1)、(2)において、ある要素との関係では変えるべき要素が他方で多数の要素と協和的であるならば、その要素の変更によってかえって多くの不協和を生むことになる。ここで注目すべきは、不協和を低減・除去するとき、必ずしも（(1)、(2)のように認知要素を変えるという）合理的な行動に改められるとは限らない点である。(3)のように新しい認知要素の付加だけが行われ、客観的に不合理な行動が保存されることもありうるのである。

　ハーシュマン（Albert O. Hirschman）は認知的不協和理論をはじめて経済学に応用し、経済発展に対する障害について論じる[5]。障害と考えられているものの中には、実は発展を推進する要素となるもの、あるいは発展に無害で障害とはならないものも含まれている。また、物事には順序があって、あるも

が他の前提条件として、あるいはあらかじめ解決されるべき障害として考えられることがある。ところが、その順序が逆転することも経済発展の過程では起こりがちである。したがって、障害と考えられているものは実は絶対的なものではない、というのがその論旨である。特に、個人の利益追求、企業家の危険負担などの近代的行動が近代的価値観あるいは近代的態度を前提条件とするように考えられることについて、逆に、たまたま行われた近代的行動が人々の態度を伝統的なものから近代的なものへ変える、すなわち、近代的態度は近代的行動の前提条件ではなく結果である場合もあることを認知的不協和理論を用いて説明している。

　アカロフとディッケンズ（George A. Akerlof and William T. Dickens）は認知的不協和理論を利用して、人々の不合理な行動を分析する[6]。彼らは、人々が安全な産業と事故の危険性がある産業のどちらかで働く選択をする場合を例とする。人々には自分が「気のきいた、立派な人間」でありたいという願望がある。危険産業を選択した人々は、「危険な仕事をしている」という事実と「気のきいた、立派な人間が危険な仕事をするはずがない」という価値判断との間で落ちつかない思いをする。しかし、「自分の仕事は安全である」と信じれば落ちつかない思いをせずにすむ。そこで、上述の願望と価値判断とが重ね合わされた「自分は安全な仕事をしている気のきいた、立派な人間である」という望ましい信念を導くために、「自分の仕事の事故リスクは小さい」と信じ込み「自分の仕事は危険である」という客観的事実を無視することが選択される。このように、客観的事実に基づかない信念であっても、自分にとって望ましいものであればその信念を選択するという不合理な行動を人々はとる。このような不合理な行動の下で安全装置を義務づける立法が厚生を増大させる、というのがその主たる論旨である。

　ところで、人の生涯において職業生活から引退するときが必ず訪れる。もし人々が合理的な行動をとるならば、稼得が低下する老後の生活を支えるために、就業期間のうちに貯蓄をするであろう。このとき、平均すれば、個人の自助努力によって老後がまかなわれることになる。ところが現実には、強制全員加入

の公的年金保険によって、老後を私的にではなく社会的に扶養する制度が行われている。これは、自助にゆだねたとき、貯蓄が十分になされず、人々が貧窮に陥ると考えられているからである。その理由として、インフレや予測を越えた長寿によって貯蓄が不足するという個人では対処できない事態が生じることがまず考えられる。また、他方では、個人は合理的に行動するという仮定があてはまらない人々の貯蓄が不足してしまうことが考えられる。前者について、インフレに対しては、不動産、株式のようなインフレ・ヘッジ機能があると考えられる形態で資産を保有することは個人の合理的な行動の一つであるから、合理的行動が仮定され市場が完全である限り、インフレが公的年金を制度化する根拠であるとは言いにくい。また、公的年金の支給開始年齢が平均寿命を大幅に下回っていることは、思わざる長寿によって不足する貯蓄を補填するために公的年金保険が存在しているのではないことを示していると言えよう。したがって現実には、消去法によれば、個人が合理的に行動しないことが公的年金保険を制度化する要因の一つである。

## 2　基本的枠組

人々の生活を脅かすものは病気と失業であるといってよいであろう。言うまでもなく、病気は支出増加を、失業は収入減少をもたらす。本章ではこれらのうち失業に注目する。経済理論においては、労働供給と言うとき、同質的な労働力を仮定するのが通例である。ここで注目しなければならないのは加齢（老化）という事実である。加齢は生理的な能力の低下をともなうので、生産性を低下させる。したがって、社会を構成する人々の年齢が異なることを考えれば、労働供給はすべて同質的ではありえないことになる。そこで人の生涯のうち就業期間をほぼ20歳から70歳と考え、さらにこれを２期間に分ける。前半の45歳程度までを１期、45歳から70歳までを２期とする。１期は若く健康な時期であるから、人々の生産性は高いと見なすことができる。２期では、老化が始まるので、徐々にではあるが生産性が低下する。企業は生産性の低い労働者よりも

高い労働者を雇用するであろうから、生産性の低下が2期の失業確率を1期のそれよりも大きくする。

以上のことは体力にのみ依存する単純労働について成立しよう。では、専門的技術的職業については如何であろうか。その場合、体力のみならず、知力も必要であることが重要である。知力については、加齢とともに独創性は低下するが、知識・経験に基づく総合的把握力が向上するといえよう。さらに、専門的技術的職業においても非管理職と管理職の区別がある。前者は体力・独創性が必要なポジションであるが、後者は体力・独創性よりも総合的把握力が要求される。したがって、加齢とともに非管理職から管理職へ移動（昇進）すればよいのであるが、組織の常態として、後者の数は前者の数よりも格段に少ない。管理職へ移動（昇進）できない人々は子会社あるいは閑職に配置される。この場合、生産性に応じて、給与は実質的に切り下げられると考えてよい。ところが、教育費、住宅費などの支出需要は減らないから、収入不足の状態に陥る。これは企業内失業と言ってよいであろう。

以上のようなメカニズムを想定することにより、その職業を問わず2期の失業確率が1期よりも大きくなると考えられる。本章では単純化のために、失業確率$q$は1期ではゼロ、2期では当初はゼロであるが時間とともに上昇し期中を平均すればプラスである、と仮定する。なお、このような生産性低下による失業は、加齢が不可逆的で生産性の回復が期待できない以上、その個人の職業生活からの引退を意味する。

## 3　老後貯蓄の不足

人々は一般に、「生産性は低いよりも高い方がよい」という価値判断と、「自分は優れた人間でありたい」という願望とを持っている。これら価値判断と願望からすれば、「自分は生産性の高い人間である」ことが望ましい。したがって、「自分の生産性は来期も高い」という信念が生まれる。この信念にしたがえば、2期に失業あるいは引退する可能性は低いので、2期の消費のための貯蓄を1

期にする必要は少ない。ところが、同時に人々は、すでにその人生の2期にある同時代の中高年の実情から得た客観的情報と自分の信念とが矛盾することを知る。この場合認知的不協和理論が認めるように、客観的情報と斉合するよう自分の信念を改めるのではなく、客観的情報を無視もしくは否定し自

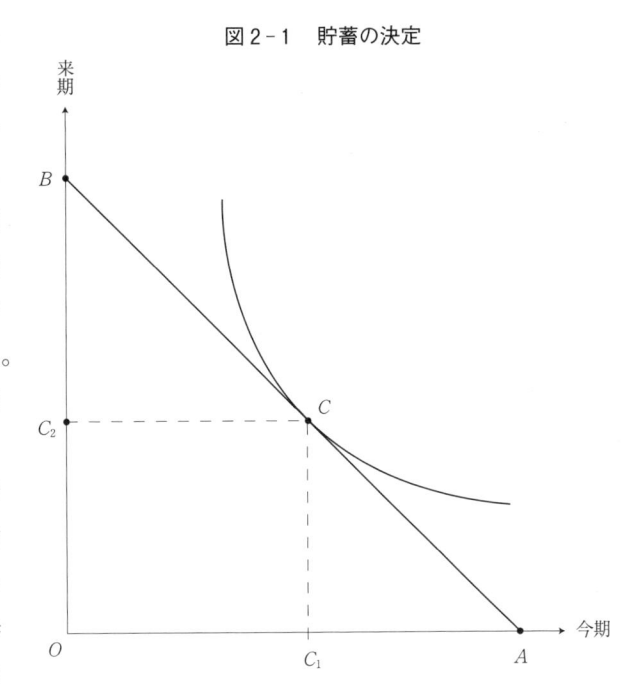

図2-1 貯蓄の決定

らの信念に従って行動することが考えられる。すなわち、1期の貯蓄は2期の生産性低下を認めそれに備えることを意味するから、自分の信念に反し、望ましくない。したがって、失業あるいは引退後の消費をまかなう老後貯蓄は不足することになる。

　以上のことを経済理論にあてはめると、以下のようになる。最も簡単な貯蓄決定モデルは、一定の所得を持つ個人が効用を最大にするように今期の消費と来期の消費にその所得を分ける、というものである。このモデルでは、所得の大きさと市場利子率とによって位置が決まる予算線と、その傾きが主観的時間選好率を示す無差別曲線とが接する点において、すなわち市場利子率と時間選好率とが等しい点において貯蓄の大きさが決まる。言いかえれば、貯蓄と市場利子率で決まるその利子の和を時間選好率で割り引いた現在価値が貯蓄に等しくなるように貯蓄される。図2-1は以上のことを説明する。今期の所得 $OA$ をすべて貯蓄すると来期支出し得る元利合計が $OB$ になる。したがって、予算

線 $AB$ の傾きは（1＋）市場利子率である。図中の曲線は無差別曲線で予算線と点 $C$ で接する。ここでは個人の効用が今期と来期の消費の大きさで決まると考え、同一の効用水準をもたらす今期と来期の消費の組み合わせを無差別曲線で示す。両者の接点 $C$ で効用が最大になるから、この個人は今期の消費を $OC_1$、貯蓄を $C_1A$、来期の消費を $OC_2$ に決める。無差別曲線の形状はその人が今期の消費と来期の消費をどのように評価するかによって異なる。今期の消費一単位をより高く評価するほど、それに匹敵する来期の消費がより多く必要になるので、無差別曲線の傾きはより急になる。その場合、予算線との接点は $C$ 点よりも $A$ 点に近い予算線上のどこかになる。上述の「自分の生産性は来期も高い」という信念を持つ人々は来期の失業確率が小さく来期の消費は来期の収入でまかなえると考えるので、それらの人々にとって将来消費に備えて今期に準備することの価値は小さく、逆に現在消費の価値は大きい。これはそれらの人々の主観的時間選好率が高いことを意味するので、それだけ貯蓄は少なくなる。以上は最も簡単な貯蓄決定モデルによる解釈である。さらに、自らの生産性低下を認めることは心理的負担となるので、その負担を損失として利子率から控除すれば、人々の受取純利子率は低下することになる。上述のモデルにあてはめると、このような低下は貯蓄をそれだけ少なくすると解釈することができる。以上のように、価値判断と願望に基づく信念を選択するという不合理な行動を人々がとると、老後貯蓄は客観的な必要額より少なくなるであろうことが導かれる。

## 4 保険による解決

2期の失業したがって引退により収入 $D$ が失われる危険に対し、任意加入の保険によって損失を補償することを考える。加入の時期は2期の期首とする。この保険が失われる収入 $D$ を全額補償すれば保険金は $D$ である。また、加入誘因を与えるために保険料 $C_i$ よりも客観的失業確率 $q$ を乗じた期待保険金 $qD$ の方が多く加入者にとって有利な保険であるとすれば、その条件は

(1) 期待保険金 $qD$＞保険料 $C_i$

である。

　一般に、人々が保険に加入するのはその個人から見て加入に必要な費用負担よりも加入によって得る主観的期待便益の方が大きい時である。すなわち保険加入の条件は、

(2) 主観的期待便益＞費用負担

である[7]。このうち費用負担は保険料 $C_i$ にほかならない。他方、主観的期待便益は金銭上の便益と非金銭上の便益から成る。ここでは、前者の金銭上の主観的期待便益は保険加入によって得られると主観的に予想する金額とする。すなわち金銭上の主観的期待便益は、客観的失業確率の代わりにその個人の2期の主観的失業確率 $q^*$ を用いた主観的期待保険金受取額であるから、

(3) 金銭上の主観的期待便益＝主観的期待保険金受取額＝$q^*D$

となる。後者の非金銭上の主観的期待便益は、保険に非加入ならば「もし万一の事態が生じたらどうするか」という不安を抱くから、一般には保険加入によって「そのような不安から解放されること」と考えられる。ここでは「加齢による生産性低下が失業を招くかもしれない」ことがその不安である。この不安はさらに、前節で述べた自分は生産性の高い人間であるという（願望に基づく）信念に反する「加齢が生産性低下をもたらす」心理上の矛盾 $C_f$ と、「生産性低下が失業を招くかもしれない」おそれとに分解することができる。失業するかもしれないおそれは主観的失業確率が小さければ小さく、主観的確率が大きくなるにつれ大きくなる。ここではそのおそれを $\dfrac{q^*}{q}$ で表すこと、および保険加入によって得られる非金銭上の主観的期待便益を加入によって解放される不安の大きさで測り、不安を心理上の矛盾とおそれの積で示すことを仮定すれば

(4) 非金銭上の主観的期待便益＝不安＝心理上の矛盾 $C_f$ ×おそれ $\dfrac{q^*}{q}$

である。以上のように主観的失業確率 $q^*$ を考慮に入れると、保険加入による主観的期待便益は(3)と(4)の和であるから、保険加入条件(2)は、

(2′)　主観的期待便益 $q^*\left(D+\dfrac{C_f}{q}\right)>$ 保険料 $C_i$

となる。これを書き直すと、主観的失業確率 $q^*$ を考慮に入れた保険加入条件は

(5)　主観的失業確率 $q^*>\dfrac{qC_i}{qD+C_f}=\dfrac{客観的失業確率 \times 保険料}{期待保険金+心理上の矛盾}$

と示される。(5)右辺全体が意味することは明確ではないが、(5)は主観的失業確率 $q^*$ を考慮に入れた場合保険に加入するか否かは2期の主観的失業確率 $q^*$ の大きさに依存し、$q^*$ が右辺よりも大きければ加入することを示す。

ここで人々が選択する2期の主観的失業確率 $q^*$ について、$q^*$ が小さければ前述の不安は小さくなるが、保険に加入しないので金銭上の損失は大きくなるおそれがある。逆に $q^*$ が大きければ、保険に加入するので金銭上の損失は生じないが、不安は大きくなる。このように、選択された $q^*$ は心理上ないし金銭上の負担を生じる。したがって、人々はこれら負担を最小化するよう主観的確率 $q^*$ の値を選択するであろう。また人々は、1期における自らの客観的失業確率 $q$ がゼロであることを知ると同時に、同時代の中高年者の実情から、2期には $q$ がプラスとなることを知る。そこで $q^*$ について「1期に予測し、2期にそれを追認する」と見なす[8]。

人々が合理的に行動することを前提すれば、2期の主観的失業確率 $q^*$ は2期の客観的確率 $q$ に等しく予測される。このとき本節の初めで仮定した有利な保険の条件(1)は

(1′)　$q^*D>C_i$

と書き直される。ここで2期の確率 $q$ がプラスであるから $q^*$ もプラスである。さらに前述の心理的矛盾 $C_f$ もプラスと見てよいから、合理的行動の下では不安 $\dfrac{q^*}{q}C_f$ の値はプラスである。これをこの場合の有利な保険の条件(1′)左辺に

加えても不等号はそのまま成立する。その式を書き直すとちょうど(5)になるので、合理的行動の下では有利な保険であれば保険加入条件(5)が成立すると言える。つまり合理的行動と加入者に有利な保険を前提すれば、人々は必ず保険に加入することになる。

ところが現実には、自分のことを「気のきいた、立派な人間である」と考えたい願望を人々は持つ。また「生産性は低いよりも高い方がよい」という価値判断がある。これらの願望と価値判断を重ね合わせれば、自分が「生産性の高い人間である」ことが人々にとって望ましい。これを「望ましい信念」と呼ぼう。この信念は自分の失業確率が小さいと考えることと同値であるから、人々が保険に加入するとは考えにくい。つまり現実には、願望と価値判断から生じる望ましい信念によって人々は不合理に行動するおそれがある。以下では、望ましい信念の下での人々の行動を検討する。

はじめに、2期の主観的失業確率 $q^*$ を1期において予測するとき、保険加入条件(5)を満たす高い値を選択すると仮定する。これは「加齢によって生産性が低下し失業する」という真の状態を反映するが、同時に望ましい信念と矛盾するので、当人は心理上の負担を負うことになる。他方、(5)を満たす高い値の $q^*$ は保険加入を選択させるので、2期に金銭上の損失をこうむることはない。つまり、$q^*$ が大であれば、予測時の心理上の負担のみが生じる。この心理上の負担は願望に基づく信念に反する「加齢によって生産性が低下する」心理上の矛盾および「生産性の低下が失業を招く」おそれがその内容である。言い換えれば予測時の心理上の負担の内容は前述の不安に合致するので、これを非金銭上の主観的期待便益と同様に(4)で表す。ここで、主観的確率 $q^*$ が保険に加入するに足る最小値であれば、$q^*$ が小さいほど不安も小さいので、保険に加入する場合の心理上の負担(4)も最小値になる。加入条件(5)で等号が成立するとき、人々は加入してもしなくてもよく無差別であるから、

(6) $\quad q^* = \dfrac{qC_i}{qD + C_f}$

のとき主観的失業確率 $q^*$ は保険加入に足る最小値である。そこで望ましい信

念の下で保険に加入する場合の心理上および金銭上の負担の和の最小値は、金銭上の負担はゼロだから(6)を(4)に代入して、

(7) 望ましい信念の下で保険に加入する場合の負担の最小値 $\left(\dfrac{q^*}{q}C_f\right)_{min.}$

$$=\dfrac{C_iC_f}{qD+C_f}=\dfrac{保険料×心理上の矛盾}{期待保険金+心理上の矛盾}$$

となる。

次に、主観的失業確率 $q^*$ の予測時に保険加入条件(5)を満たさない低い値の $q^*$ を選択すると仮定する。これは真の状態を反映しない誤った選択であるが、望ましい信念と合致するので、予測時の心理上の負担(4)は小さくなる。しかし、保険非加入という誤った決定を下すので、2期に失業すれば期待保険金から支払わなかった保険料を控除しただけの金銭上の純損失

(8) 金銭上の純損失＝期待保険金 $qD$ －保険料 $C_i$

をこうむることになる。したがって、主観的確率 $q^*$ が小さければ、人々は予測時の心理上の負担(4)と保険非加入による金銭上の純損失(8)を負う。明らかに(8)は一定であるから、(4)が最小つまり主観的確率 $q^*$ が最小すなわちゼロのときそれら心理上および金銭上の負担の和は最小で金銭上の純損失(8)に等しい。すなわち、望ましい信念の下で保険に加入しない場合の負担の最小値は(8)で示される。

かくして、望ましい信念の下でこれらの負担を最小化するように人々が行動すれば、保険加入の場合の最小負担(7)と非加入の場合の最小負担(8)を比較して主観的失業確率 $q^*$ の値が選択される。(7)が(8)よりも小さければ、保険加入が有利であるから、人々は保険加入の最小負担(7)をもたらす $q^*$ の値(6)を選択する。すなわち、

(9) $\dfrac{C_iC_f}{qD+C_f}<qD-C_i$ ならば $q^*=\dfrac{qC_i}{qD+C_f}$

が選択され、人々は保険に加入する。逆に(7)が(8)より大きければ、保険非加

入が有利であるから、非加入の最小負担(8)をもたらす $q^*$ の値ゼロを選択する。すなわち、

(10) $\quad \dfrac{C_i C_f}{qD+C_f} > qD-C_i \quad$ ならば $\quad q^*=0$

が選択され、人々は加入しない。

さて、望ましい信念の下での加入条件(9)を書き直すと

(11) $\quad qD > C_i + \dfrac{C_i C_f}{qD+C_f}$

を得る。(11)は期待保険金 $qD$ が保険料 $C_i$ と(7)の和より多いことを意味する。ここで(11)を有利な保険の条件(1)と比較すれば、望ましい信念の下では、期待保険金 $qD$ が保険料 $C_i$ よりもさらに望ましい信念の下で加入する場合の負担の最小値(7)だけ多いという一層有利な保険でないと人々は保険に加入しないことがわかる。

ところで保険市場が競争的であれば保険は公平、すなわち保険会社の保険料収入と期待保険金支払が等しくなるので、

(12) $\quad$ 期待保険金 $qD=$ 保険料 $C_i$

が成立する。このように保険が公平であれば、望ましい信念の下で保険に加入する場合の負担の最小値(7)から

(13) $\quad$ 望ましい信念の下で公平な保険に加入する場合の心理的負担の最小値

$= \dfrac{C_i C_f}{C_i+C_f}(>0)$

となり、プラスである。他方で、望ましい信念の下で保険に加入しない場合の負担の最小値(8)は、保険が公平であれば、(12)からゼロである。したがって望ましい信念の下では、保険が公平であれば、加入する場合の負担の最小値(13)よりも加入しない場合の負担の最小値ゼロの方が小さい。言い換えれば負担を最小化しようとする人々は、望ましい信念の下では主観的失業確率 $q^*$ の値にゼロを選択し、公平な保険には加入しない。なお、公平な保険の条件(12)

と望ましい信念の下での加入条件(11)を比較すれば、それらは同時には成立しないので、同様の結果が得られる。

さて現実には、人々は加齢によって生産性が低下する以上、2期における失業ないし引退によって稼得不足に直面するおそれがある。しかし、稼得不足を任意加入保険によって補おうとするとき、上述のように公平な保険には誰も加入しない。そこで(11)で示されるように加入者に有利な保険を提供する必要があるが、保険料を超えた有利な部分の財源は補助金に求めざるを得ない。有利な保険には全員が加入するであろうが、他方で補助金による納税者から引退者への再分配を伴う。このように全員が加入し社会構成員間での再分配をともなう保険は、もはや私保険ではなく、公的保険と言わざるを得ないであろう。かくして、望ましい信念に基づく不合理な行動を前提し老後所得を保険によって補償しようとすると、その保険は全員が加入し再分配を伴うので、公的保険と見なされる。

以上の分析結果を要約しておこう。人々には「自分は気のきいた、立派な人間」でありたいという願望がある。この願望が「生産性は高い方がよい」という価値判断と結びついたとき、「自分は生産性の高い人間である」という望ましい信念が生まれる。望ましい信念に従った不合理な行動の下では、失業あるいは引退によって、その後の消費をまかなう貯蓄が不足するおそれがある。そこで保険で稼得不足を補うとき、人々が加入するのはある水準以上に有利な保険である。そのような保険には全員が加入し、かつ補助金による再分配が生じるので私保険とはいえない。すなわち、不合理な行動の下では、老後所得を補償する保険は公的保険と見なされる。

なお、本章で取り上げたのは引退後の消費をまかなう老後貯蓄にほかならない。老後貯蓄が不足するという本章の結果は、アメリカの資本形成に対する老後貯蓄の貢献の小ささを指摘したコトリコフとサマーズ（L. J. Kotlikoff and L. H. Summers）をはじめとする遺産動機を重視する主張と軌を一にするものである[9]。しかしながら、この点については、理論と実証の両面から、さらに検討を加える必要がある。

## 註

1) Leon Festinger, *A Theory of Cognitive Dissonance*, Evanston: Row, Peterson, 1957. 邦訳：『認知的不協和の理論』（末永俊郎監訳、誠信書房、1965年）。
2) 同上訳書、pp. 4-5。
3) 同上訳書、p. 3。
4) 同上訳書、p. 19。
5) Albert O. Hirschman, "Obstacles to Development: A Classification and a Quasi-Vanishing Act," *Economic Development and Cultural Change*, Vol. 13, No. 4, Part1, July 1965.
6) George A. Akerloff and William T. Dickens,"The Economic Consequences of Cognitive Dissonance," *American Economic Review*, Vol. 72, No. 3, June 1982.
7) 保険加入の有無は期待効用から定義される。すなわち、保有資産 $A$、損失の大きさ $D$、発生確率 $q$、保険金 $Z$、保険料 $C_i$ として、加入前の期待効用 $qU(A-D)+(1-q)U(A)$ よりも加入後の期待効用 $qU(A-D-C_i+Z)+(1-q)U(A-C_i)$ が大であるとき、人々は保険に加入する。ここでは後者を近似的に $qU(A-D)+(1-q)U(A)+B+qZ-C_i$ と表せることを仮定している。したがって、本文の保険加入条件(2)は主観的期待便益＝非金銭的便益 $B$ ＋金銭上の期待便益 $qZ$ が保険料 $C_i$ よりも大きいこと、すなわち保険加入の純便益 $B+qZ-C_i$ が正であることを意味するが、上述の仮定を考慮すれば、加入前の期待効用よりも加入後の期待効用が大きいことにほかならない。
8) これは認知要素が変化しにくいことを意味する。
9) Laurence J. Kotlikoff and Lawrence H. Summers, "The Role of Intergenerational Transfers in Aggregate Capital Accumulation," *Journal of Political Economy*, Vol. 89, No. 4, August 1981.

# 第3章　公的年金の成立

## 1　はじめに

　前章までに説明したように、公的年金は引退後の消費財源を公的に給付する制度である。財源は、かつては積立方式とされ、世代間の移転を含まず、本人が属する同一世代内でまかなわれるものであった。その場合でも同一世代内で短命な者から長命な者への再分配が生じる。現在では、第1章でも説明したように、本人の過去の拠出とその運用利子および世代内のみならず世代間の移転による分も含まれる。したがって公的年金は引退者ないし引退世代を社会的に扶養する制度と見なすことができる。そのような制度が先進国で創設されたのは、社会における引退世代扶養問題の拡大と深刻化により、そのような制度が必要になったからであると言えよう。そこで本章は、引退世代の扶養が社会の問題になり、さらにそれが拡大し深刻化するメカニズムを明らかにしようとするものである。

　引退世代扶養問題を量的には「扶養負担」すなわち国民所得 $Y$ に対する引退世代の総消費 $CR$ の比率ととらえることができよう。引退世代総消費は「引退人口」に「引退世代一人当たり消費」を乗じた積であり、国民所得は「総人口」に「一人当たり国民所得」を乗じた積と書けるので、扶養負担は

$$扶養負担 = \frac{引退世代総消費\ CR}{国民所得\ Y} = \frac{引退人口\ R \times 引退世代一人当たり消費\ \dfrac{CR}{R}}{総人口\ N \times 一人当たり国民所得\ \dfrac{Y}{N}}$$

と書くことができる。ここで、引退世代を例えば65歳以上の老年人口と見れば、

引退人口 $R$ の総人口 $N$ に対する比率 $R/N$ は「老年人口比率」である。また、一人当たり国民所得に対する引退世代一人当たり消費は「老齢者の相対消費水準」と理解できる。そこで上式は

$$扶養負担 = 老年人口比率\frac{R}{N} \times 老齢者の相対消費水準\frac{CR/R}{Y/N}$$

と書き直すことができる。上式は、老齢者の相対消費水準を一定とすれば、扶養負担すなわち引退世代扶養問題の進展は老年人口比率の上昇によって示されることを意味する。

　老年人口比率の上昇は、よく知られるように、先進国共通の現象で人口転換の一局面である。その要因としては、一人当たり所得の増加、したがって経済成長あるいは工業化があげられる。工業化は都市化・核家族化をともなうので、老齢者の家庭内扶養の崩壊をもたらし、引退世代扶養問題を登場させる。

　このようにみると、老年人口比率の増大と老齢者の家庭内扶養の崩壊とに関連して、経済の成長発展過程の中で公的年金制度の成立を説明することが、おそらく可能である。そこで本章では、歴史的な時間の経過という要素を念頭において、公的年金制度の創設を要求する事情を考える。次節では、イギリスの老齢年金法（無拠出）制定までの歴史をたどる。次いで、経済の工業化によって生じる老年期の経済生活の変化を第3節で検討する。第4節では人口転換によって生じる平均余命、老年人口比率など、人口構造上の変化を明らかにする。最後の第5節でこれらを組み合わせ、さらに老後貯蓄の特性を考慮して、少産少死の進行とともに引退世代扶養問題の社会的重要性が増すメカニズムを考察する。また、いわゆる先進国における拠出制老齢年金制度成立の時期はそのようなメカニズムを否定するものではないことが示される。

## 2　歴史概説

　物事の順序として、はじめに歴史を概観することにしよう[1]。ヨーロッパの歴史を大胆にパターン化してしまえば、次のようになるだろう。まず、多数の

独立自由農民と少数の領主による小所領との混在状態から、7世紀以降にみられる領主制の進化拡大によって荘園制が形成される。初期の古典荘園制から、中世都市の発生・発達によって生じる農産物需要に応じた商業的農業の展開とほぼ並行して、地代荘園制あるいは純粋荘園制へ変わる。そして、商品・貨幣経済の一層の発達がこのような封建的土地所有制を解体（すなわち、農民解放）し、さらには、農民層の両極分解（貧農と富農への分化）が進行する。農民分解によって生まれた土地を持たない貧農は、産業革命により、工業労働者へと転換していく。

　このような概略の下で、イギリスを例にとって、公的年金制度の成立にいたる過程を簡単にたどってみよう。イギリスでは14世紀の中葉までには、貨幣経済の進展によって、荘園制度の崩壊すなわち封建社会の解体、農民解放が始まった。15世紀にかけて農奴制は事実上消滅する。ところが、自由労働者の成立は、同時に、彼らがこれまで保護者（主人）から受けていた経済的保障を喪失することを意味した。したがって農民解放は同時に浮浪者貧民の増加をもたらす。かくして1349年に、農業労働への定着を意図して、労働能力ある者への施しを禁じる労働者規制法が制定される。しかし浮浪放浪はなくならず、浮浪と乞食を禁止する法律が何回となく出される。1531年にいたって、浮浪と乞食を禁じることは従来と同じであるが、老齢者、労働無能力者については、姓名を登録の上、乞食を認めるようになる。続いて1536年の法律では、就業機会の創出、貧民子弟の徒弟就業強制によって、労働能力ある者を継続的に就労せしめる一方、老人と無能力者については慈善的拠出によって施しを与えることを規定する。ところがこの救済資金の確保に難点があるため、1572年、ロンドンで始められた救貧税を採用するようになる。1597年に制定された有名なエリザベス救貧法はそれまでの関連する法律を集大成したものと言え、1601年に改訂される。その主旨は、まず貧民を明確に区分し、「労働能力有る貧民」には職業を提供してそれへの就業を強制し、「能力なき貧民」には生活扶助を与え、「扶養能力なき貧民の子弟」については徒弟奉公を強制するもので、これらの救貧行政は教区を単位とし財源は教区ごとの課税による、また、もし能力がありな

がら労働を拒否するならば貧民は懲治監へ送られる、というものである。

このようなエリザベス救貧法の基本的思想は、失業は怠惰から生じるもので貧困は個人の責任である、というものであった。ところが貧民の増加は、エンクロージャーによる農民の土地喪失、彼らが雇用されるべき産業の未発達によるのだから、立法によって解決できるわけではなく、地主、商人階級の救貧費負担は増加する。そこで救貧費軽減の努力がなされるようになる。すなわち①1662年の法律による労役場での利潤を目的とした貧民雇用は、当初、経営的に失敗し、そこで1722年のナッチブル法で②貧民は労役場内に収容されてはじめて救済されるとし、さらに③労役場の請負を認める。たしかに②、③は救貧税を減少させるのであるが、それは、収容者の食物を切りつめるなど、労役場の悲惨な状態を意味した。そこで1782年のギルバート法により、請負制度が禁止され、労役場外での救済が承認される。ちょうどこの時期は産業革命（1760～1830年ごろ）[2]と並行した第2次エンクロージャーが行われ、土地喪失貧民が増大していた。そのため高物価と低賃金が並存し社会不安が増大した。そこで、1795年、スピナムランドの名で知られるパンの価格と家族規模に基づく賃金補助制度が広く実施されるようになる。ところがスピナムランド制度は、補助されない労働者から補助される労働者への代替、したがってそれら補助されない労働者の失業ないし貧民化と救貧費の増大という弊害をもたらした。そこでその是正のために、1834年、新救貧法が成立する。

「1834年の改正救貧法は1832年の選挙法改正によって政権を獲得した中産階級の主張する『働かざるものは食うべからず』という主義に徹したもので、労働貧民を独立労働者たらしめようとする過酷な法律であった」[3]。したがって、①労働能力者を救済せず、②貧困は一時的なものであるとの理解から短期的な窮乏は救済するが、③病気、老齢、多子といった長期的な要因は解決されない。老齢・疾病による貧困は若い健康なときの準備不足、心がけの不足によるとするのである。また、無能力者を処遇する水準は能力者以下とされた。

しかしながら実際には、時間の経過とともに緩やかな運営が行われるようになり、不況時の失業者増大は救貧費の増加をもたらした。そこで1870年代から

80年代にかけて新救貧法の厳格な実施が求められ、貧民そのものではなく、法の対象となる貧民が減少する。このころまでに組織労働者や熟練職人層は疾病や老齢による困窮を友愛組合による相互的保険で解決しようとしていた。最高度の発展を示した1890年ごろには、19歳以上の男子についてその半数が友愛組合の保険に加入していたのである。ところが、当時健全に見えた友愛組合の財政は、保険数理からすれば危機にあった。当時は疾病手当が中心となっていたが、経済成長による平均余命の伸長によって老齢の組合員たちが貧窮に陥るのを防ぐために、疾病という言葉を拡大解釈して、老齢に対しても疾病手当を与えた。これは当然組合財政を困難にするので、疾病給付を一定年齢以下に制限して、老齢年金を友愛組合から分離し、拠出を条件としない老齢年金を制度化することが必要となる。ところが、友愛組合にも中産階級にも自助の思想が強く国家介入に反対したため、ようやく1908年に至り、老齢年金法（無拠出）が成立することになる。拠出制については、さらに1925年まで待たなければならない。

　以上のように、イギリスを例にとると、老齢年金制度の源流は救貧法と友愛組合保険であると言えよう。しかし、救貧法は自己責任を原則とし友愛組合は自助の徳目によるもので、このような自立自助の思想と、国家による救済（無拠出年金給付）とは相容れないものであろう。したがって、公的年金の制度化の背後には、そのような矛盾を無視させてしまうほどに引退世代扶養問題を深刻化する大きな力が作用したと考えざるを得ない。その力を産業革命以来の経済成長ととらえれば、次節以下に述べるように、年金制度の創設に向かわせる諸力の作用を適切に説明しうる。

## 3　工業化にともなう変化

　第一次産業を中心とする発展度の低い経済は産業革命によって工業を中心とする経済へ変化する。その変化によって人々の老年期の経済生活はどのような影響を受けるであろうか。産業革命前については農業を、革命後については工

業を、それぞれ代表として検討する。

　工業化以前の第一次産業中心の経済では、(1)所得水準が全般的に低いことが特徴としてあげられよう。その中での農業の特徴は、(2)一回の生産にかかる時間が長いこと、(3)技術進歩の速度が緩やかであることをあげることができる。ここで、5世紀から10世紀の西欧での(3)技術進歩については、以下のようである。すなわち「中世初期の農業技術水準は低く、穀物収穫率（収穫量／播種量）は2.5を越えなかったが、……」[4] その後8～9世紀ごろから現れた三圃農法によっても「中世の農業生産力はきわめて低く播種量と収穫量との比率は、……、平均して1：3ないし1：4程度（9世紀ごろまでは1：2）であったといわれる」[5]。ところが、機械化、水利改善、品種改良などの農業技術革新は産業革命前夜まで待たねばならず、例えば18世紀イギリスの農業革命で採用された「ノーフォーク農法は三圃農法の3倍程度の収穫率といわれる」[6]。以上からすれば、10世紀初めから17世紀末までの約800年間で農業技術はほとんど変わらず収穫率はせいぜい2から4へ上昇したにすぎない。しかも「13世紀に穀物収穫率はほぼ3～4に達しており、……」[7]とすれば、後半の400年間の進歩はゼロであったことになる。

　さて、農業に従事する人々の経済生活を知るには、農業がどのように経営されたかを明らかにする必要がある。農業の経営形態については、土地と労働のありさまから分類するのが適切であろう。そこで前節冒頭に略述した農民分解への過程をいま少し詳しくたどる。荘園制形成以前では、一方では小所領を所有する領主が奴隷的非自由人を用いて耕作したが、これは人口の大部分をとらえず、他方では独立農民層が広範に存在していた。領主制の進化と拡大は7世紀以降の古典荘園制に進み、そこでは、領主直領地は農民の賦役労働（労働地代）によって耕作され、他方農民は（所有でなく）占有する農民保有地に居住し耕作していた。それら農民は奴隷的非自由人と独立農民を出自とする封建的従属農民層であった。彼らは土地を所有する領主とは交換によって結ばれる経済的関係ではなく、「強力による支配・従属関係」[8]にある。10世紀以降の封建制の構造変化の過程の中で、農民が定地賦役（労働地代）として請け負い耕

作していた領主直領地の特定部分がその農民の保有地に合体し、生産物もしくは貨幣による地代の支払に転化する。これは純粋荘園制あるいは地代荘園制で、保有地に対する農民の権利は事実上所有に近づき、奴隷制の消滅（農民解放）を促進したが、他方独立農民の存在余地は狭まった。かくして、統一的な封建的農民層が家族労働による小経営によって農業を担うことになる。ここでの領主と農民とは、主として地代収受による経済的関係にあると考えられる。12世紀以降の農村における商品生産の進展は貧富の差を拡大し、商業的農業を志し領主直領地の請負経営や定期借地によって貨幣財産を蓄積し土地も所有する上層と賃労働に依存する下層に農民を分解する。

　以上のように工業化開始前の農業を把握できるとすれば、土地と労働のありさまは以下のようにまとめることができる。土地所有者（領主）が奴隷労働を用いて生産するのは、荘園制形成以前と荘園制下の領主直領地において見られる。土地を所有あるいは占有する農民が家族労働を用いて生産する形態は荘園制以前の独立農民、荘園制下の農民保有地について見られる。農民が経営者として借地あるいは所有地で雇用労働を用いて生産する形態は純粋荘園制以降に見られる。それらの中間として、純粋荘園制では、農民が借地において家族労働を用いて生産する形態がある。そこで、農奴の使用を除外すれば、①所有（占有）地で家族労働を用いる伝統的経営形態と、②借地もしくは所有地で雇用労働を用いる資本主義的経営形態とに大別してもよいであろう。

　それらの経営形態の下での人々の生産活動は次のように考えることができよう。①伝統的形態では、子供はその青年期から壮年期にかけて労働力として農業生産活動に参加し、同時に経験を積み、意図して技術を吸収する。親の死によって土地（所有地は所有権、占有地は使用権）、家畜、農具などの農業資本を相続する。老年期には資本所有者として、また青壮年に対する技術指導者として生産活動に参加する。なお、経営規模を維持するためには相続人の数は限られる。相続できない者は家族労働者の一員としてとどまるかあるいは耕作地を開墾して独立する。②資本主義的形態では経営者層と雇用される労働者層とに分けられる。経営者層では、青壮年期に農業生産と経営に関する経験・技術

が修得される。相続によって経営者となる。農業経営は蓄積された知識・経験が多いほど有利であろうから、老年になるほど実績は高くなるかもしれない。労働者層では、青壮年期には労働を提供し賃金を得る。同時に、意図せずに経験と技術を吸収する。労働力としての能力が低下する老年期には、それまでに蓄積された経験と技術によって、経営補助ならびに技術指導の役割を果たすことができよう。以上のように農業の場合には、経営形態を問わず、青壮年期には労働力の提供ないし経験・技術の吸収、老年期には技術指導さらに資本の所有というように世代間の分業が行われると見ることができよう。年齢に応じた生産活動があるので、引退あるいは定年はなく、老年期にも生産活動に応じた稼得を得ることになる。前述のように工業化以前においては低所得であるから老後のための貯蓄はなしにくい。ところが、引退がなく世代間分業によって老年期にも稼得があるので、そのような貯蓄の必要はない。

　工業化後の経済における人々の経済生活のありさまを工業を代表として考える。また、人々の圧倒的多数が労働者であるから、経営者もしくは資本家は無視する。農業と比較してみた工業の特徴は（イ）技術進歩が急速であること、（ロ）労働者の能率が重視されること、（ハ）所得水準が全般的に高いこと、などがまずあげられるであろう。なによりも技術進歩が急速であるから、それに対応した新しい知識・技術を修得しないと、労働者の技能が陳腐化してしまう。したがって、新技術などを容易に修得できる年齢を超えてしまうと、若年者に比べ技能が相対的に劣化するので、稼得能力が低下する。同時に、農業では可能であった老年期の技術指導の余地もなくしてしまう。このように生じる稼得能力の低下が、老化にともなう健康・体力の低下による労働の不効用の上昇とともに、労働者を引退に導く一つの原因となる。また、労働者の個人間の差は大きいとは言うものの、老化はそれ自体で作業能率を低下させるであろう。しかし労働者を個別に査定するのは困難であろうから、年齢を理由として一律に労働者を引退させる、いわゆる定年制度を産み出すであろう。かくして工業では、ある一定の年齢に到達すれば引退せざるを得ないシステムとなっており、世代間分業は行われにくい。このことは、青壮年期もしくは稼得期間中に引退

後のために貯蓄しなければならないことを意味する。工業での全般的に高い所得水準は、そのような貯蓄を可能にするであろう。イギリス産業革命期の労働者の所得水準について「1840年代以降については、明らかに平均的な実質所得の向上を示す証拠がある」[9]と言う。以上のように、工業化によって生じる農業から工業への経済の重心の移動は、老年期における各人の消費需要を、世代間分業に基づく稼得によってまかなうシステムから、予め形成される老後貯蓄によってまかなうシステムへという変化をもたらすのである。なお、労働の質・強度などに関してさらに分類して検討することも必要と思われる。しかしここでは、それを指摘するにとどめる。

## 4　人口構造の変化

人口転換とは、ヨーロッパのいわゆる先進諸国において経験的に得られた法則である。それは経済成長とともに多産多死から多産少死へ、さらに多産少死から少産少死へと人口動態が変化していくことを言う。人口学者の中には、人口転換を法則とし、それが現実に出現する場合を人口革命として明確に区別する向きもあるが、本章では区別しない[10]。上述の人口転換の過程については、いくつかの段階に区分することができる。例えば（イ）産業革命以前の高い動揺期、（ロ）初期の人口膨張期、（ハ）後期の人口膨張期、および（ニ）低い動揺期の4期に区分したり、これに人口減退の段階を加えて5期とするものもある[11]。ここでは最も単純に、「多産多死→多産少死」の第一段階と「多産少死→少産少死」の第二段階との二つに区分することにしよう。このうち、第一段階は死亡率の低下とそれにともなう人口増加率の上昇によって特徴づけられる。また、第二段階は出生率の低下と死亡率の一層の低下によって特徴づけられ、人口増加率の低下が生じる。イギリスでは、死亡率の低下は1750年ごろ、出生率の低下は1880年ごろ、それぞれ開始したと見られる[12]。死亡率については、「死亡率が引き下げられるときは、いつでもまず乳児死亡が改善されることによって起こる……」[13]といわれるように、年齢別に死亡率の変化を検討する必

要があろう。本章では、人口転換の第一段階では若い年齢層の死亡率が低下し、第二段階では高年齢層の死亡率の低下が顕著になる、と考えよう。このような人口転換における出生・死亡のパターン変化が人口構造に与える影響について、簡単な人口モデルを用いて調べることにしよう。

はじめに、以下のようにいくつかの単純化のための仮定をおく。人口を三つの年齢階級に分け、それらを年少人口（年齢階級1）、生産年齢人口（同じく2）、および老年人口（同じく3）とする。$t$期の期首において年齢階級が$x$である人々の人口を$N(x, t)$と示す。彼らは$t+1$期には次の年齢階級に進み$N(x+1, t+1)$と表示される。出生は期首に、死亡は期末に一括して生じ、期中の人口増減は起こらない。「$t$期（期首の）出生数$B_t$」は「$t$期年少人口$N(1, t)$」に等しく、「$t$期の生産年齢人口$N(2, t)$」に「$t$期出生率$b_t$」を乗じた積とする。すなわち、

(1) 　$t$期出生数$B_t = t$期年少人口$N(1, t)$
　　　　$= t$期出生率$b_t × t$期生産年齢人口$N(2, t)$

である。$t$期末における年齢$x$の死亡者数を$M(x, t)$とおくと、期首人口に対する期末死亡者数の比率として「$t$期の年齢別死亡率$m(x, t)$」が得られる。死亡者数の代わりに生存者数を用いれば「$t$期の年齢別生存率$q(x, t)$」が得られ、言うまでもなく死亡率と生存率の和は1である。また、「$t$期の人口」に「$t$期生存率」を乗じると「$t+1$期の人口」が得られる。したがって、

(2) 　$t$期年齢別死亡率 $m(x, t) = \dfrac{\text{期末死亡者数}\, M(x, t)}{\text{期首人口}\, N(x, t)}$
　　　$t$期年齢別生存率 $q(x, t) = 1 - $死亡率$\, m(x, t)$
　　　$t+1$期年齢別人口 $N(x+1, t+1) = $生存率$\, q(x, t) × t$期人口$\, N(x, t)$

と示される。以上の関係を用いると、$t$期の年齢別人口は

(3) 　$t$期年少人口 $N(1, t) = B_t$
　　　$t$期生産年齢人口 $N(2, t) = B_{t-1} q(1, t-1)$

$t$期老年人口 $N(3, t) = B_{t-2} q(1, t-2) q(2, t-1)$

となる。また、$t$期の各年齢別人口の総人口 $P(t) = N(1, t) + N(2, t) + N(3, t)$ に対する比率は、

(4) $t$期年少人口比率 $= \dfrac{\text{年少人口}\,N(1, t)}{\text{総人口}\,P(t)} = \dfrac{1}{1 + \dfrac{1}{b_t}\left[1 + \dfrac{q(2, t-1)}{b_{t-1}q(1, t-1)}\right]}$

$t$期生産年齢人口比率 $= \dfrac{\text{生産年齢人口}\,N(2, t)}{\text{総人口}\,P(t)} = \dfrac{1}{1 + b_t + \dfrac{q(2, t-1)}{b_{t-1}q(1, t-1)}}$

$t$期老年人口比率 $= \dfrac{\text{老年人口}\,N(3, t)}{\text{総人口}\,P(t)} = \dfrac{1}{1 + (1 + b_t)\dfrac{b_{t-1}q(1, t-1)}{q(2, t-1)}}$

である。さらに、ある年齢の人々の平均余命を彼らの現在の人口と将来の人口との比率で測ることにすれば、$t$期に年齢$x$である人口集団の「$t$期首における平均余命 $e(x, t)$」は、

(5) 年少人口平均余命 $e(1, t) = \dfrac{N(1, t) + N(2, t+1) + N(3, t+2)}{N(1, t)}$
$\qquad\qquad\qquad\qquad = 1 + q(1, t)[1 + q(2, t+1)]$

生産年齢人口平均余命 $e(2, t) = \dfrac{N(2, t) + N(3, t+1)}{N(2, t)} = 1 + q(2, t)$

老年人口平均余命 $e(3, t) = 1$

と生存率で表すことができる。ここで、出生率、年齢別死亡率したがって年齢別生存率が時点$t$によらず一定であるとし、それぞれ $b$, $q(x)$ とおけば、(4)から

(6) 年少人口比率 $= \dfrac{1}{1 + \dfrac{1}{b}\left[1 + \dfrac{q(2)}{bq(1)}\right]}$

$$\text{生産年齢人口比率} = \frac{1}{1+b+\dfrac{q(2)}{bq(1)}}$$

$$\text{老年人口比率} = \frac{1}{1+(1+b)\dfrac{bq(1)}{q(2)}}$$

と示されそれぞれ一定である。(6)は、分析の対象となる人口の年齢別構造が一定で、安定人口であることを意味する。

さて、人口転換の第一段階では若い年齢層の死亡率が低下する。これを年少人口生存率 $q(1)$ の上昇と見れば、(6)から安定人口では年少人口比率および生産年齢人口比率が共に上昇し、老年人口比率が低下すること、すなわち人口の年齢別構造が若年化することが明らかである。このとき平均余命については(5)から年少人口平均余命が伸びるが、他の年齢階級では変わらない。人口転換の第二段階では、出生率の低下および高年齢死亡率の低下が生じる。出生率 $b$ の低下は、(6)から、年少人口比率の低下と老年人口比率の上昇を生じる。生産年齢人口比率の増減は、生存率の比率 $\dfrac{q(2)}{q(1)}$ の大きさによるので、明確でない。高年齢死亡率について、モデルの仮定により最も高年齢の死亡率 $m(3)$ は常に1である。そこで高年齢死亡率の低下を(6)で $q(2)$ の上昇と見れば、年少人口比率と生産年齢人口比率は共に低下するが、老年人口比率は上昇する。以上のように、出生率の低下および高年齢死亡率の低下によって年少人口比率の低下と老年人口比率の上昇が共通に生じるから、第二段階では全体として人口構造の高齢化がもたらされる。なお、(5)から、高年齢死亡率の低下によって年少人口と生産年齢人口の平均余命が伸びること、特により高年齢である後者の平均余命の伸びが大きいことがわかる。この点については、人口の年齢区分を細分化すれば、より明確に高年齢層の平均余命の伸びが大きいことを示すことができるであろう。表3-1は人口転換が人口構造と平均余命に与える影響をまとめたものである。

以上のように人口転換の第一段階では人口構造の若年化と年少人口平均余命

表3-1 人口転換の影響

| | 人口構造 | | | 平均余命 | |
|---|---|---|---|---|---|
| | 年少人口比率 | 生産年齢人口比率 | 老年人口比率 | 年少人口 | 生産年齢人口 |
| 第一段階<br>年少人口<br>生存率 $q(1)$ ↑ | ↑ | ↑ | ↓ | ↑ | 不変 |
| 第二段階<br>出生率 $b$ ↓ | ↓ | 不明 | ↑ | — | — |
| 生産年齢人口<br>生存率 $q(2)$ ↑ | ↓ | ↓ | ↑ | ↑ | ↑ |

注:表中、↑印は上昇、↓印は低下をそれぞれ意味する。

の伸びがもたらされること、第二段階では人口構造の高齢化と高年齢人口の平均余命のより大きな伸びがもたらされることが示される。

## 5 制度成立へのメカニズム

イギリスにおける経験から、以下のように産業革命（イギリスでは1760年ごろから1830年ごろ）と人口転換（同じくイギリスでは死亡率は1750年ごろ、出生率は1880年ごろ、それぞれ低下を開始）の関連を想定できる。①産業革命に先立つ農業革命による農産物生産の飛躍的増大が栄養水準を向上させ、年少人口の死亡率を低下させる。これが人口転換の第一段階（多産多死→多産少死）である。次いで、②産業革命による工業化がもたらす所得の上昇が生活水準の向上とならんで医学・医術の進歩と患者への医療供給増加、公衆衛生の向上、および衛生思想の普及をもたらす。これらが出生率の低下と死亡率の一層の低下（人口転換の第二段階すなわち多産少死→少産少死）を生じる。

そこで、以下のように時期を区分し、それぞれの時期を特徴づけることができる。

イ）多産多死

この時期は人口転換以前である。農業革命の一つの側面である農民分解によって発生した土地を持たない農民が職を求め労働者として都市へ流入する。し

かし、産業革命以前であるから、都市での労働需要は少なく、それら労働者は十分に吸収されない。したがって、農工を問わず所得水準は低く、死亡率は高く、平均余命は短い。低所得であるから貯蓄も一般に少ない。しかし、平均余命が短いので、老後貯蓄の必要もそれだけ少ない。したがってこの時期には、労働者の引退にともなう扶養問題は生じないと考えてよいであろう。もし生じたとしても、この時期は家庭内での私的扶養によって十分に解決できる。

ロ）多産多死から多産少死へ

この時期は死亡率低下の開始から出生率低下の開始までである。より詳しくは、農業革命に先導された年少人口の死亡率低下の開始（人口転換の第一段階の開始）と産業革命の開始、ならびに後半期における労働者の実質所得の上昇がその内容である。ここでは年少人口の死亡率低下によって年少人口の平均余命は上昇するが、老年人口の平均余命は不変である。また、年少人口比率は上昇し老年人口比率は低下する。他方、工業化の開始にもかかわらず、当初は農業部門からの無制限的労働供給のために、所得水準は低い。低所得であるために老後貯蓄は不十分で、引退世代扶養問題が生じ得る。しかし、老年人口の平均余命が短く、また老年人口比率は低下するから、引退世代扶養問題の社会での重要性はそれだけ小さい。後半期における労働者の実質所得の上昇は農業部門から工業部門への労働供給が制限的となるためと考えられる。後半期の老年人口の平均余命は、実質所得の上昇にもかかわらず、依然として短いので引退世代扶養問題の重要性もそれだけ小さい。以上のように、工業化の開始にともない引退世代扶養は問題として存在し得るのであるが、その重要性は小さく、イ）と同様に、家庭内の私的扶養によって解決される。

ハ）多産少死から少産少死へ

この時期は出生率が低下しはじめ、死亡率が一層低下する。また、労働者実質所得の上昇にみられるように、工業化が生活水準の上昇をもたらし、医学・医術の進歩、公衆衛生の向上、衛生思想の普及などが実現する。これらが出生率および高年齢での死亡率を低下させ、年少人口比率の低下、老年人口比率の上昇、老年人口の平均余命の上昇をもたらす。平均余命が上昇するので、工業

労働者は引退後のための貯蓄を必要とする。貯蓄は所得の上昇によって可能であろうから、それらの老後貯蓄の需要と供給とが量的に一致すれば、人々は自分の老後を自分で扶養することができる。このようにみれば、あたかも引退世代扶養問題は発生しないかのようである。

以上のように各時期を特徴づけると、イ)、ロ)では引退世代扶養問題の重要性は小さい。ハ)では老後貯蓄を必要とするが、この時期の所得上昇が老後貯蓄の形成を可能にしそうである。ところが老後貯蓄については、個人による準備が不足するおそれがあることを第1、2章で検討した。それらとは別に本章では、老後のための資産形成とその取り崩しとの間に存在する時間の遅れに注目する。すなわち、資産形成は現役の就業期間あるいは若年・中年という生産年齢期になされ、他方資産取り崩しは老後の引退期間あるいは老年期になされる。したがって資産の形成と取り崩しとの間には、それらが個人の生涯のうちの異なる期間でなされるために、ライフ・サイクル上の遅れがある。さらに、ハ)の時期における経済成長および人口動態の変化を明示的に考慮に入れる必要がある。すなわち、経済成長による所得水準の上昇は出生率と死亡率を低下させる。しかしそれらは必ずしも直接に結びつくものではなく、それらを媒介する中間項が必要である。例えば以下の三点を考えることができる。(1)経済成長によって拡大・促進される研究開発投資は医学・医術の進歩を生む。(2)医学・医術の進歩は医療供給の増加、公衆衛生の向上、衛生思想の普及という成果として公的部門を通じて供給される。(3)人々が経済成長による所得水準の上昇とともに(2)のそれら成果を享受することによって、出生率と死亡率が低下する。以上のように経済成長と出生率・死亡率の低下との間には中間項が必要であるから、両者の間にマクロ経済を通じて作用する時間の遅れが存在すると考えられる。

これらのライフ・サイクルおよびマクロの2種類の遅れは、人々の老後貯蓄に対して、どのような影響を与えるだろうか。ここで、必要な老後貯蓄の大きさは単位時間当たりの老後消費水準と引退期間の長さによって決まること、および人々は現在の事実が将来も成り立つと予想することを仮定する。いま、(a)

引退期間の長さを一定としよう。したがって、上述の仮定から、現役期間での貯蓄の大きさはその時に引退期にある先行世代の老後消費水準によって決まる。ところが貯蓄の積み増しから取り崩しまでのライフ・サイクルの遅れを考慮せねばならない。現役期間から引退期間まで貯蓄は利子率の速さで増殖する。他方、老後消費水準は賃金上昇率の速さで上昇すると見なしうる。したがって、利子率よりも賃金上昇率が大ならば、老後消費水準の上昇に追いつけないので老後貯蓄は不足することになる。第1章で述べた「少額資金の不利益」からすれば、一般に個人が利用しうる投資機会は低収益率のものに制約されるので、老後貯蓄の不足が生じやすく、引退世代扶養が問題になりやすいと言えよう。次に(b)老後消費水準を一定とする。この場合、現役時に人々が予想する自分の寿命はその時の老年世代の寿命である。ここでマクロの遅れの作用を考慮に入れる。すなわち、人々が現実に老後をむかえた時、人々の寿命は予想に用いた先行世代のそれよりも長く伸びている。したがって、寿命が伸びた分だけ老後貯蓄は不足することになる。以上のように、ライフ・サイクルとマクロの2種類の遅れはどちらも老後貯蓄が不足する方向に作用すると考えられる。

　ここで、本章で考察したメカニズムをまとめておこう。多産多死および多産少死の時期については、引退世代扶養は家庭内で私的に解決される。多産少死から少産少死への時期においては、老年人口の平均余命が伸びるので、老後貯蓄が必要であるが、同時に所得が上昇するので、人々は自分の老後を自分で扶養することができるかもしれない。ところが、資産の形成と取り崩しとの間のライフ・サイクルの遅れと経済成長とその成果としての出生率・死亡率の低下との間のマクロの遅れがある。両者の遅れを考慮に入れると、私的な老後貯蓄は当人の老後消費をまかなうには不足することになる。

　上述のメカニズムがもたらす老後貯蓄の不足は貧窮老齢者の発生すなわち引退世代扶養問題の発生を意味する。ここで、前述の多産少死から少産少死への期間ハ)の特徴の一つとして老年人口比率の上昇がある。このことは老齢者問題の社会における重要性をそれだけ高めると考えられる。すなわち、人口転換の第二段階以降の時期においては、それまでの時期とは異なり引退世代扶養問

題が社会的な課題となり、老年人口比率の上昇が問題の重要性を高めると考えてよいであろう。なお、上述の分析では老後貯蓄の不足が将来予測の失敗を一つの原因として生じると想定されている。社会および経済の構造が安定的で時間とともに均衡状態へ収束するとすれば、人々の将来予測は的中しやすいから、引退世代扶養問題も生じにくいであろう。しかし、人々が求める進歩・発展は構造変化と表裏一体である。したがって現実には人々の将来予測は的中せず、社会および経済の構造変化の先導によって社会の課題としての引退世代扶養問題が発生し拡大すると考えられる。そのような問題はやがて公的年金制度の創設によって社会的に扶養することで解決するほかはないのである。以上のように、経済の成長発展過程には、公的年金の創設に向かわせるメカニズムが隠れていると考えられるのである。

　表3-2に、いわゆる先進国および日本について、産業革命、死亡率低下の開始、出生率低下の開始、老年人口比率上昇の開始、および拠出制老齢年金制度成立のそれぞれの時期を示した。表中の年号を比較すれば、死亡率低下の開始は、イギリス、スウェーデンを除き、産業革命より遅い。つまり、多産多死から多産少死への転換が農業革命ではなく産業革命によってもたらされることを意味する。しかし、このことは本章での主張に影響しない。なぜなら、人口転換の第一段階での年少人口の死亡率低下を生起させる要因があり、しかもその要因が人口転換の第二段階を引き起こす要因である工業化と矛盾しなければよいからである。次に出生率低下の開始は、フランス、日本を除き、死亡率低下の開始より遅い。つまり、一般には、本章のように多産少死から少産少死へ転じると考えてよい。また老年人口比率上昇はすべての国で出生率低下開始の後に始まる。ただし、フランスは死亡率低下の開始以前に老年人口比率が上昇を開始する。最も注目すべきは、ドイツを除きいずれの国でも、拠出制老齢年金制度の成立が老年人口比率上昇の開始以後であるという事実である。ドイツについては、労働者対策の一環として諸々の社会政策立法が行われたので、ここでは特別な例と見なしてもよいであろう。とすれば、以上に説明した表3-2に示される時間の上での相対関係は本章で提示したメカニズムを否定す

表3-2 産業革命、人口転換、および制度成立の時期

| | 産業革命 | 死亡率↓ | 出生率↓ | 老年人口比率↑ | 制度の成立 |
|---|---|---|---|---|---|
| イギリス | 1760～1830頃 | 1750 | 1880 | 1900 | 1925<br>1946 |
| ドイツ | 1848～70年代 | 1875頃 | 1900頃 | 1910～25 | 1889<br>1911<br>1938 |
| フランス | 1830～60年代 | 1885頃 | 1820頃 | 1850以前 | 1930<br>1935<br>1955 |
| スウェーデン | 1868～90年代 | 1820～30頃 | 1860以前 | 1880以前 | 1913 |
| アメリカ | 1860～80年代 | 1895頃 | 1915以前 | 1920以前 | 1935 |
| 日本 | 1890年代以降 | 1920頃 | 1920頃 | 1940 | 1939～54<br>1959 |

出所：産業革命の時期については、イギリス；熊谷・篠原（編）『経済学大辞典』第3巻、p. 43、その他の諸国；同書第3巻、p. 51。

死亡率低下開始の時期については、イギリスは註12)のとおり、ドイツ、フランス、スウェーデンは、Petter Flora(ed.), *State, Economy, & Society in Western Europe, 1815-1975*. 邦訳『国家・経済・社会』（竹岡監訳、原書房、1987年）。アメリカは、U. S. Department of Commerce, *Historical Statistics of the United States*. 邦訳『アメリカ歴史統計』（斉藤・鳥居監訳、原書房、1986年）、B193-200、マサチューセッツ州、日本は、安川『人口の経済学』p. 109, 図10。

出生率低下開始の時期については、死亡率に同じ。ただし、アメリカについては、邦訳、前掲書、B5-10、全国。

老年人口比率上昇開始の時期については、総理府『高齢者問題の現状』大蔵省印刷局、昭和54年、p. 7、第1-1-5図、および付属統計表第5表より推定。

各国の拠出制公的老齢年金制度の成立時期は以下のとおり。

イギリス：16～65歳未満の年収250ポンド以下の労働者について1925寡婦・孤児・老齢拠出年金法。居住者すべてを対象とするのは1946国民保険法。

ドイツ：すべての労働者および年収2000マルク以下の職員について1889養老・廃疾保険法。全職員までは1911職員年金法、自営業者をも含むのは1938手工業者保険法。

フランス：農業部門以外については1930社会保険法、農業労働者を含むのは1935、農業経営者が含まれるのは1955。

スウェーデン：全国民について1913国民年金法。

アメリカ：多くの州の公務員、軍人を含む連邦公務員については1920までに、鉄道員は1934。商工業の被用者は1935社会保障法（含まれていないのは、自営業、農業労働者）。

日本：1959国民年金法によって皆年金。被用者については、きわめて開始時期の早い公務員の恩給を別とすれば、1939船員保険法、1941労働者年金保険法、1944（旧）厚生年金保険法、1948（旧）国家公務員共済組合法、などにより、1954までに皆年金。

るものではない。もちろん各国について詳細な検討を必要とすることは言うまでもないが、本章の仮説が事実と矛盾するものでないことを示唆するように見える。

註
1） 本節は、大内兵衛他（監修）『講座社会保障』至誠堂、1968年（復刻版）、樫原朗『イギリス社会保障の史的研究Ⅰ』法律文化社、1973年、熊谷尚夫・篠原三代平（編）『経済学大辞典（第2版）Ⅲ』東洋経済新報社、1980年に依拠している。
2） 熊谷・篠原（編）、前掲書、p. 43。
3） 樫原朗、前掲書、p. 156。
4） 熊谷・篠原（編）、前掲書、p. 22。
5） 同上書、p. 31。
6） 同上書、p. 34。
7） 同上書、p. 24。
8） 同上書、p. 27。
9） 同上書、p. 47。
10） 安川正彬『人口の経済学』春秋社、1967年、p. 108。
11） 南亮三郎（編）『人口大事典』平凡社、1957年、p. 260。
12） 館稔『形式人口学』古今書院、1960年、p. 562, 図31. 07。ただし、Peter Flora (ed.), *State, Economy, & Society in Western Europe, 1815-1975.* 邦訳：『国家・経済・社会』（竹岡監訳、原書房、1987年）、および、Brian R. Mitchell, *European Historical Statitics 1750-1975,* Macmillan, 1980. によれば、イングランドとウェールズについて死亡率の低下は1860年、出生率の低下は1875年ごろであるが、1837年以前についてはデータが示されないので判然としない。
13） 安川正彬、前掲書、p. 110。

# 第4章　積立方式年金の分配効果

　前章において、各国の拠出制年金がはじめて成立する時期を示した。それは出生と死亡が少産少死へ転換し、老年人口比率が上昇を開始した時点以降であると言ってよい。それら最初の公的年金の成立当初においては、財政方式はすべて積立方式であった。そこで本章は、積立方式年金が同一世代のさまざまな人々の厚生、ここでは生涯効用にどのような影響を与えるかを分析する。それに基づき、少産少死が進行する社会での積立方式年金の導入ないし拡大が望ましい政策であるか否かについて考察する。

　一般にある政策が同一世代のさまざまな人々にどのような影響を与えるかを分析するとき、単年度であれば、所得分配あるいは消費分配の変化によって影響の方向と大きさを測ることができる。しかし、年金のように人々の生涯にわたる政策については、単年度の所得、消費よりも、生涯効用がより良い尺度であろう。同時に、所得、消費のようなフローのみならず、遺産のようなストックも考慮に入れることができるようになる。したがって本章では、同一世代のさまざまな人々の生涯効用の期待値を取り上げ、それに対する公的年金の影響を分析する。所得、消費などは、生涯効用を求める手段として利用する。本章の構成は次のとおりである。第1節では既存の研究成果を検討する。それを踏まえて、同一世代内のさまざまな人々の経済行動を考察するのが第2節である。第2節の末尾で、人々は父母から遺産を受け取るが、父母は祖父母から遺産を受け取らないことが仮定される。第3節は、そのような仮定が結論を特定の方向に誘導するものではないことを確かめる。最後に、そのような仮定の下で、公的年金と人口動態の変化が人々にどのような影響を与えるかを第4節で考察する。なお、本章の付録で、数式を用いて分析する。

## 1　はじめに

　はじめに、年金制度の分配効果に関するこれまでの研究成果を検討する。そこで用いられる分析の枠組みは重複世代モデルである。その基本型は以下のようなライフ・サイクルモデルである。人々は2期間に分けられた生涯を生きる。若年期は就業期間である。勤労によって得た所得を若年期の消費と個人貯蓄とに分ける。老年期には人々は働かず引退している。老年期の消費は若年期の個人貯蓄とその利子によってまかなう。これらの消費、貯蓄の配分は生涯効用の観点からなされる。つまり、生涯効用の現在価値を最大化するように、若年期の消費と個人貯蓄、および老年期消費が決定される。これに人口が成長するありさま、経済の内部での生産の大きさの決まり方、生み出された所得を分配する仕方が与えられると、一般均衡の重複世代モデルになる。

　アベル（Andrew B. Abel）は重複世代の基本モデルに寿命の不確実性、すなわち若年期末に死亡するかもしれないこと、および若年期の課税とそれを財源とする社会保障による老年期の年金給付を導入する[1]。また、自分の若年期消費、および老年期消費のみから効用を得ること、すなわち人々は、子供に関心を持たないので、遺産を残すことからは効用を得ないと仮定する。しかし、寿命の不確実性から、個人貯蓄が意図しない遺産となることがある。したがって、遺産受取の大きさは自分の家族の死亡の歴史によって決まる。また年金は世代ごとに拠出の現在価値総額が給付の現在価値総額に等しいという意味で数理上公平な完全積立方式である。消費分布が均等化されると人々の厚生が改善されるとすれば、このような年金制度の導入は利子率が人口増加率よりも小さい（等しい、大きい）ならば導入された世代の厚生を改善（改善、不明）することがわかる。さらに年金制度導入後に経済が新しい均衡へ移動する推移経路では、利子率が人口増加率よりも大きい場合を除いて、消費分布が均等化されることから、導入後の全世代の厚生が改善されることがわかる。

　チュー（C. Y. Cyrus Chu）は、以下のように、アベルの仮定が非現実的な

含意を持つと言う[2]。すなわち、(イ) 人の寿命の長さについてのみ不確実性がある。他方、親は自発的には遺産を残さないにもかかわらず、子供からすれば遺産が唯一の非賃金所得である。したがって、家族の死亡の歴史が所得格差を決め、親が長生きすると子供は貧乏、親が早死にすれば子供は金持ちという奇妙な結果が生まれる。(ロ) すべての人が拠出するが受給前に死亡する人がいるので、世代ごとに公平な完全積立の年金制度の収益率は個人貯蓄の収益率よりも高い。また、親が早く死ぬと個人貯蓄は遺産になるが、年金の受給権は消滅する。他方、親は自発的には遺産を残さない。したがって、合理的な親は個人貯蓄をすべて年金で持とうとするであろう。しかし現実にはそうでない。(ハ) 利子率、賃金率が外生的に決まる。ところが、年金制度が人々の消費、貯蓄の選択を変えれば、資本ストックが、したがって利子率、賃金率が変わらねばならない。そこでチューは、賃金率と利子率は集計生産関数によって決まると仮定する。また、人々が意図して遺産を残すことを許容するため、親は自分の子供の効用に関心を持つとする。したがって、親が長寿でも子供に自発的な意図した遺産が残される。かくして、若年期の個人貯蓄は、自分が早く死ねばそのすべてが遺産として子供に残され、長生きすれば年金給付とともに自分の老年期の消費と遺産に分けられる。それら消費、貯蓄、および遺産の選択は、与えられた割引率と死亡確率の下で、若年期の消費と個人貯蓄、老年期の消費と遺産によって決まる期待生涯効用を最大化するようになされる。以上のような一般均衡重複世代モデルから、年金保険制度の拡大ないし導入は消費分布を均等化する可能性が高い、という結果が得られる。

　カルニとジルチャ (Edi Karni and Itzhak Zilcha) は人口は一定であるが労働供給を人々が決定する一般均衡重複世代モデルで労働供給、資本、産出、貯蓄、および世代内所得分布に対する公平な完全積立方式年金制度導入の効果を分析する[3]。個人貯蓄の形態は通常の証券とヤーリ (Menahem E. Yaari) の保険数理証券とを選択できる[4]。保険数理証券は、個人年金保険と同様に当人が若年期末で死亡すれば消滅するから遺産にはならず、死亡しなければ老年期消費に向けられる。通常証券保有分は遺産となり得る。遺産受取、賃金率、利

子率によって決まる予算制約の下で、消費、余暇、および遺産によって決まる期待生涯効用を最大化することによって、労働供給の大きさ、貯蓄の大きさとその内訳が選択される。得られる結論は以下の通りである。年金制度の導入によって（導入しないときと比較して）集計値としての労働供給、資本ストック、産出、各世代の若年期消費、貯蓄（個人貯蓄と年金制度による強制貯蓄の和）はすべて（導入以後の全期において）下落する。また分配については、総産出に占める資本の相対シェアが不変もしくは増大するならば、年金制度の導入によって所得分布の不均等が増すことがわかる。

　これらの分析について、どのような欠点があるだろうか。まずモデルの基本的な枠組みについては、若年期の勤労所得および利子率が固定されている（アベル）、あるいは人口が一定（カルニとジルチャ）という不十分な点が指摘できる。したがって、人口成長を取り入れること、賃金率と利子率が経済の内部で決定される一般均衡分析を用いることが望ましい。次に、これらの分析では遺産が国民貯蓄の重要な構成項目になることが共通している。ところが遺産の内容について、意図しない遺産を分析目的とするとしても意図した遺産を無視する（アベル）のは不自然であるから、意図した遺産を明示する必要がある。遺産受領の時期について、親が長生きしても若年期に遺産を受け取るとされる（チュー、およびカルニとジルチャ）。現在価値でみればそのように理解できるが、遺産はそもそも親の死亡後に受け取るものであるから、親の生死と遺産受領との時間的関連を明確にすべきである。この点は国民貯蓄の大きさと関連するので、マクロ経済に大きな影響を持つ。また、効用関数について、親は自分が若死にしても貯蓄を遺産として子供に残すことから効用を得る（チュー、およびカルニとジルチャ）。しかし、若くして死ぬのは誰も本意ではなく、無念の死であるにちがいない。したがって、そのような意図しない遺産を残すことから人々が効用を得るのは不可解なことである。

　なお、クリーディ（John Creedy）は定額給付のみの制度と報酬比例部分付きの二階建て制度との社会厚生比較を行い、定額給付のみの制度の方が同じ税率でより高い社会厚生を達成するという結論を得ている[5]。その分析は積立方

式の年金制度の下で各人の生涯効用に基づいて社会厚生を求めるもので、所得のみによらない点では本章の分析と同様である。また、各人の労働供給が、粗賃金率、税率、年金制度パラメターなどに依存して、可変であることはクリーディの分析の大きな特徴である。しかし、世代内の分配に注目するために単一世代のみの存在を仮定すること、それらの人々の寿命が確実であること、賃金率などが所与で枠組みとしては部分均衡であることが分析上の短所として指摘できよう。

## 2 異なる人々の経済行動

前節で指摘したことを念頭に置いて、次のように考える。人の生涯を若年期と老年期の2期間に分ける。ただし、必ずしも2期間生きられるとは限らず、確率 $p$ で若年期末に死亡するかもしれない。人々は若年期に一定時間だけ働き、受け取った賃金で若年期の消費をまかない、老年期に備えた個人貯蓄をする。老年期にはその個人貯蓄と利子を消費と遺産に分ける。人々は若年期末に一人当たり $1+g$ 人の子供を持つ。残念ながら若年期末に死亡したとすれば、若年期の個人貯蓄とその利子が次期の期首に相続人すなわち $1+g$ 人の子供に均等に分配される。めでたく生涯を全うすれば、老年期の遺産とその利子が（当人が死亡した期の）次の期の期首に生存する相続人すなわち $(1-p)(1+g)$ 人の子供に均等に分配される。子供から見れば、自分の親が短命であれば若年期の期首に遺産を相続し、長命であれば老年期の期首に相続することになる。これを説明するのが表4-1である。表4-1(A)は親が短命な場合の子供の生涯収支を、同じく表4-1(B)は長命な場合を示す。明らかに親の寿命によって、遺産が意図したものであるか否か、および受領の時期が異なる。すなわち、親が短命であれば子供の若年期の収入に親が意図しない遺産としての「親の貯蓄」と「その利子」が計上される。長命であれば老年期の収入に親が意図した遺産としての「遺産」と「その利子」が計上される。なお、子供世代も寿命は不確実で若年期末に死亡するかもしれない。しかし表4-1ではそのことは無視し、

表4-1(A)　短命な親とその子供の生涯収支

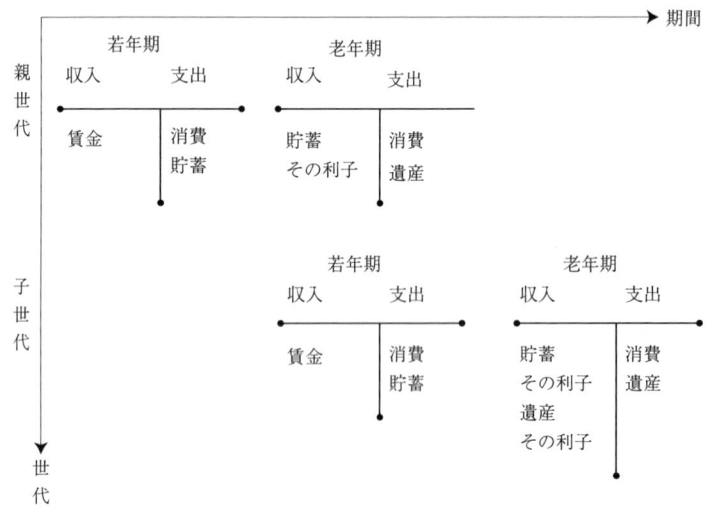

親世代

若年期
収入　支出
賃金　消費
　　　貯蓄

子世代

若年期
収入　支出
賃金　消費
親の貯蓄　貯蓄
その利子

老年期
収入　支出
貯蓄　消費
その利子　遺産

世代

表4-1(B)　長命な親とその子供の生涯収支

親世代

若年期
収入　支出
賃金　消費
　　　貯蓄

老年期
収入　支出
貯蓄　消費
その利子　遺産

子世代

若年期
収入　支出
賃金　消費
　　　貯蓄

老年期
収入　支出
貯蓄　消費
その利子　遺産
遺産
その利子

世代

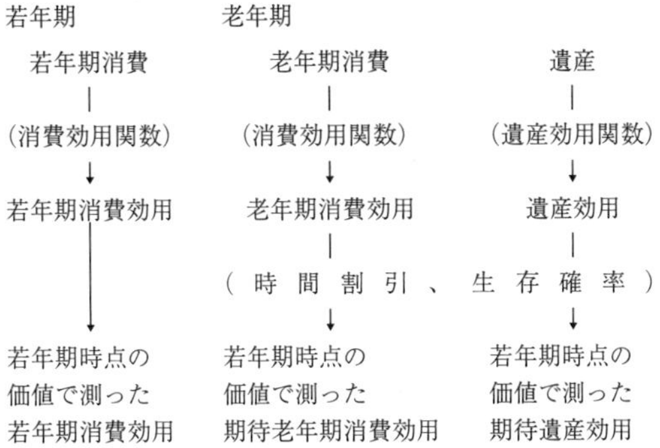

老年期末まで表示している。また各期の収入には、当期に稼いだ分のみならず、資産の取り崩しも含まれる。したがってこの場合の収入は当期に利用し得る資源という意味になる。

人々は消費、貯蓄、遺産の大きさをどのように決め

図4-1　期待生涯効用の構成要素

| 若年期 | 老年期 | |
|---|---|---|
| 若年期消費 | 老年期消費 | 遺産 |
| ↓ | ↓ | ↓ |
| （消費効用関数） | （消費効用関数） | （遺産効用関数） |
| ↓ | ↓ | ↓ |
| 若年期消費効用 | 老年期消費効用 | 遺産効用 |
| | ↓ | ↓ |
| | （時間割引、生存確率） | |
| ↓ | ↓ | ↓ |
| 若年期時点の価値で測った若年期消費効用 | 若年期時点の価値で測った期待老年期消費効用 | 若年期時点の価値で測った期待遺産効用 |

るか。合理的個人は効用を最大にするよう行動すると経済学では考えるので、本章でも、人々が生涯効用を最大にするよう行動すると仮定する。人々の生涯効用は若年期の消費によってもたらされる若年期の効用と、老年期の消費と意図して残す遺産によってもたらされる老年期の効用から成る。ここで消費がもたらす効用は若年期も老年期も同じ効用関数に従い、遺産の効用関数は別個であるとする。すなわち、生涯効用は若年期消費、老年期消費、遺産の三つの効用の和であると考える。ただし、若年期と老年期とは時点が異なるから、老年期の効用を割り引いて若年期の価値に修正する必要がある。また、若年期末で死亡するかもしれないので、老年期効用は生存確率分のみを算入する。このようにして人々は事前に予想する期待値としての生涯効用を最大にするよう消費、貯蓄、遺産の大きさを決める。図4-1は各期の消費などがそれぞれの効用関数によって効用に変換され、必要な場合には若年期時点の価値で測った効用に割り引かれ、かつ生存確率分のみが計上される過程を示す。かくして期待生涯効用は

(1) 　期待生涯効用＝若年期消費効用＋割引要素 $\delta$ ×生存確率 $(1-p)$ ×（老年期消費効用＋遺産効用）

のように示される。

生産と所得分配はどのように決まるか。生産は資本と労働を組み合わせて行

図4-2　生産と所得分配

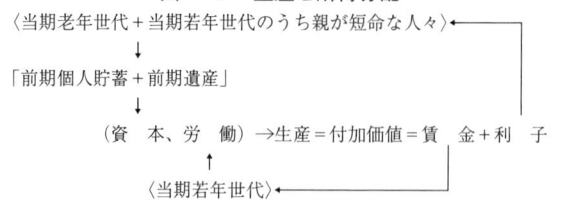

〈当期老年世代＋当期若年世代のうち親が短命な人々〉←─┐
　　　↓　　　　　　　　　　　　　　　　　　　　　　│
「前期個人貯蓄＋前期遺産」　　　　　　　　　　　　　│
　　　　　　（資　本、労　働）→生産＝付加価値＝賃　金＋利　子
　　　　　　　　　　　　　　↑　　　　　　　　　　　│
　　　　　　　　　　〈当期若年世代〉←───────┘

われる。生産の大きさは生産関数を通じ資本と労働のそれぞれの量に応じて決まる。ここでは特定の生産関数すなわちコブ・ダグラス型生産関数が投入される生産要素の量と産出される生産量を関係づけると仮定する。資本の量は前期の国民貯蓄に等しい。貯蓄は所得のうち消費されなかった残りであるから、国民貯蓄は若年世代の個人貯蓄と老年世代の遺産の和である。労働の量は、前述のように、若年世代の人口に一定時間を乗じた積である。生産の大きさを付加価値で測れば、分配される所得の和にちょうど等しい。また、市場経済では所得は各生産要素の生産への貢献に応じて決まると考えるのが適切である。そこで各生産要素一単位当たりの所得すなわち賃金率、利子率はそれぞれ労働と資本の限界生産力に等しいとする。限界生産力とは生産要素の追加一単位がもたらす生産の追加分である。ここで、資本は前期の個人貯蓄と遺産の和であるから、利子は資本の所有者すなわち当期生存する老年世代と前期末に死亡した前期若年世代の人々の相続人すなわち当期若年世代のうち親が短命な人々に分配され、賃金はすべて当期若年世代に分配される。図4-2は以上の関係を、つまり各世代から供給される資本と労働の量が生産関数を通じて生産の大きさすなわち分配される所得の大きさを決め、生産要素の所有者に（貢献に応じ）所得が分配されることを示す。

　この経済に、次のような完全積立方式の公的年金制度を導入する。すなわち若年期の賃金に一定の拠出率を乗じた年金拠出の全額を積立金として運用し、老年期を迎えた人々に元本と利子を年金給付として均等に分配する。積立金の運用は、国民貯蓄の一部として個人貯蓄などと同様になされるので、次期の市場利子率で分配を受ける。したがって「一人当たり年金額」は、一人当たり拠出額にその世代の人口を乗じた拠出総額にさらに1＋利子率を乗じた年金給付総額をその世代の老年期を迎えた人々に均等に分配するので、「一人当たり拠

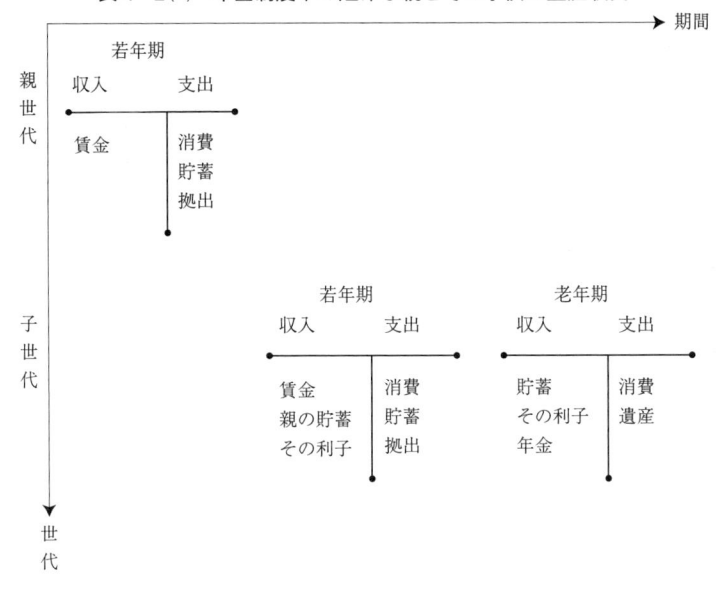

表 4-2(A)　年金制度下の短命な親とその子供の生涯収支

```
親世代
  若年期
  収入 ─── 支出
  賃金 ─── 消費
         貯蓄
         拠出

子世代
          若年期              老年期
          収入 ── 支出        収入 ── 支出
          賃金    消費        貯蓄    消費
          親の貯蓄 貯蓄        その利子 遺産
          その利子 拠出        年金

世代 →　　　　　　　　　　　　　　　　　期間
```

出額」に「1+利子率」を乗じた積を「生存確率$1-p$」で除した商で

(2)　一人当たり年金額 $= \dfrac{\text{一人当たり拠出額}\times(1+\text{利子率})}{\text{生存確率}1-p}$

と示される。以上のような年金制度により、人々の生涯収支は若年期の支出に保険料拠出が、老年期の収入に年金給付がそれぞれ加わる。表 4-2(A) は短命な親とその子供について年金制度の下での生涯収支を示す。親が長命な場合は同様に表 4-2(B) に示される。

　以下本節では個人の経済行動に注目する。一個人の労働供給と貯蓄は経済全体に比べきわめて小規模であるから、個人は賃金率、利子率を決めることはできず、与えられたものと考えると仮定する。ここで、表 4-2 を見れば明らかなように、子世代の若年期および老年期の収入の大きさは、親が短命（確率 $p$）か否かで異なる。したがって一般には、親の寿命の長さが人々の消費、貯蓄、遺産の大きさに影響する可能性がある。さらに、表 4-2 では無視したが、親の親の寿命によって親の各期の収入支出の大きさが異なるであろう。すなわち、

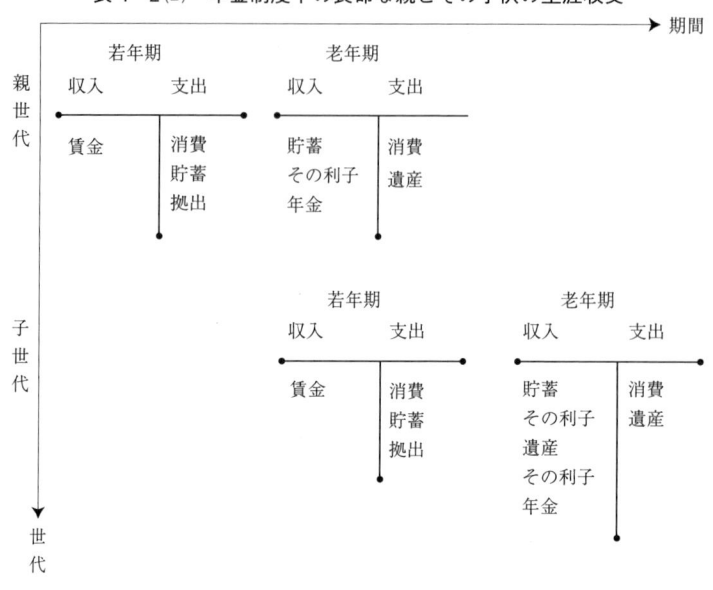

表4-2(B)　年金制度下の長命な親とその子供の生涯収支

**親世代**

若年期
- 収入：賃金
- 支出：消費、貯蓄、拠出

老年期
- 収入：貯蓄、その利子、年金
- 支出：消費、遺産

**子世代**

若年期
- 収入：賃金
- 支出：消費、貯蓄、拠出

老年期
- 収入：貯蓄、その利子、遺産、その利子、年金
- 支出：消費、遺産

→期間
↓世代

家族の死亡の歴史が異なれば、遺産の大きさと受領の時期が異なるであろう。

そこではじめに、遺産を全く受け取らない個人が第$j$期の期首に生まれたと想定しよう。言い換えれば、親を持たない孤児である。便宜的に初代（第$j$世代）と名付ける。若年期（第$j$期）に初代は賃金のみを財源として消費、貯蓄、および拠出をまかなうから、

(3)　賃金＝若年期消費＋個人貯蓄＋年金拠出

が初代の若年期予算制約である。長命（確率$1-p$）であれば老年期（第$j+1$期）には個人貯蓄とその利子、および公的年金を財源として消費、遺産をまかなうので、初代の老年期予算制約は

(4)　個人貯蓄×(1＋利子率)＋一人当たり年金額＝老年期消費＋遺産

と書ける。この初代の個人は(3)、(4)を制約条件として期待生涯効用(1)を最大化するよう消費、貯蓄、遺産を決める。

ここでは第一に若年期効用を最大にする若年期消費、貯蓄の最適値が与えられたとして老年期効用を最大にする老年期消費、遺産を求め、第二にそのような最適の老年期消費、遺産の下で若年期効用を最大にする若年期消費、貯蓄を求める。その結果、

(5)　老年期消費の限界効用＝遺産の限界効用

(6)　若年期消費と老年期消費の限界代替率
$$= \frac{若年期消費の限界効用}{割引要素\delta \times 生存確率(1-p) \times 老年期消費の限界効用} = 1+利子率$$

という条件が得られる。(5)は老年期に利用し得る資源を消費と遺産に配分するとき、それらの限界効用が等しくなければ、限界効用が小さい（支出額が大きい）用途から限界効用が大きい（支出額が小さい）用途へ支出を移すことにより、老年期効用をより大きくすることができるという意味である。(6)は若年期消費と老年期消費とを交換するとき、時間の経過による割引と死亡するかもしれないリスクを考えるとそれだけ老年期消費の限界効用を大きく（支出額を小さく）する必要があり、そのような修正を加えた両者の比率が「1＋利子率」に等しいことが生涯効用を最大にする消費の各期への配分であることを意味する。同時に、若年期消費と遺産との間にも(6)と同じ関係が成り立つことは(5)から明らかである。

消費などを数量化するには、効用関数を特定する必要がある。そこで、消費を $c$、遺産を $q$ とおき、さらに $U, V, m$ を定数として、消費と遺産のそれぞれの効用 $u, v$ を

(7)　$u(c) = \dfrac{Uc^{1-m}}{1-m}$

　　　$v(q) = \dfrac{Vq^{1-m}}{1-m}$

のように仮定する。ただし、$0 < m < 1$ で、$m$ はそれぞれ消費および遺産の限界

図 4-3　所得と効用(1)

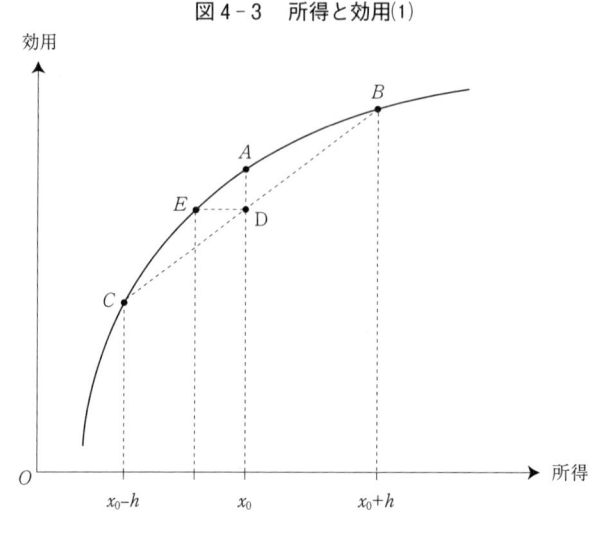

効用の弾力性である。また、子供に意図した遺産を残すことから、$V$ はプラスであり、子供よりも自分を重視すれば $V$ よりも $U$ が大である。

ここで、効用関数(7)の意味を明らかにしよう。人々は、結果が不確実であるよりも確実であることを好む場合がある。この場合の行動を危険回避といい、そのような行動を取る人々を危険回避者とよぶ。例えば（あ）100％の確率で所得 $x_0$ を得る確実な結果か、あるいは（い）それぞれ50％の確率で所得が $h$ だけ増加もしくは減少する、すなわち $x_0+h$ になるかもしくは $x_0-h$ になる不確実な結果を選択するとしよう。危険回避者であれば（あ）を選択しそうである。これは次のように説明できる。所得の大きさによって効用が決まるとし、所得が多いほど効用は高い（限界効用はプラスである）が、所得が多くなるにつれ効用の増加分は小さくなる（限界効用は逓減する）とすれば図 4-3 のように所得と効用の関係を示す曲線をかくことができる。このとき、選択肢（あ）の効用は所得 $x_0$ での効用の大きさであるから、点 $A$ の高さで示される。選択肢（い）の効用は所得 $x_0+h$ の効用（点 $B$ の高さ）と $x_0-h$ の効用（点 $C$ の高さ）の加重平均値（期待効用）だから点 $B$ と点 $C$ の中点 $D$ の高さである。点 $D$ は点 $A$ と $x_0$ の中間にあり、明らかに点 $D$ よりも点 $A$ の位置は高い。したがって、選択肢（あ）の効用は（い）の効用よりも高いので、人々は（あ）を選ぶ。

上の説明のように人々が危険回避者であることは効用曲線の形状と密接な関連がある。例えば効用曲線が直線（限界効用が一定）であれば、点 $A$ と点 $D$

とが一致し効用が等しいので、人々は選択肢（あ）と（い）を区別できない（無差別である）。これはそのような形状の効用曲線を持つ人々が危険回避者ではないことを意味する。つまり、人々が危険回避者であることはその効用曲線が図

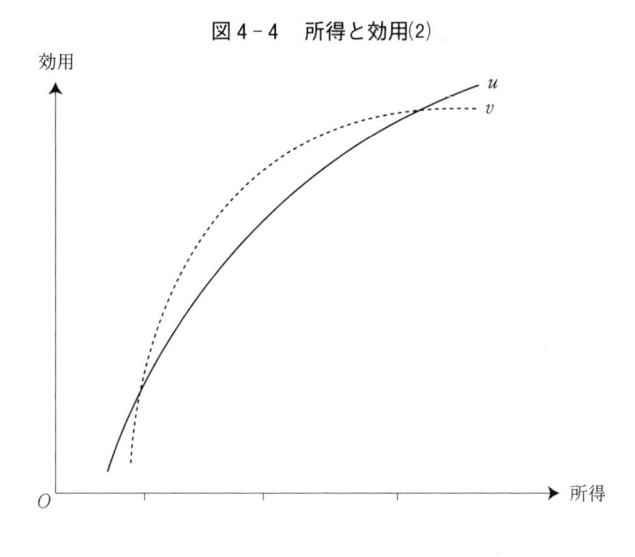

図 4-4　所得と効用(2)

4-3のような形状をしていることと同値である。

次に、人々の危険回避には強弱の違いがある。そこで危険回避の程度を測ることを考える。いま、選択肢（あ）の確実な所得がわずかに$x_0$より少ないとしても、危険回避者は期待効用の差から（い）よりも（あ）を選択する。では、（あ）が選択されなくなるのは確実な所得$x_0$がどれだけ減少したときか。選択は期待効用を比較してなされるから、確実な所得がもたらす効用が選択肢（い）の期待効用と等しくなると、両者は無差別になる。明らかに図4-3で点$D$を通る水平線が効用曲線と交わる点$E$の高さが100％確実な所得がもたらす効用を示すとき、二つの選択肢は無差別である。言いかえると$ED$の長さを$\rho$として、100％確実な所得（あ）が$x_0-\rho$より大きければ（あ）が選択される。確実な所得の大きさが$x_0-\rho$のときは無差別であり、$x_0-\rho$よりも小さくなると不確実な（い）が選択される。以上のような意味を持つ$ED$の距離が長い効用曲線を持つ人ほど100％確実な所得を好み危険回避の程度が高いといってよいから、$\rho$を危険回避の尺度と見ることができる。ここで図4-4のように実線$u$と破線$v$と二つの効用曲線を考える。このとき確実な（あ）と不確実な（い）が無差別になる$\rho$の大きさは効用曲線の曲がり方が大きい$v$の方が大きいことが明

らかである。言いかえると、効用曲線の曲がり方が大きいほど危険回避の程度が高い。したがって、危険回避の尺度を効用曲線の形状と関連づけることができる。図示されているこれら曲線の形状は曲線の傾き（限界効用）および傾きの変化によって特定されるから、限界効用の所得弾力性も危険回避の尺度の一つとなる。なぜなら、所得を $x$、効用を $U(x)$ とすると曲線 $U(x)$ の傾き（限界効用）は $U'(x)$、傾きの変化は $U''(x)$ となり、限界効用の所得弾力性 $\frac{-xU''(x)}{U'(x)}$ は傾きと傾きの変化を共に含むからである。なお、上述の $\rho$ は「保険プレミアム」、弾力性は「相対的危険回避（の尺度）」と呼ばれる。ここで(7)にもどると、消費及び遺産の限界効用の弾力性は共に $m$ で一定であるから、両式は共に相対的危険回避が一定の効用関数である。

あらためて遺産を受け取らない初代（第 $j$ 世代）の個人の期待生涯効用を最大化するため、効用関数(7)を用いて前述の手続きを繰り返すと、次のような結果が得られる。老年期については、「老年期消費の最適値」は所得に利用可能な資産を加えた老年期収入すなわち(4)左辺に比例し、「老年期収入」に「一定割合 $\gamma$」を乗じた積である。したがって $\gamma$ は初代の老年期消費性向である。遺産は老年期収入から老年期消費を減じた残余であるから、「遺産の最適値」も老年期収入に比例し、「老年期収入」に「一定割合 $1-\gamma$」を乗じた積である。また、初代の老年期効用の最大値は老年期収入の関数として表され、老年期収入が大きいほど大きくなる。これらのうち、消費と遺産は

(8)　初代老年期最適消費＝一定割合 $\gamma$ ×初代老年期収入

　　　初代最適遺産＝一定割合 $(1-\gamma)$ ×初代老年期収入

と示される。なお $\gamma$ は効用関数(7)のパラメーター $U$、$V$、$m$ のみによって

(9)　$\gamma = \dfrac{1}{1+(V/U)^{1/m}}$

と与えられる定数である。$V$ が $U$ より小とすれば、$\gamma$ は1/2より大きく1より小さい。つまり、子供より自分を重視する人にとっては、老年期収入のうち遺産よりも自分の消費分を多くすることが望ましいということになる。

初代の若年期については、「若年期消費の最適値」が「生涯所得の現在価値」に後述の「比例要素 $\gamma_j$」を乗じた積であること、「個人貯蓄の最適値」は、この場合の若年期所得である賃金から年金拠出を控除した若年期可処分所得からさらに最適消費を控除した差額で、「賃金」に比例することが得られる。以上のうち比例要素 $\gamma_j$ は初代の若年期消費性向である。また、「生涯所得の現在価値」は賃金から年金拠出を控除した可処分賃金、当人の拠出に基づく年金給付の現在価値、および若年期末に死亡した人々の拠出総額を生存者間で均等に分配した追加給付分の現在価値の合計として求められ、老年期末まで生存した場合の生涯所得の現在価値である。これらのうち当人の拠出に基づく年金給付の現在価値は若年期の年金拠出に等しいから、可処分賃金に当人の拠出に基づく年金給付の現在価値を加えると賃金に等しくなる。したがって、「生涯所得の現在価値」は「賃金」と「生存者への公的年金追加給付分の現在価値」の和である。後者の「追加給付分」は拠出率に賃金を乗じた一人当たり拠出に若年期末に死亡した人数を乗じた分配財源の現在価値を若年期末に死亡しなかった人数で除した商であるから、「賃金」に「追加給付率」を乗じた積になる。追加給付率とは拠出率に死亡確率を乗じた積を生存確率で除した商である。すなわち、初代の「生涯所得の現在価値」は「賃金」に「1＋追加給付率」を乗じた積になる。以上の消費と貯蓄は

(10)　初代若年期最適消費
　　　＝比例要素 $\gamma_j$ ×初代生涯所得の現在価値
　　　＝比例要素 $\gamma_j$ ×（賃金＋生存者への公的年金追加給付分の現在価値）
　　　＝比例要素 $\gamma_j$ ×（1＋追加給付率）×賃金
　　　初代最適個人貯蓄
　　　＝賃金－年金拠出－若年期最適消費
　　　＝[1－拠出率－比例要素 $\gamma_j$ ×（1＋追加給付率）]×賃金

と表される。なお、比例要素 $\gamma_j$ は、割引要素 $\delta$、死亡確率 $p$、老年期消費性向 $\gamma$、相対的危険回避の尺度 $m$、および老年期利子率 $r_{j+1}$ によって

(11)  $\gamma_j = \dfrac{1}{1 + [\delta(1-p)\gamma^{-m}(1+r_{j+1})^{1-m}]^{1/m}}$

と表される。つまり、比例要素 $\gamma_j$ の値は老年期の利子率に依存する。しかし、個人が賃金率、利子率を与えられたものと考えることを仮定したので、個人にとって比例要素は与えられた一定の値となる。なお、$\gamma_j$ は利子率の値にかかわらず1より小さいプラスの値をとる。また、追加給付率は

(12)  追加給付率 $= \dfrac{\text{拠出率} \times \text{死亡確率}}{\text{生存確率}}$

である。

　2代目（$j+1$世代）の経済行動は親（$j$世代）が長命か短命かによって異なる。はじめに親が短命な場合（ケース1）を考えよう。この場合、2代目は若年期に親（初代）の個人貯蓄とその利子を遺産として受け取る。遺産は$1+g$人の相続人に均等に分配されるから、2代目の若年期予算制約は

(13)  賃金 $+ \dfrac{\text{親の個人貯蓄とその利子}}{\text{相続人}1+g \text{人}} =$ 若年期消費 $+$ 個人貯蓄 $+$ 年金拠出

となる。老年期の予算制約は、遺産を若年期にすでに受け取ったので個人貯蓄とその利子および公的年金が財源となるから、初代の老年期予算制約(4)と外見上全く同じである。これらの予算制約の下で2代目の生涯効用を最大化すると、老年期については初代と全く同じ結果が得られる。すなわち、2代目の「老年期消費の最適値」は「老年期収入」に「一定割合 $\gamma$」を乗じた積であり、「遺産の最適値」は同じく「老年期収入」に「一定割合 $1-\gamma$」を乗じた積である。ここで老年期収入は外見上(4)左辺に等しく、$\gamma$ はここでも老年期消費性向である。また、2代目の老年期効用の最大値も老年期収入の関数として表され、老年期収入が大きいほど大きくなる。これらのうち消費と遺産は、初代と同様に

(14)  2代目ケース1老年期最適消費
　　　$=$ 一定割合 $\gamma \times$ 2代目ケース1老年期収入

2代目ケース1最適遺産
＝一定割合（1−γ）× 2代目ケース1老年期収入

と示される。

　この場合の2代目の若年期については、「若年期消費の最適値」が「生涯所得の現在価値」に後述の「比例要素 $\gamma_{j+1}$」を乗じた積であること、「個人貯蓄の最適値」は「賃金」と「遺産受取」の和から「年金拠出」を控除した若年期可処分所得からさらに「若年期消費の最適値」を控除した差額であることが得られる。消費については初代の「若年期最適消費」と全く同様に表現されるが、この場合の2代目の「生涯所得の現在価値」には初代のそれ、すなわち「賃金」に「1＋追加給付率」を乗じた積に新たに「相続人間で均等分配した親の個人貯蓄とその利子」が遺産受取として付け加わる点が異なる。また、貯蓄は所得から消費を控除した差額であるから、最適個人貯蓄にも遺産受取の項が追加される。このことが初代の個人貯蓄との相違である。なお、上述の比例要素 $\gamma_{j+1}$ はこの場合の若年期消費性向であり、その値は(11)右辺の利子率 $r_{j+1}$ を2代目の老年期の利子率 $r_{j+2}$ に代えたもので、2代目の個人にとっては一定である。以上のように、消費と貯蓄は

(15)　2代目ケース1若年期最適消費
　　　＝比例要素 $\gamma_{j+1}$ × 2代目ケース1生涯所得の現在価値
　　　＝比例要素 $\gamma_{j+1}$ × $\left[(1+追加給付率)×賃金+\dfrac{親の個人貯蓄とその利子}{相続人1+g 人}\right]$

　　　2代目ケース1最適個人貯蓄
　　　＝賃金＋遺産受取−年金拠出−若年期最適消費
　　　＝$[1−拠出率−比例要素\ \gamma_{j+1}×(1+追加給付率)]×賃金$
　　　　$+(1−比例要素\ \gamma_{j+1})×\dfrac{親の個人貯蓄とその利子}{相続人1+g 人}$

と示される。

　次に親（初代）が長命な場合（ケース2）を考える。この場合の2代目は若

年期には賃金のみを財源に消費、貯蓄、および拠出をまかなうので、若年期予算制約は初代の(3)と同じである。しかし老年期には親（初代）が意図して残した遺産とその利子を生存する相続人 $(1-p)(1+g)$ 人の間で均等に分配するので、老年期予算制約は

(16)　個人貯蓄とその利子 $+ \dfrac{親の遺産とその利子}{生存相続人(1-p)(1+g)人} +$ 一人当たり年金額

　　　$=$ 老年期消費 $+$ 遺産

となる。これらの予算制約の下で親が長命な2代目の生涯効用を最大化すると、老年期については初代および2代目のケース1と同様の結果が得られる。すなわち、親が長命な2代目の「老年期最適消費」は「老年期収入」に「一定割合 $\gamma$」を乗じた積で、またしても $\gamma$ は老年期消費性向であり、「最適遺産」も「老年期収入」に「一定割合 $1-\gamma$」を乗じた積となる。ただし上述のように、この場合の老年期収入は(16)左辺で、親（初代）が意図して残した遺産の相続分が含まれることが初代および2代目ケース1とは異なる。このことに留意せねばならないが、消費と遺産について

(17)　2代目ケース2老年期最適消費
　　　$=$ 一定割合 $\gamma \times$ 2代目ケース2老年期収入
　　　2代目ケース2最適遺産
　　　$=$ 一定割合 $(1-\gamma) \times$ 2代目ケース2老年期収入

である。なお、この場合の老年期効用の最大値も初代および2代目ケース1と同じく、老年期収入の関数で、老年期所得が大きいほど大きい。

　親が長命な2代目の若年期についても、初代および親が短命な2代目と同様の結果が得られる。すなわち「若年期消費の最適値」は「生涯所得の現在価値」に比例し、「個人貯蓄の最適値」は「賃金」から「年金拠出」を控除した若年期可処分所得からさらに「若年期最適消費」を控除した差額である。ここで、この場合の生涯所得の現在価値は賃金、生存者への公的年金追加給付分の現在価値、および遺産受取の現在価値の和である。これら消費、貯蓄については

(18)　2代目ケース2若年期最適消費

　　　= 比例要素 $\gamma_{j+1}$ × 2代目ケース2生涯所得の現在価値

　　　= 比例要素 $\gamma_{j+1}$ × $\left[(1+追加給付率)\times 賃金 + \dfrac{親の意図した遺産}{生存相続人(1-p)(1+g)人}\right]$

　　2代目ケース2最適個人貯蓄

　　　= 賃金 − 年金拠出 − 若年期最適消費

　　　= $[1-拠出率-比例要素\gamma_{j+1}\times(1+追加給付率)]\times 賃金$

　　　　$-比例要素\gamma_{j+1}\times\dfrac{親の意図した遺産}{生存相続人(1-p)(1+g)人}$

と示される。なお比例要素 $\gamma_{j+1}$ はここでも若年期消費性向と見なしうる。

　以上の初代と2代目についてこれまで得た結果を次のようにまとめることができる。すなわち、どの場合についても、老年期最適消費は老年期収入の一定割合 $\gamma$ であり、最適遺産は同じく一定割合 $1-\gamma$ である。したがって $\gamma$ は共通の老年期消費性向である。また、若年期最適消費は生涯所得の現在価値に比例要素すなわち若年期消費性向を乗じた積であり、最適個人貯蓄は若年期可処分所得から若年期最適消費を控除した差額である。このように各場合に共通した結果が得られるのは効用関数を(7)のように特定したからである。表4-3にこれら各場合に共通の結果を示した。ただし言うまでもないが、老年期収入等の内容が各場合で異なるので、消費、貯蓄などの大きさは各場合で異なる。

　さて、家族の死亡歴の違いによって親の遺産が意図したものであるか否かが、同時に子供が遺産を取得する時点が異なる。このことは人々の収入、消費などに差をもたらす。すなわち、家族の死亡の歴史が収入、消費などの分布を生み出すのである。しかし本章は収入、消費などの分布の生成に関心があるのではないから、次の仮定をおく。すなわち、一般に「人々は父母から影響を受けるが、祖父母などそれ以前の世代からは影響を受けない」としよう。この仮定によれば、「人々が父母から受け取る遺産には祖父母からの影響がない」ので、「父母は祖父母から遺産を受け取らなかった」ことを意味する。そのような父母を持つ人々は、本節の用語では2代目であり、父母は遺産を受け取らない初

**表 4-3　すべてに共通の消費、貯蓄および遺産**

| |
|---|
| 老年期 |
| 　最適消費＝一定割合 $\gamma$ × 老年期収入 |
| 　最適遺産＝一定割合 $(1-\gamma)$ × 老年期収入 |
| 若年期 |
| 　最適消費＝比例要素 × 生涯所得の現在価値 |
| 　最適個人貯蓄＝若年期可処分所得－若年期最適消費 |

代である。したがって、(15)の「親の個人貯蓄」は(10)の「初代最適個人貯蓄」であり、(18)の「親の意図した遺産」は(8)に示される「初代最適遺産」にほかならない。

## 3　公的年金と貯蓄

　前節末尾で人々が祖父母およびそれ以前の世代からは影響を受けないことを仮定した。この仮定は結論を特定の方向に誘導するおそれがないとは言えない。しかし、その仮定の下での人々の行動が合理的な結果を生じるのであれば、そのような誘導は、もし生じたとしても、無視しても支障はないであろう。したがって、その仮定の下での人々の経済行動が合理的な結果をもたらすか否かを検討する必要がある。そこで本節では、上述の仮定の下で公的年金が貯蓄に与える影響を明らかにする。その影響が不可解な内容を持たない場合には、仮定を受容してよいであろう。

　さて、前節で検討した経済をマクロの視点からとらえ、年金制度が国民貯蓄率に与える影響を明らかにしよう。はじめに人口について。今期の人口は引退した老年世代と現役の若年世代から成る。老年世代は本章の用語で初代である。今期の老年世代の人口は前期の出生数に生存確率を乗じた積である。2代目である若年世代の人口は当期出生数に等しく、親世代が若年期に一人当たり $1+g$ 人の子供を持つので、親世代若年期人口すなわち前期出生数に $1+g$（以下 $1+$ 人口成長率）を乗じた積である。したがって今期の総人口は老年世代人口と若年世代人口の和で、それぞれ

(19)　老年世代人口＝生存確率 $(1-p)$ × 前期出生数
　　　若年世代人口＝今期出生数＝ $(1+$人口成長率$)$ × 前期出生数

と示される。

　次に、一般に貯蓄は所得のうち消費されない部分であるから、若年世代の個人貯蓄、老年世代の遺産、および若年世代の年金拠出が国民貯蓄の構成要素である。若年世代のうち短命な人々が残す意図しない遺産は若年世代の個人貯蓄に計上する。したがって遺産として国民貯蓄に計上されるのは老年世代の意図した遺産のみである。そのように分類すれば若年世代の個人貯蓄総額は親が短命な人々の個人貯蓄総額と親が長命な人々の個人貯蓄総額との和である。前者は親が短命な若年世代の一人当たり最適個人貯蓄すなわち(15)の「２代目ケース１最適個人貯蓄」にそれら人々の人口すなわち「若年世代人口」と「死亡確率」を乗じた積である。後者は(18)の「２代目ケース２最適個人貯蓄」に「若年世代人口」と「生存確率」を乗じた積である。老年世代の遺産総額は(8)の一人当たり「初代最適遺産」に「老年世代人口」を乗じた積である。最後の若年世代の年金拠出は「賃金」に「拠出率」を乗じた一人当たり拠出に「若年世代人口」を乗じた積である。以上のようにして、今期国民貯蓄は

(20)　今期国民貯蓄＝若年世代個人貯蓄総額＋老年世代遺産総額
　　　　　　　　　＋若年世代年金拠出総額

であり、それぞれの項目の内容は

(21)　若年世代個人貯蓄総額
　　　　＝２代目ケース１最適個人貯蓄×若年世代人口×死亡確率
　　　　＋２代目ケース２最適個人貯蓄×若年世代人口×生存確率
　　老年世代遺産総額＝初代最適遺産×老年世代人口
　　若年世代年金拠出総額＝拠出率×賃金×若年世代人口

と表される。

　国民貯蓄率は国民貯蓄を国民所得で除した商である。今期の国民所得は投入される資本と労働が生み出した生産の大きさすなわち付加価値の和に等しい。前節で、生産の大きさしたがって国民所得の大きさはコブ・ダグラス型生産関

数の下で決まることを仮定した。コブ・ダグラス型生産関数はいくつかの扱いやすい特性を持つ。例えば、労働者一人当たり生産の大きさを労働者一人当たり資本ストックすなわち資本・労働比率で表せること、資本と労働の限界生産力すなわち利子率と賃金率が共に資本・労働比率で表せること、国民所得に占める資本および労働の分け前すなわち資本分配率および労働分配率が常に一定であることである。ところで、資本と労働が同一の速さで増加すれば資本・労働比率は一定だから、労働者一人当たり生産および利子率と賃金率も一定になる。このように資本・労働比率が一定という特別な状態を均衡（steady state）と呼ぶ。実は均衡では、国民所得も資本や労働と同じ速さで増加するので、国民貯蓄率は一定である。

　ここで均衡における国民貯蓄率は、上述のコブ・ダグラス関数の特性、および(2)、(8)、(10)、(15)、(18)を用いると、きわめて複雑ではあるが、拠出率、追加給付率、死亡確率、生存確率、人口成長率、利子率、一定割合 $\gamma$、および比例要素 $\gamma_j$、$\gamma_{j+1}$ で表すことができる。これらのうち利子率は、コブ・ダグラス関数を用いたので、均衡では資本分配率、人口成長率、および均衡での国民貯蓄率で表され、一定になる。このことは、利子率に依存する比例要素 $\gamma_j$、$\gamma_{j+1}$ も均衡では一定の $\gamma_s$ になることを意味する。以上のように均衡での国民貯蓄率をそれぞれ一定の拠出率などで表すことができるので、それらの値に対応して、均衡での国民貯蓄率も一定になる。ここで年金制度が国民貯蓄率に与える影響を検討すると、経済が均衡にあるとき、拠出率の引き上げすなわち年金制度の導入ないし拡大は国民貯蓄率を引き下げる効果があることが判明する。ただし条件が二つ必要である。その第一は均衡での比例要素 $\gamma_s$ より一定割合 $\gamma$ が大きいことである。$\gamma$ は老年期消費性向で子供より自分を重視するほどその値が大きく、$\gamma_s$ は均衡での若年期消費性向である。それらの大小は直接には明らかでないが、住宅、教育、老後など主たる貯蓄目的は若年期に集中するから、一般には老年期よりも若年期の消費性向は小さいであろう。また、老年期平均余命が伸びるほど老年期消費が増加するので老年期消費性向は高まるであろうし、平均余命の伸長によって増大する定年後の消費需要に備えるために若

年期消費性向は低下するであろう。したがって、老年期生存確率が高くなるほど、つまり人口高齢化の程度が高いほど第一の条件は満たされる可能性が高くなる。第二の条件は老年期生存確率 $1-p$ よりも若年期消費性向 $\gamma_s$ が大きいことである。本章では $p$ は若年期末すなわち老年期首で死亡する確率としてきた。しかし死亡は老年期の期首と期末にのみ生じると仮定しているので、実は若年期末すなわち老年期首まで生存することを条件とした老年期首の死亡確率が $p$ である。いま、若年期は20歳から60歳までの40年間、老年期は60歳から100歳までの同じく40年間、平均して80歳で死亡すると考える。このとき、若年期末まで生存した人は老年期の期間中平均して50%生存することになる。死亡時点を老年期の期首と期末に限定すれば、老年期首に死ぬ確率は50%である。つまり、この場合の $p$ は0.5になる。これに対し、遺産を受け取った分だけ遺産として残すとすれば、その他の生涯所得が生涯消費に等しい。上述のように若年期40年間の稼得で20歳から80歳までの60年間の消費をまかなうとすれば、若年期の受取遺産を除く収入に対する平均消費性向および限界消費性向は2/3である。本節のように定式化すれば、(15)および(18)に示されるように比例要素 $\gamma_{j+1}$ は限界消費性向でもあり平均消費性向でもあるから $\gamma_s$ も2/3と見てよいであろう。したがって、以上のように考えれば、老年期生存確率 $1-p$ よりも若年期消費性向 $\gamma_s$ が大きく、第二の条件が満たされる。

　以上のように必要な二つの条件が共に満たされると考えてよいから、本章の経済では年金制度の導入ないし拡大は国民貯蓄率を引き下げると言える。年金制度と貯蓄との関係についてはフェルトシュタイン（Martin S. Feldstein）とバロー（Robert J. Barro）の仮説がある。

　フェルトシュタインは遺産を含まないライフ・サイクルモデルで、年金制度が貯蓄に対して家計資産代替効果と職業生活からの引退促進効果を持つと論じる[6]。資産代替効果とは、人々が将来の公的年金受給権をあたかも個人資産の一項目であるかのように見なすので自分の就業期間中の個人貯蓄を減らすというものである。また、引退促進効果とは、公的年金制度の存在ないしアメリカの制度の特性が人々の職業生活からの引退を早期化させることに注目し、寿命

を不変とすれば引退早期化によって長期化する引退期間のために必要な個人資産が増大するので就業期間中の個人貯蓄が増加するというものである。このように貯蓄に対し逆方向に作用する二つの効果を持つので、年金制度が貯蓄に与える純効果は先験的には決められないというのがフェルトシュタインの立場である。

　これに対しバローは、遺産を明示的にモデルに登場させ、さらに親は子供が達成しうる最大の効用に関心を持つとする[7]。その場合、年金制度の導入ないし拡大を相殺するように人々が行動するというのがバローの主張である。すなわち、年金制度の導入ないし拡大はその時点の引退世代の消費水準したがって効用を高めるが、そのコストは子供世代とは限らないが後続世代が負担する。この負担はそれら世代の効用を低下させるので、子供の効用に関心を持つ引退世代は年金制度の導入ないし拡大前の最適水準を維持するように自分の消費を選択する。これは、年金給付の増加分だけ遺産を増額することを意味し、後続世代の負担増をちょうど相殺する。つまり、年金制度の導入ないし拡大は、遺産の調整を通じちょうど相殺されるので、各世代の消費、および達成される効用に影響を与えない。貯蓄については、現役世代の年金負担増だけ個人貯蓄が減るが、老年世代は同額だけ遺産を増加させる。したがって国民貯蓄は年金制度の導入ないし拡大によって影響されないというのがバローの主張の含意である。ただし、上述の説明から知られるように、バローは賦課方式を前提としている。そこで積立方式の下で各世代が消費の最適水準を維持しようとする場合について検討する必要がある。いま、拠出率が引き上げられると若年世代の可処分所得が減少する。若年世代は来期の年金給付が対応して増加することがわかっているので、個人貯蓄を拠出増加分だけ減らし、消費を最適水準に維持するであろう。ところが老年期の年金給付は、自分の拠出増に対応する分のみならず、短命な人々の拠出分と拠出増加分を分配する追加給付分も増加する。実は、積立方式の下では、追加給付分も含め年金給付のコストは後続世代の負担にならない。したがって拠出率引き上げによって生じる生涯所得の増加分は自分の生涯効用を高めるように、すなわち若年期消費、老年期消費、および遺産

第4章　積立方式年金の分配効果　85

を増やすように配分することができる。このように考えれば、若年期消費の増加によって個人貯蓄は拠出増に対応する以上に減少し、他方遺産は年金の追加給付の増加を反映して増加すると言えよう。したがって、個人貯蓄の減少と遺産の増加は国民貯蓄に対して逆方向に作用するので、年金制度の導入ないし拡大が国民貯蓄に与える純効果は明確でない。そこで、バローのモデルで積立方式年金制度を導入ないし拡大しても国民貯蓄にほとんど影響を与えないと考えるのが穏当であろう。

　それらの主張に対し、前述の年金制度の導入ないし拡大が国民貯蓄率を引き下げるという結果は、引退時点が固定されているので、フェルトシュタインの資産代替効果を肯定しバローの主張を否定しているように見える。しかし、彼らの言う貯蓄は本節の国民貯蓄とは合致しない。そこで、国民貯蓄の構成要素毎に均衡における対国民所得比率に対する年金制度の影響を検討する必要がある。はじめに年金拠出の対国民所得比率は(21)を参照すれば拠出率と労働分配率の積に等しい。前述のように労働分配率は常に一定であるから、年金制度の導入ないし拡大すなわち拠出率の引き上げは明らかに年金拠出の対国民所得比率を引き上げる。

　遺産は、(21)に示されるように、初代最適遺産にほかならない。そこで(8)に(2)、(4)、および(10)を代入した式を一人当たり国民所得で除すと、複雑であるが、遺産総額の対国民所得比率が得られる。その均衡での値は拠出率、追加給付率、労働分配率などで表され、年金制度の導入ないし拡大すなわち拠出率の引き上げは均衡での遺産総額の対国民所得比率を引き上げることがわかる。ただし生存確率$1-p$よりも若年期消費性向$\gamma_s$が大きいという前述の第二の条件が満たされねばならない。

　個人貯蓄は親が短命な場合（ケース1）と長命な場合（ケース2）の両者とも年金制度の影響は明らかではない。しかし、年金制度の導入ないし拡大によって国民貯蓄率が低下する中で年金拠出と遺産の対国民所得比率が上昇する以上、個人貯蓄の対国民所得比率は低下すると言わざるを得ない。

　以上のように国民貯蓄を構成要素に分解すると、対国民所得比で見て、年金

制度の導入ないし拡大は遺産を増やす（拡張したバロー）が個人貯蓄の減少（フェルトシュタインおよび拡張したバロー）が上回り、それらを総合すると国民貯蓄が減少すると言える。つまり、本節の分析によれば、前節末の仮定の下で年金制度が貯蓄に与える効果はフェルトシュタインの資産代替効果のみならずバローの主張とも整合すると言える。したがって、その影響は不可解なものではないから、前節末の仮定を受容してよい。

## 4　厚生分配への効果

　本節では、これまでの分析を踏まえ、年金制度の導入ないし拡大と人口構造の変化が本章の用語では2代目の人々の期待生涯効用に与える効果を検討する。人々の期待生涯効用は若年期効用と老年期効用の加重和であることおよび各期の効用はそれぞれの消費と遺産に依存することを第2節初めの(1)で仮定した。他方表4-3に示されるように、初代と2代目の別を問わずまた親の寿命の違いを問わず、若年期最適消費は生涯所得の現在価値に比例し、老年期消費および遺産の最適値は老年期収入の一定割合であることが第2節の分析で明らかとなった。したがって拠出率、死亡率および人口成長率の変化が期待生涯効用に与える効果を検討する代わりに、拠出率などの変化が生涯所得の現在価値および老年期収入に与える効果を検討すればよい。ただし以下では、第一次接近として、経済が均衡にあり、国民貯蓄率も一定であることを仮定する。

　はじめに生涯所得の現在価値に対する効果を調べる。親が短命な場合（ケース1）の2代目の生涯所得の現在価値は(15)に示されるが、拠出率などの変化が与える効果は不明である。親が長命な場合（ケース2）の2代目の生涯所得の現在価値は、(18)で示されるように、

(22)　2代目ケース2生涯所得の現在価値

$$= (1+追加給付率) \times 賃金 + \frac{親の意図した遺産}{生存相続人(1-p)(1+g)人}$$

である。均衡において死亡率および人口成長率の変化が与える効果は不明であ

るが、拠出率の上昇すなわち年金制度の導入ないし拡大は親が長命な場合の2代目の生涯所得の現在価値(22)を増加させることが示される。

次に老年期収入について。親が短命な場合（ケース1）の老年期収入は、本章第2節で述べたように、初代の老年期収入と同様であるから、(4)の左辺と同じである。そのうち個人貯蓄については(15)に示される。しかしながら、均衡での拠出率などの変化の効果はすべて不明である。他方、親が長命な場合（ケース2）の2代目の老年期収入は(16)左辺で示されるように、

(23)　2代目ケース2老年期収入

$$= 個人貯蓄とその利子 + \frac{親の遺産とその利子}{生存相続人(1-p)(1+g)人} + 一人当たり年金額$$

である。(23)のうち個人貯蓄は(18) 2代目ケース2最適個人貯蓄を、また親の遺産は(8)初代最適遺産を代入すればよい。均衡では、前述と同様に、拠出率の上昇すなわち年金制度の導入ないし拡大がこの場合の老年期収入を増加させることのみが示され、人口構造変化の効果は不明である。

以上のように親が長命な場合（ケース2）のみについて拠出率の引き上げが均衡での生涯所得の現在価値と老年期収入を増加させることが得られた。それらの結果をまとめたのが表4-4で、ケース2の拠出率引き上げ以外はすべて効果は不明である。

これらから、以下のように言える。年金制度の導入ないし拡大は親が長命な人々の生涯所得の現在価値と老年期収入を共に増加させるので、それらの人々の若年期消費、老年期消費および遺産の最適値をすべて増大させる。したがって若年期効用と老年期効用が共に高まるので、年金制度の導入ないし拡大によって親が長命な人々の期待生涯効用が高まると言える。このことを人口構造の高齢化が進行する社会にあてはめるとどのようなことが言えるだろうか。人口の高齢化は平均余命の伸長を一つの要因とするから、本章の用語では親が長命（ケース2）の人々が相対的に増加し、他方親が短命（ケース1）の人々が相対的に減少することを意味する。したがって人口の高齢化が進行しケース2の人々の比率がある程度以上に高まれば、ケース1の人々が仮に不利化するとし

表4-4 拠出率などの効果

|  | 生涯所得の現在価値 | | 老年期収入 | |
|---|---|---|---|---|
|  | ケース1 | ケース2 | ケース1 | ケース2 |
| 拠出率↑ | 不明 | ↑ | 不明 | ↑ |
| 死亡率 | 不明 | 不明 | 不明 | 不明 |
| 人口成長率 | 不明 | 不明 | 不明 | 不明 |

注：表中の↑印は引き上げないし増加を意味する。

てもそれらの人々に補償してもなおケース2の人々の状態は有利化しうるので、年金制度の導入ないし拡大は社会厚生を高めるであろう。すなわち、人口構造の高齢化が進行する社会では、完全積立方式の年金制度を導入ないし拡大することは望ましい政策であると言えよう。ところで、前章末において、いわゆる先進諸国では老年人口比率の上昇が開始した後に拠出制年金、実は積立方式年金が導入されたことを指摘した。上述の結論からすれば、高齢化がすでにある程度進行したとすれば、それら諸国の拠出制年金導入は社会厚生を高める望ましい政策であったと考えることができる。以上のように結論が得られたが、効用関数の特定化をはじめさまざまな仮定がなされたこと、均衡の近傍での効果であること、果たして経済が均衡に到達するか否か検討していないこと、などに注意する必要があることを付け加えねばならない。

註

1) Andrew B. Abel, "Precautionary Saving and Accidental Bequest," *American Economic Review*, Vol. 75, No. 4, September 1985.
2) C. Y. Cyrus Chu, "The Effect of Social Security on the Steady State Distribution of Consumption," *Journal of Public Economics*, Vol. 34, No. 2, November 1987.
3) Edi Karni and Itzhak Zilcha, "Aggregate and Distributional Effects of Fair Social Security," *Journal of Public Economics*, Vol. 40, No.1, October 1989.
4) Menahem E. Yaari, "Uncertain Lifetime, Life Insurance, and the Theory of the Consumer," *Review of Economic Studies*, Vol. 32(2), No. 90, April 1965.
5) John Creedy, "Two-Tier State Pensions: Labour Supply and Income Distribution," *The Manchester School of Economics and Social Studies*, Vol. LXII, No. 2, June 1994.

6) Martin S. Feldstein, "Social Security and Saving: The Extended Life Cycle Theory," *American Economic Review*, Vol. 66, No. 2, May 1976.
7) Robert J. Barro, "Are Government Bonds Net Wealth?" *Journal of Political Economy*, Vol. 82, No. 2, 1974.

## 第4章付録　数式を用いた展開

### §1　公的年金制度

第4章の分析内容を数式を用いて説明する。$t$期首に生まれた$t$世代に属する個人の意志決定はつぎのような期待生涯効用$Z_t$（下付き添え字$t$は$t$世代もしくは$t$期を示す）を最大化するように行われる。

(1)　$Z_t = u(c_{1,t}) + \delta(1-p)[u(c_{2,t+1}) + v(q_{t+1})]$

ここで$u(\cdot)$、$v(\cdot)$は効用関数、$c_{1,t}$は$t$世代の若年期消費、$c_{2,t+1}$は同じく$t$世代の老年期消費、$q_{t+1}$は$t$世代の遺産、$\delta$は割引率、$p$は若年期末に死亡する確率である。この経済の生産$Y_t$は、コブ・ダグラス型生産関数

(2)　$Y_t = A K_t^a L_t^{1-a}$

に従う。労働$L_t$は当期の若年世代によって供給され、資本$K_t$は前期の貯蓄に等しい。賃金率$w_t$、利子率$r_t$はそれぞれ要素の限界生産力によって決まる。

ここで、完全積立方式の公的年金制度を導入する。拠出は若年期の賃金所得に一定率$\tau$を乗じたものである。したがって、$t$世代の拠出総額は$\tau w_t L_t$である。これが全額積立金として運用され、次期の期首に老年期をむかえた生存者に均等に分配される。積立金の運用は、国民貯蓄の一部として個人貯蓄と同様に、次期の市場利子率で分配を受ける。したがって、$t$世代一人当たり年金給付額は

$$\frac{\tau w_t L_t(1+r_{t+1})}{(1-p)L_t} = \frac{\tau w_t(1+r_{t+1})}{(1-p)}$$

となる。

### §2　個人の経済行動

はじめに、遺産を全く受け取らない個人を想定し、初代（第$j$世代）と名付

ける。初代の若年期予算制約は、$s_j$ を個人貯蓄として、

(3) $\quad w_j = c_{1,j} + s_j + \tau w_j$

である。老年期予算制約は、長生き（確率 $1-p$）すれば個人貯蓄と公的年金を財源として老年期の消費、遺産をまかなうので

(4) $\quad \left(s_j + \dfrac{\tau w_j}{1-p}\right)(1+r_{j+1}) = c_{2,j+1} + q_{j+1}$

となる。この個人は(3)、(4)を制約条件として(1)を最大化するよう消費、貯蓄、遺産を決める。いま、初代の期待生涯効用 $Z_j$ を若年期の効用 $Z_{1,j}$ と老年期の効用 $Z_{2,j+1}$ に分け、

(5) $\quad Z_j = Z_{1,j} + \delta(1-p)Z_{2,j+1}$

と書く。はじめに①若年期の消費、貯蓄の最適値が与えられたとして、$Z_{2,j+1}$ を最大化する。次に②最適な老年期の消費、遺産のもとで $Z_j$ を最大化する。

①に関して、(1)と(5)から

(6) $\quad dZ_{2,j+1} = u'dc_{2,j+1} + v'dq_{j+1}$

を得る。また、$s_j$, $w_j$, $r_{j+1}$ が個人にとって所与であるから、(4)から、

(7) $\quad 0 = dc_{2,j+1} + dq_{j+1}$

を得る。したがって、(6)、(7)から

(8) $\quad \dfrac{dZ_{2,j+1}}{dc_{2,j+1}} = u'(c_{2,j+1}) - v'(q_{j+1})$

を得る。内部で均衡解が得られるとすれば、それぞれの限界効用が等しくなるように老年期消費と遺産が選択される。求められた最適値を $(c_{2,j+1}^*, q_{j+1}^*)$ とすれば、若年期の消費、貯蓄を所与とした初代の老年期効用の最大値は、

(9) $\quad Z_{2,j+1}^* = u(c_{2,j+1}^*) + v(q_{j+1}^*)$

である。

②に関して、(3)と、右辺を最適値とした(4)のもとで、

(10)　　$Z_j = u(c_{1,j}) + \delta(1-p)[u(c_{2,j+1}^*) + v(q_{j+1}^*)]$

を最大化する。いま、

(11)　　$dZ_j = u'(c_{1,j})dc_{1,j} + \delta(1-p)[u'(c_{2,j+1}^*)dc_{2,j+1}^* + v'(q_{j+1}^*)dq_{j+1}^*]$

を得る。また、最適値であるから、(8)より

(12)　　$u'(c_{2,j+1}^*) = v'(q_{j+1}^*)$

である。さらに、(3)、(4)から生涯の予算制約を示す次式を得る。

(13)　　$\left[\left(1+\dfrac{\tau p}{1-p}\right)w_j - c_{1,j}\right](1+r_{j+1}) = c_{2,j+1}^* + q_{j+1}^*$

ここで分析対象の個人にとって $w_j, r_{j+1}$ は所与だから、(13)から

(14)　　$-dc_{1,j}(1+r_{j+1}) = dc_{2,j+1}^* + dq_{j+1}^*$

を得る。かくして、(11)、(12)、(14)より、

(15)　　$\dfrac{dZ_j}{dc_{1,j}} = u'(c_{1,j}) - \delta(1-p)(1+r_{j+1})u'(c_{2,j+1}^*)$

を得る。したがって期待生涯効用 $Z_j$ を最大化する最適値 $(c_{1,j}^*, c_{2,j+1}^*, q_{j+1}^*)$ の下では、初代の若年期消費、老年期消費および遺産の間には、

(16)　　$\dfrac{u'(c_{1,j}^*)}{\delta(1-p)u'(c_{2,j+1}^*)} = \dfrac{u'(c_{1,j}^*)}{\delta(1-p)v'(q_{j+1}^*)} = 1 + r_{j+1}$

という関係がある。

### §3　効用関数

消費などを数量化するには、効用関数を特定する必要がある。そこで、$U$、$V$、$m$ を定数として次のように仮定する。

$$(17) \quad \begin{cases} u(x) = \dfrac{Ux^{1-m}}{1-m} \\ v(x) = \dfrac{Vx^{1-m}}{1-m} \end{cases}$$

ただし、$0<m<1$ で、$m$ は限界効用の $x$ 弾力性である。また、子供に意図した遺産を残すことから、$0<V$ であり、子供よりも自分を重視すれば $V<U$ である。

## §4 初代の行動

あらためて、① $c_{1,j}$（したがって $s_j$）所与（最適値）のもとで $Z_{2,j+1}$ を最大化する。老年期収入を $y_{j+1}$、すなわち

$$(18) \quad y_{j+1} = \left(s_j^* + \dfrac{\tau w_j}{1-p}\right)(1+r_{j+1}) = c_{2,j+1} + q_{j+1}$$

とおき、(8)と(17)を用いれば、

$$(19) \quad \begin{cases} c_{2,j+1}^* = \gamma y_{j+1} \\ q_{j+1}^* = (1-\gamma) y_{j+1} \end{cases}$$

を得る。ただし $\gamma = \dfrac{1}{1+(V/U)^{1/m}}$（一定）（なお、$0<V<U$ とすれば、$\dfrac{1}{2}<\gamma<1$）である。つまり、老年期の最適消費および遺産は、それぞれ老年期収入の一定割合 $\gamma$、$1-\gamma$ となる。かくして、初代の老年期効用の最大値は

$$(20) \quad Z_{2,j+1}^* = \dfrac{U\gamma^{-m}}{1-m} y_{j+1}^{1-m}$$

となる。すなわち、自明ではあるが、老年期効用の最大値は老年期収入の増加関数である。

次に② $Z_{2,j+1} = Z_{2,j+1}^*$ のもとで、期待生涯効用 $Z_j$ を最大化する。(1)、(3)、(4)、(17)、(20)を用いて

$$\text{(21)} \quad Z_j = \frac{U}{1-m} c_{1,j}^{1-m}$$
$$+ \delta(1-p)\frac{U\gamma^{-m}}{1-m}\left[w_j\left(1+\frac{\tau p}{1-p}\right)-c_{1,j}\right]^{1-m}(1+r_{j+1})^{1-m}$$

となるから、これを $c_{1,j}$ で微分してゼロと等置すれば、次の式を得る。

$$\text{(22)} \quad \begin{cases} c_{1,j}^* = \dfrac{[1+\tau p/(1-p)]}{1+[\delta(1-p)\gamma^{-m}(1+r_{j+1})^{1-m}]^{1/m}} w_j \\[2mm] \equiv \gamma_j\left(1+\dfrac{\tau p}{1-p}\right)w_j \\[2mm] s_j^* = \left[1-\tau-\gamma_j\left(1+\dfrac{\tau p}{1-p}\right)\right]w_j \end{cases}$$

ここで、$\gamma_j$ は利子率に依存するが $0<\gamma_j<1$ は明らかである。(22)は初代について最適若年期消費が生涯所得の現在価値（賃金 $w_j$ と公的年金による生涯所得の増分 $[\tau p/(1-p)]w_j$ の和）に比例すること、および個人貯蓄が賃金に比例することを示す。

## §5　2代目の行動

　2代目（$j+1$世代）の経済行動は親（$j$世代）が短命であるか否かによって異なる。はじめに親が短命な場合（ケース1）を考えよう。このとき、2代目の若年期の所得は賃金、および遺産である。ただし遺産は親の個人貯蓄 $s_j^{f*}$（上付き添え字 $f$ は、親の貯蓄であることを示す）にほかならない。これらを財源として消費、貯蓄、拠出を行うので、若年期の予算制約は次のようになる。

$$\text{(23)} \quad w_{j+1} + s_j^{f*}\frac{1+r_{j+1}}{1+q} = c_{1,j+1} + s_{j+1} + \tau w_{j+1}$$

老年期の収支は、遺産を若年期にすでに受けとっているので、$j+1$世代（ケース1）の老年期収入を $y_{j+2}$ として、

$$\text{(24)} \quad y_{j+2} = \left(s_{j+1} + \frac{\tau w_{j+1}}{1-p}\right)(1+r_{j+2}) = c_{2,j+2} + q_{j+2}$$

である。(23)と(24)から、生涯での予算制約

(25) $\left(1+\dfrac{\tau p}{1-p}\right)w_{j+1}+\dfrac{s_j^{f*}(1+r_{j+1})}{1+g}=c_{1,j+1}+\dfrac{c_{2,j+2}+q_{j+2}}{1+r_{j+2}}$

を得る。初代の効用最大化と同様にして、まず① $c_{1,j+1}$（したがって $s_{j+1}$）所与（最適値）のもとで $Z_{2,j+2}$ を最大化する。ここでは、$Z_{2,j+2}=u(c_{2,j+2})+v(q_{j+2})$ および(24)から得る $0=dc_{2,j+2}+dq_{j+2}$ を用いて

(26) $\dfrac{dZ_{2,j+2}}{dc_{2,j+2}}=u'(c_{2,j+2})-v'(q_{j+2})$
$\qquad\qquad\quad = Uc_{2,j+2}{}^{-m}-Vq_{j+2}{}^{-m}$

を得る。かくして、ケース1での2代目の老年期の最適値は次のようになる。

(27) $\begin{cases} c_{2,j+2}{}^{*}=\gamma y_{j+2} \\ q_{j+2}{}^{*}=(1-\gamma)y_{j+2} \\ Z_{2,j+2}{}^{*}=\dfrac{U\gamma^{-m}}{1-m}y_{j+2}{}^{1-m} \end{cases}$

すなわち、2代目の老年期消費と遺産の最適値および老年期効用の最大値は初代のそれら(19)、(20)と形式上全く同様に示される。

次に② $Z_{2,j+2}=Z_{2,j+2}{}^{*}$ のもとで $Z_{j+1}$ を最大化すれば、

(28) $\dfrac{dZ_{j+1}}{dc_{1,j+1}}=Uc_{1,j+1}{}^{-m}-\delta(1-p)U\gamma^{-m}(1+r_{j+2})^{1-m}$
$\qquad\qquad\qquad \times\left[\left(1+\dfrac{\tau p}{1-p}\right)w_{j+1}+\dfrac{s_j^{f*}(1+r_{j+1})}{1+g}-c_{1,j+1}\right]^{-m}$

となるので

$$
(29)\begin{cases}
c_{1,j+1}{}^* = \dfrac{1}{1+[\delta(1-p)\gamma^{-m}(1+r_{j+2})^{1-m}]^{1/m}} \\
\qquad \times \left[\left(1+\dfrac{\tau p}{1-p}\right)w_{j+1} + \dfrac{s_j{}^{f*}(1+r_{j+1})}{1+g}\right] \\
\equiv \gamma_{j+1}\left[\left(1+\dfrac{\tau p}{1-p}\right)w_{j+1} + \dfrac{s_j{}^{f*}(1+r_{j+1})}{1+g}\right] \\
s_{j+1}{}^* = \left[1-\tau-\gamma_{j+1}\left(1+\dfrac{\tau p}{1-p}\right)\right]w_{j+1} + (1-\gamma_{j+1})\dfrac{s_j{}^{f*}(1+r_{j+1})}{1+g}
\end{cases}
$$

を得る。すなわち、親が短命なケース1における2代目の最適若年期消費は生涯所得の現在価値（賃金 $w_{j+1}$、公的年金による生涯所得の増分 $[\tau p/(1-p)]w_{j+1}$、および遺産受取の和）に比例する。なお、$0<\gamma_{j+1}<1$ である。

次に親が長命な場合（ケース2）を考える。若年期の予算制約は、初代と同様、賃金のみで消費、貯蓄、拠出をまかなうので次のとおりである。

$$(30)\quad w_{j+1} = c_{1,j+1} + s_{j+1} + \tau w_{j+1}$$

老年期には、個人貯蓄のほかに、遺産、公的年金を受け取り、これを消費、遺産に分ける。遺産の受取について、一名の親につき生存相続人は $(1-p)\times(1+g)$ 人である。したがって、老年期収入を $y_{j+2}'$ として、老年期の収支は次のようになる。

$$(31)\quad y_{j+2}' = \left(s_{j+1} + \dfrac{q_{j+1}{}^{f*}}{(1-p)(1+g)} + \dfrac{\tau w_{j+1}}{1-p}\right)(1+r_{j+2}) = c_{2,j+2} + q_{j+2}$$

(30)と(31)から親が長生きの場合（ケース2）の生涯での予算制約

$$(32)\quad \left(1+\dfrac{\tau p}{1-p}\right)w_{j+1} + \dfrac{q_{j+1}{}^{f*}}{(1-p)(1+g)} = c_{1,j+1} + \dfrac{c_{2,j+2}+q_{j+2}}{1+r_{j+2}}$$

を得る。生涯効用の最大化については、これまでと同様に、まず① $c_{1,j+1}$（したがって $s_{j+1}$）所与（最適値）のもとで $Z_{2,j+2}$ を最大化する。ケース1と同様の手続きによって、最適値は、

$$\text{(33)} \begin{cases} c_{2,j+2}^{**} = \gamma y_{j+2}' \\ q_{j+2}^{**} = (1-\gamma) y_{j+2}' \\ Z_{2,j+2}^{**} = \dfrac{U\gamma^{-m}}{1-m} y_{j+2}'^{1-m} \end{cases}$$

である。すなわち親が長命な場合、2代目の最適老年期消費および遺産は、ケース1(27)に同じく、老年期収入の一定割合である。

次に② $Z_{2,j+2} = Z_{2,j+2}^{**}$ のもとで期待生涯効用 $Z_{j+1}$ を最大化すれば、最適値は

$$\text{(34)} \begin{cases} c_{1,j+1}^{**} = \dfrac{1}{1+[\delta(1-p)\gamma^{-m}(1+r_{j+2})^{1-m}]^{1/m}} \\ \qquad\qquad \times \left[ \left(1+\dfrac{\tau p}{1-p}\right) w_{j+1} + \dfrac{q_{j+1}^{f*}}{(1-p)(1+g)} \right] \\ \qquad \equiv \gamma_{j+1} \left[ \left(1+\dfrac{\tau p}{1-p}\right) w_{j+1} + \dfrac{q_{j+1}^{f*}}{(1-p)(1+g)} \right] \\ s_{j+1}^{**} = (1-\tau) w_{j+1} - c_{1,j+1}^{**} \\ \qquad = \left[ 1 - \tau - \gamma_{j+1}\left(1+\dfrac{\tau p}{1-p}\right) \right] w_{j+1} - \gamma_{j+1} \dfrac{q_{j+1}^{f*}}{(1-p)(1+g)} \end{cases}$$

となる。すなわち親が長生きするケース2における若年期消費の最適値は、ケース1(29)と同様に、生涯所得の現在価値(賃金所得、公的年金による生涯所得の増分、および遺産受取の和)に比例する。

## §6 集計貯蓄

ここで、「人々は2代目であり、人々の父母は初代である」と仮定し、その仮定が公的年金と貯蓄との関係について持つ含意を検討する。経済をマクロの視点からとらえよう。$t$ 期の人口構成は、$t-1$ 世代(初代)が $(1-p)L_{t-1}$、$t$ 世代(2代目)が $L_t = (1+g)L_{t-1}$ である。また、$t$ 期の国民貯蓄 $S_t$ は $t$ 世代個人貯蓄、$t$ 世代年金拠出 $\tau w_t L_t$、および $t-1$ 世代遺産の和である。これらのうち、遺産として $t$ 期の国民貯蓄に計上されるのは $t$ 期末に死亡する長命な $t-1$ 世代

の人々の遺産である。同じく $t$ 期末に死亡する短命な $t$ 世代の人々の遺産は $t$ 世代個人貯蓄に計上される。

$t$ 世代個人貯蓄総額は親が短命な人々の個人貯蓄 $s_t^* p L_t$ と親が長命な人々の個人貯蓄 $s_t^{**}(1-p)L_t$ の和である。親が短命な人々（ケース１）の一人当たり個人貯蓄は(29)第２式に示される。ここで、前節末尾の仮定によって(22)第２式を用いると

$$(35) \quad s_t^* = \left[1 - \tau - \gamma_t\left(1 + \frac{\tau p}{1-p}\right)\right] w_t$$
$$+ (1-\gamma_t)\left[1 - \tau - \gamma_{t-1}\left(1 + \frac{\tau p}{1-p}\right)\right] w_{t-1}\left(\frac{1+r_t}{1+g}\right)$$

を得る。親が長命な人々（ケース２）の一人当たり個人貯蓄については(34)第２式に示され、同様に(18)、(19)第２式、(22)第２式を用いて

$$(36) \quad s_t^{**} = \left[1 - \tau - \gamma_t\left(1 + \frac{\tau p}{1-p}\right)\right] w_t$$
$$- \gamma_t(1-\gamma)(1-\gamma_{t-1})\left(1 + \frac{\tau p}{1-p}\right) w_{t-1} \frac{(1+r_t)}{(1-p)(1+g)}$$

となる。つぎに、遺産として国民貯蓄に計上される長命な $t-1$ 世代の人々の一人当たり遺産は、前節末尾の仮定によって、(18)、(19)第２式、(22)第２式から

$$(37) \quad q_t^* = (1-\gamma)(1-\gamma_{t-1})\left(1 + \frac{\tau p}{1-p}\right) w_{t-1}(1+r_t)$$

となる。かくして $t$ 期国民貯蓄 $S_t$ は

$$(38) \quad S_t = s_t^* p L_t + s_t^{**}(1-p)L_t + \tau w_t L_t + q_t^*(1-p)L_{t-1}$$

で、$s_t^*$, $s_t^{**}$, $q_t^*$ にそれぞれ(35)、(36)、(37)を代入したものである。

ここで、(2)を用いれば、$t$ 期の国民貯蓄率を求めることができる。いま、この経済が、均衡（steady state）へ収束することを仮定しよう。そのとき、$w_t$、$r_t$、$\gamma_t$ などは $w_s$、$r_s$、$\gamma_s$ などになる。(2)から $w_s = (1-a)Ak_s^a$、$r_s = aAk_s^{a-1}$、

$k_s = \left(\dfrac{\sigma A}{1+g}\right)^{1/(1-a)}$ を得るので、均衡での国民貯蓄率 $\sigma$ は

$$(39) \quad \sigma = \left\{\left[1-\tau-\gamma_s\left(1+\dfrac{\tau p}{1-p}\right)\right]p + (1-\gamma)(1-p-\gamma_s)\left(1+\dfrac{\tau p}{1-p}\right)\right\}$$
$$\times (1-\gamma_s)\left(\dfrac{1}{1+g}+\dfrac{a}{\sigma}\right)(1-a) + \left[1-\gamma_s\left(1+\dfrac{\tau p}{1-p}\right)\right](1-a)$$

と表すことができる。ただし $\gamma_s$ は

$$(40) \quad \gamma_s = \dfrac{1}{1+\left\{\delta(1-p)\gamma^{-m}\left[1+\dfrac{a}{\sigma}(1+g)\right]^{1-m}\right\}^{1/m}}$$

であり、(40)を(39)に代入した解が $\sigma$ である。

以上のように $\sigma$ が求められるので、政策パラメター $\tau$、外生変数 $p$、$g$ の変化が $\sigma$ に与える効果を、言い換えればそれらパラメターの変化が均衡に与える影響を検討することができる。残念ながら無条件ではないが、$\tau$ のみについては

$$(41) \quad \dfrac{\partial \sigma}{\partial \tau} = \dfrac{-E}{1+(A+B+C)D} < 0$$

ように $\sigma$ に与える効果を確定しうる。すなわち、$\tau$ の増加は $\sigma$ を低下させるので、均衡での資本労働比率を減少させる。ただし

$$\begin{cases} A = \left(1+\dfrac{\tau p}{1-p}\right)\left[1+p(1-\gamma_s)\left(\dfrac{1}{1+g}+\dfrac{a}{\sigma}\right)\right](1-a) > 0 \\[2mm] B = \left(1+\dfrac{\tau p}{1-p}\right)(1-\gamma)(1-\gamma_s)\left(\dfrac{1}{1+g}+\dfrac{a}{\sigma}\right)(1-a) > 0 \\[2mm] C = \left\{\left[1-\tau-\gamma_s\left(1+\dfrac{\tau p}{1-p}\right)\right]p + (1-p-\gamma_s)(1-\gamma)\left(1+\dfrac{\tau p}{1-p}\right)\right\}\left(\dfrac{1}{1+g}+\dfrac{a}{\sigma}\right)(1-a) \\[3mm] D = \dfrac{\dfrac{1-m}{m}[\delta(1-p)]^{1/m}\gamma^{-1}\left[1+\dfrac{a}{\sigma}(1+g)\right]^{-2+1/m}\dfrac{a(1+g)}{\sigma^2}}{\left\{1+[\delta(1-p)]^{1/m}\gamma^{-1}\left[1+\dfrac{a}{\sigma}(1+g)\right]^{(m-1)/m}\right\}^2} > 0 \\[3mm] E = \dfrac{p}{1-p}\left\{\gamma_s + [p\gamma_s - (1-p-\gamma_s)(1-\gamma)](1-\gamma_s)\left(\dfrac{1}{1+g}+\dfrac{a}{\sigma}\right)\right\}(1-a) \end{cases}$$

について、$A$、$B$、$D$ は正であることが明らかである。ここで $A+B+C$ を書き直すと、

$$A+B+C = \left(1+\dfrac{\tau p}{1-p}\right)(1-a) + p\left[1-\tau-\gamma_s\left(1+\dfrac{\tau p}{1-p}\right)\right]\left(\dfrac{1}{1+g}+\dfrac{a}{\sigma}\right)(1-a)$$
$$+ [p(\gamma-\gamma_s)+2(1-\gamma)(1-\gamma_s)]\left(1+\dfrac{\tau p}{1-p}\right)\left(\dfrac{1}{1+g}+\dfrac{a}{\sigma}\right)(1-a)$$

となる。上式右辺第1項は正であり、第2項は(22)などから $1-\tau-\gamma_s\left(1+\dfrac{\tau p}{1-p}\right)$ を限界貯蓄性向で正と見なしうるので正である。第3項の符号は、本文中に述べた理由により $\gamma > \gamma_s$ と考えられるから、正と見てよい。よって $A+B+C$ は正となる。また $E$ も、同じく本文中に述べた理由により $1-p < \gamma_s$ と考えられるから、正である。したがって、$A+B+C$、$D$、$E$ がすべて正になるので、(41)は負と考えてよい。すなわち年金制度の導入ないし拡大は均衡での国民貯蓄率を引き下げる。

## §7 貯蓄の構成要素

次に国民貯蓄を各構成要素に分解し、それらの対国民所得比について拠出率 $\tau$ 変化の影響を検討する。ただし、前述の国民貯蓄率 $\sigma$ の場合と同じく、均衡に限定する。無条件に変化の方向を確定しうるものは年金拠出である。年金拠出の対国民所得比は常に $\tau(1-a)$ であるから、年金制度の導入（拡大）によって対国民所得比率が上昇するのは自明である。均衡での遺産の対国民所得比 $qy$ については

$$
(42)\begin{cases} \dfrac{\partial qy}{\partial \tau}=J+K+L \\ \text{ただし} \\ J=p(1-a)(1-\gamma)(1-\gamma_s)\left(\dfrac{1}{1+g}+\dfrac{a}{\sigma}\right) \quad (>0) \\ K=-\dfrac{\partial \gamma_s}{\partial \sigma}\cdot\dfrac{\partial \sigma}{\partial \tau}(1-a)(1-\gamma)\left(1+\dfrac{\tau p}{1-p}\right)\left(\dfrac{1}{1+g}+\dfrac{a}{\sigma}\right)(1-p) \\ L=(-a)\dfrac{\partial \sigma}{\partial \tau}\cdot\dfrac{(1-a)(1-\gamma)}{\sigma^2}\left(1+\dfrac{\tau p}{1-p}\right)(1-\gamma_s)(1-p) \end{cases}
$$

と表せる。ここで、明らかに $J>0$ である。また $m$ が1より小であるから $\dfrac{\partial \gamma_s}{\partial \sigma}>0$、さらに $\gamma>\gamma_s$ および $1-p-\gamma_s<0$ が加われば $\dfrac{\partial \sigma}{\partial \tau}<0$ であるから、$K>0$、$L>0$ となる。つまり、そのような条件の下では(42)の符号は正で、年金制度の導入（拡大）によって遺産の対国民所得比は上昇する。個人貯蓄のうち、親が短命（ケース1）の場合については、対国民所得比への年金制度の影響は明らかではない。親が長命（ケース2）の場合の対国民所得比 $s^{**}y$ については

$$
(43)\begin{cases}
\dfrac{\partial s^{**}y}{\partial \tau} = M+N+P+Q \\
\text{ただし} \\
M = -\left(1+\dfrac{p\gamma_s}{1-p}\right)(1-p)(1-a) \\
N = -\gamma_s(1-\gamma)(1-\gamma_s)(1-a)\left(\dfrac{1}{1+g}+\dfrac{a}{\sigma}\right)\dfrac{p}{1-p} \\
P = -\left[\left(1+\dfrac{\tau p}{1-p}\right)(1-p)(1-a)\right. \\
\qquad \left. +(1-2\gamma_s)(1-\gamma)\left(1+\dfrac{\tau p}{1-p}\right)(1-a)\left(\dfrac{1}{1+g}+\dfrac{a}{\sigma}\right)\right]\dfrac{\partial \gamma_s}{\partial \sigma}\cdot\dfrac{\partial \sigma}{\partial \tau} \\
Q = \gamma_s(1-\gamma)(1-\gamma_s)\left(1+\dfrac{\tau p}{1-p}\right)(1-a)\dfrac{a}{\sigma^2}\cdot\dfrac{\partial \sigma}{\partial \tau}
\end{cases}
$$

と表せる。明らかに $M<0$、$N<0$ である。また、上述と同様に $\gamma>\gamma_s$ および $1-p-\gamma_s<0$ ならば $\dfrac{\partial \sigma}{\partial \tau}<0$ であるから、その場合は $Q<0$ である。しかし $P$ については、上述のように $m<1$ であるから $\dfrac{\partial \gamma_s}{\partial \sigma}>0$ であること、および $1-2\gamma_s$ の符号を確定し難いことから、負であるとは言えない。したがって(43)の符号を負ということはできない。このように個人貯蓄について年金制度の影響は明示的ではない。しかし、国民貯蓄率が低下する中で年金拠出、遺産の国民所得比は上昇するので、個人貯蓄の対国民所得比は低下すると言わざるを得ない。

### §8 生涯所得と老年期収入

最後に人々の期待生涯効用の代わりに生涯所得の現在価値、および老年期収入に対するパラメター $\tau$、$p$、および $g$ の変化の効果を検討する。はじめに、生涯所得の現在価値について。親が短命（ケース1）の個人の生涯所得は(25)の左辺で示される。これから均衡でのケース1の個人の生涯所得が得られる。しかし、これについてはパラメター変化の影響は明らかでない。(32)の左辺および(18)、(19)、(22)から得られる均衡での親が長命（ケース2）の個人の生涯所得の現在価値 $Ly_s'$

(44)　$Ly_s' = \left[1 + \dfrac{(1-\gamma)(1-\gamma_s)}{(1-p)(1+g)}\left(1 + \dfrac{a}{\sigma}(1+g)\right)\right]$

　　　　$\times \left(1 + \dfrac{\tau p}{1-p}\right)(1-a)A\left(\dfrac{\sigma A}{1+g}\right)^{a/(1-a)}$

については、

(45)　$\dfrac{\partial Ly_s'}{\partial \tau} = \left(1 + \dfrac{(1-\gamma)(1-\gamma_s)}{(1-p)(1+g)}\left[1 + \dfrac{a}{\sigma}(1+g)\right]\right)\dfrac{p}{1-p}(1-a)A\left(\dfrac{\sigma A}{1+g}\right)^{a/(1-a)}$

　　　　$(>0)$

のみが明らかである。したがって、年金制度の導入（拡大）は親が長命な人々の生涯所得の現在価値を増加させる。

　次に老年期収入に対するパラメーター変化の効果について。親が短命（ケース1）の老年期収入は(24)で示される。これに(29)を代入すれば、均衡では

(46)　$y_s = (1-\gamma_s)\left\{1 + \dfrac{\tau p}{1-p} + \left[1 - \tau - \gamma_s\left(1 + \dfrac{\tau p}{1-p}\right)\right]\left(\dfrac{1}{1+g} + \dfrac{a}{\sigma}\right)\right\}$

　　　　$\times (1-a)A\left(\dfrac{\sigma A}{1+g}\right)^{a/(1-a)}\left[1 + \dfrac{a}{\sigma}(1+g)\right]$

と示される。パラメータ変化の影響は明らかでない。親が長命（ケース2）の個人の老年期収入は(31)で示される。これに(18)、(19)、(22)、(34)を用いて、均衡では

(48)　$y_s' = (1-\gamma_s)\left(1 + \dfrac{\tau p}{1-p}\right)(1-a)A\left(\dfrac{\sigma A}{1+g}\right)^{a/(1-a)}$

　　　　$\times \left\{1 + \dfrac{(1-\gamma)(1-\gamma_s)}{1-p}\left(\dfrac{1}{1+g} + \dfrac{a}{\sigma}\right)\right\}\left[1 + \dfrac{a}{\sigma}(1+g)\right]$

と示される。パラメータ変化については、生涯所得の現在価値への効果と同様に、

$$(49) \quad \frac{\partial y_s{'}}{\partial \tau} = \frac{p}{1-p}(1-\gamma_s)\left\{1 + \frac{(1-\gamma)(1-\gamma_s)}{1-p}\left(\frac{1}{1+g} + \frac{a}{\sigma}\right)\right\}$$

$$\times (1-a)A\left(\frac{\sigma A}{1+g}\right)^{a/(1-a)}\left[1 + \frac{a}{\sigma}(1+g)\right] \quad (>0)$$

のみが明らかである。すなわち、年金制度の導入（拡大）は親が長生きの人々の老年期収入を増加させる。

　以上から、年金制度の導入（拡大）は、親が長命（ケース２）の個人の生涯所得の現在価値と老年期収入を共に増加させることがわかる。

## 第5章　経済成長への障害*

## 1　はじめに

　公的年金制度の発展について、その要因が何であるか、いくつかの研究がある。ペックマンら（J. A. Pechman, H. J. Aaron, & M. K. Taussig）は、その第3章において、21カ国の国際比較の結果、公的年金支出の国民所得に対する相対的な大きさを決める最も重要な要因は制度の年齢（制度導入以来の年数）であることを指摘する[1]。さらに、アペンディックスDにおいて、国際クロス・セクション分析によって以下のように述べる。「公的年金支出の規模と給付水準（一人当たり所得に比べた一人当たり給付：引用者注）を決定する主要な要素は公的年金制度の年齢である。制度の年齢は公的年金の早期立法化を導く態度と環境、および対象範囲の拡大と深化につれて年金制度のコストが上昇することの二つを反映する」[2]。

　これに対し、平恒次とキルビー（Koji Taira & Peter Kilby）は、意味のある統計上の世界を形成する必要を指摘する[3]。すなわち、諸国の文化上の差異を考え、西洋もしくは西洋に起源を持つ先進19カ国に対象を限定する。その結果、公的年金支出の対国民所得比率でみた年金制度の発展における国際格差の決定因としては、所得と貯蓄とは限界的な役割しか果たしていないことを主張する。すなわち、歴史および地理変数とともに多元回帰分析を行えば、所得および貯蓄の有意さは「洗い流されてしまう」[4]と言う。ここで、歴史変数とは、社会保障制度を労災、疾病ないし出産、老齢・廃疾・死亡、家族手当、失業保険の五つに分け、それらが最初の立法以来1950年代までどれだけ経過したかを

10年を1単位として数え合計したものである。また、地理変数とは、共同市場諸国に1、他の諸国にゼロを与える、あるいは 共同市場諸国に2、他のヨーロッパ諸国に1、その他諸国にゼロを与えるものである。歴史と地理の2要素による回帰分析では、両変数は公的年金支出の対GNP比率の変動の大部分（1958年で80％）を説明する。したがって、「今日における諸国の公的年金の発展パターンは歴史上地理上の偶然によっていまだに基本的に決められている」[5]と言う。

　以上のようにペックマンらと平恒次らによれば公的年金の発展は制度の年齢が主な要因の一つである。言い換えれば、公的年金がひとたび成立すると、時間が経過するにつれその規模が絶対的にも相対的にも大きくなる。では、公的年金は経済にどのような影響を与えるであろうか。ガレンソン（Walter Galenson）は社会保障プログラム全体の支出と経済成長との関係を次のように分析する[6]。理論上は、各種プログラムのうち、保健支出は生産性向上への可能性が最も大きい。途上国ではこの種の支出が優勢であるから、社会保障支出と産出との密接な関係が期待される。老齢年金と生産性とは関連が薄い。しかし、老齢年金は（a）人々に保障を与えることによってモラルと勤労意欲を高める、（b）労働能力に支障のある人々を早期引退に導けば労働の平均生産性を高めうる、と主張できる。データによれば、先進国で社会保障給付支出増加率と経済成長率との相関が高い。その因果関係は、社会保障から経済成長に向かうと主張するのは困難であろう。先進国での給付支出はかなりの程度に老齢年金からなるという事実に照らすと、経済成長率が高いほど寛大になり給付水準の上昇をもたらすという説明がずっともっともらしい。途上国では社会保障支出増加率と経済成長率とが相関しない。これはそれら諸国が互いにあまりに異質であること、データの質が劣ることによろう。中間の準先進国で資本ストックの成長率は経済成長率に対しきわめて高い説明力を持ち、同時に社会保障支出増加率は資本ストックの成長率と強い相関がある。この発展段階では、社会保障支出の中でウェイトの大きい保健支出が労働の効率性を高め経済成長を促進する、という因果関係であろう。

以上のようにガレンソンによれば、公的年金は経済成長を促進するとは言えない。ところで、もし公的年金が経済成長に抑制的に作用するならば、その成立時期によっては国民経済に大きな影響を与えるであろう。いま、経済成長と公的年金制度の成立との関連について、第3章を参考とすれば次のように考えることができる。産業革命が生産技術の進歩によって引き起こされると、一人当たり所得の増加と産業構造変化を具体的内容とする経済成長が開始する。はじめに所得の増加は栄養状態の改善を通じて若年層の死亡率を低下させ、多産多死から多産少死へ、すなわち人口成長率を高め人口の年齢別構造を若年化させる。この場合、時間の経過につれて老年人口の絶対数は増えるが、総人口に対する比率は減少しなおかつ平均寿命は短い。しかも世帯内扶養の習慣により、老年世代の扶養は社会的な問題にはならない。次いで一層の経済成長によって一人当たり所得がある水準を超えると、老年世代の死亡率低下とそれをしのぐ出生率の減退、すなわち人口成長率の低下が始まる。言いかえれば少産少死への転換である。これは平均寿命の伸びとともに人口構造を高齢化させる。ここで、老齢という新しいリスクが生じたことによって、労働能力を喪失した老年世代が貧困化するという問題が登場する。他方、経済成長によって都市化、核家族化が生じ、親世帯と子世帯とは互いに独立した存在となる。そこで、老年世代の扶養は社会的に解決すべき問題となり、公的年金に対するいわば需要が発生する。それに対し経済成長は、一人当たり所得水準の上昇を通じ、社会が公的年金を提供する能力を高める。以上のように、経済成長は公的年金の需要と供給の両面を生み出し、制度の成立・発展をもたらすと考えられる。本章はこのような視点から、公的年金の成立時期が国民経済に与える影響を検討する。次節では本章で想定する経済を説明する。公的年金制度の導入が経済成長を阻害することを示すのが第3節である。

## 2 基本モデル

 本章で想定する経済は、第4章と同様に生産、分配、支出が経済の内部で決

定され、人々が若年期（就業期）と老年期（引退期）の2期間にわたって生活する一般均衡の重複世代モデルである。ある期についてこの経済を略述すれば、以下のようである。今期の生産は、前期の国民貯蓄に等しい今期の資本ストックと今期の若年世代の人口に等しい労働力によって、与えられた生産関数の下で行われる。生産物は一種類で、資本財としても消費財としても利用できる。失業は存在しない。生産終了後、限界生産力によって所得分配が決定され、消費および貯蓄がなされ、今期が終わる。

次に人々の生涯に注目すれば以下のようである。人々はそれぞれある期（若年期）の期首に生まれ、老年期である次期の期末に死亡する。したがって、各期とも、若年世代と老年世代との2世代が存在することになる。今期の期首に生まれた若年世代は今期の労働の報酬として受け取る賃金所得を今期の消費と労働しない来期に備える個人貯蓄とに分ける。他に貯蓄主体はいないので、今期の若年世代の個人貯蓄のみが来期の資本ストックとして来期の生産に利用される。資本ストックとして生産に用いられた個人貯蓄は報酬として受け取る利子と合わせ老年期の消費にすべてが充てられ、遺産は残らない。以上のように人々は若年期には労働を、老年期には資本を提供することによって所得を得る。なお、人々は若年期末にそれぞれ $1+g$ 人の子供を持つので、$g$ を人口成長率として各世代の人口が増加する。

さて、このような経済は時間とともにどのように変化するか。いま、生産を担う資本と労働の量を生産すなわち国民所得の大きさに関連づける生産関数を、コブ・ダグラス型とする。コブ・ダグラス型生産関数は、第4章で述べたように、いくつかの特別な性質を持つ。そのうちの一つに、労働者一人当たり生産の大きさを労働者一人当たり資本ストックすなわち資本・労働比率で表すことができ、資本・労働比率が大きいほど労働者一人当たりの生産が多くなることがある。ここで人々の生活の豊かさが総人口一人当たりで利用し得る生産物の量すなわち今期の生産と前期の貯蓄の和を総人口で除した値によって決まるとしよう。若年世代の人口を $L$ とすれば、老年世代の人口は $\frac{L}{1+g}$ だから、総人口は $\frac{2+g}{1+g}L$ すなわち若年世代人口 $L$ に定数 $\frac{2+g}{1+g}$ を乗じた大きさである。し

がって、今期の生産を総人口で除せば労働者一人当たり生産に上記定数の逆数すなわち$\frac{1+g}{2+g}$を乗じた値となり、他方前期の貯蓄を総人口で除せば資本・労働比率にやはり上記定数の逆数を乗じた値となる。つまり上述の総人口一人当たりで利用しうる生産物の量は労働者一人当たり生産と資本・労働比率の和に上記定数の逆数を乗じた積になる。このことは、上述のように資本・労働比率が大きいほど労働者一人当たり生産が多くなるから、資本・労働比率が大きいほど人々の生活が豊かであることを意味する。そこで以下では人々の生活の豊かさを示す資本・労働比率の動きに注目する。

前述のように「今期の資本・労働比率」は今期の資本ストックを今期の労働者数で除した値である。そのうち今期の資本ストックは、やはり前述のように、前期の国民貯蓄に等しい。貯蓄主体は若年世代のみであると仮定したので、若年世代が所得の一定割合（以下貯蓄率）を貯蓄するとすれば、前期の国民貯蓄は前期の若年世代総所得に貯蓄率を乗じた積である。また、若年世代総所得は賃金所得の合計で国民所得のうち労働への分配分にほかならず、若年世代人口に一人当たり賃金所得すなわち労働一単位当たりの賃金率を乗じた積である。したがって「今期資本ストックすなわち前期国民貯蓄」は「貯蓄率」、「前期賃金率」、および「前期若年世代人口」の積として表される。他方、「今期の労働者数」は今期の若年人口で、「前期若年人口」に「1＋人口成長率$g$」を乗じた積である。実はコブ・ダグラス型生産関数の下では、労働一単位当たりの賃金率は労働分配率すなわち賃金所得の合計が国民所得に占める比率、生産関数の一定係数、および当期の資本・労働比率によって表すことができる[7]。以上のことから、今期資本・労働比率$k$は

(1) 今期資本・労働比率 $k = \dfrac{\text{貯蓄率}\,\sigma \times \text{労働分配率}\,(1-a) \times \text{一定係数}\,A \times \text{前期資本・労働比率の}\,a\,\text{乗}\,k_{-1}^{a}}{1+\text{人口成長率}\,g}$

となる。(1)の右辺で前期資本・労働比率以外はすべて与えられ一定である。したがって(1)は、前期資本・労働比率$k_{-1}$が大きくなれば今期資本・労働比率$k$も大きくなることを意味する。そこで、縦軸に今期資本・労働比率、横軸

図5-1 資本・労働比率

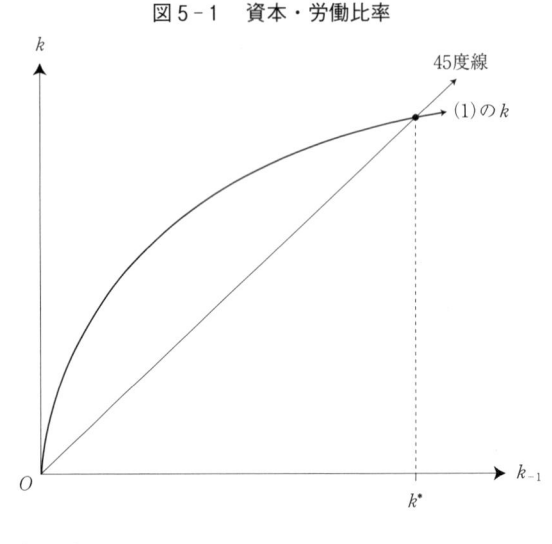

に前期資本・労働比率を測り(1)を図示すれば、前期資本・労働比率が大きいほど今期資本・労働比率も大きくなるが増加の程度が徐々に小さくなるので、図5-1の曲線のようになる。

「今期の資本・労働比率」から「前期の資本・労働比率」を控除した差は「資本・労働比率の増加分」であるから、

(2) 資本・労働比率増加分 $\Delta k$

$$= 今期資本・労働比率 - 前期資本・労働比率 = \frac{\sigma(1-a)Ak_{-1}^{a}}{1+g} - k_{-1}$$

と書ける。ここで図5-1に45度線を書き入れるとその高さは前期資本・労働比率である。つまり、図5-1の曲線は今期資本・労働比率で同じ図5-1の45度線は前期資本・労働比率であるから、両者の垂直の差は資本・労働比率増加分 $\Delta k$ にほかならない。これを図示したのが図5-2である。

図5-2は、資本・労働比率増加分 $\Delta k$ が当初はプラスであるがある水準の前期資本・労働比率 $k_{-1}$ でゼロになり、それより大きな前期資本・労働比率では増加分がマイナスになることを示す。資本・労働比率の増加分がプラスの範囲では、時間が経過するにつれ資本・労働比率そのものが増加するので、同時に労働者一人当たり生産も増加する。ところが資本・労働比率増加分がゼロの前期資本・労働比率では、今期の資本・労働比率も同一で変化しないから、資本・労働比率および一人当たり生産が時間の経過にかかわらず一定になる。つまり経済は第4章で述べた均衡（steady state）にある。その特別な資本・労

働比率の大きさを $k^*$ と
する。この $k^*$ は図5-1
と図5-2に明示してあ
る。資本・労働比率が $k^*$
より大きいと、資本・労
働比率増加分がマイナ
スであるから資本・労
働比率そのものは低下し、
同時に一人当たり生産
も減少する。以上のよう

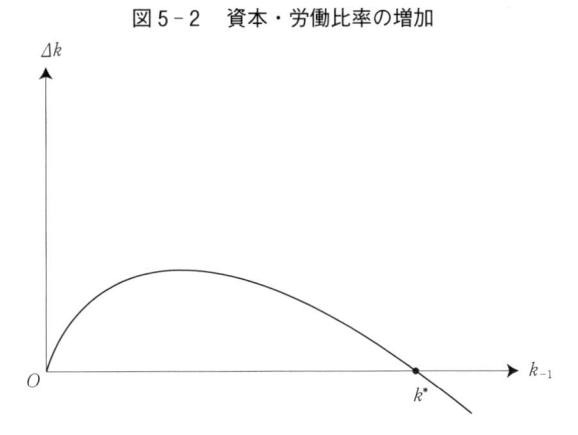

図5-2 資本・労働比率の増加

に、前期資本・労働比率が $k^*$ より小さければ経済は成長し、資本・労働比率
は $k^*$ に接近する。逆に $k^*$ より大きければ経済は衰退するが資本・労働比率は
同じく $k^*$ に接近する。したがって $k^*$ は長期にわたり持続可能な資本・労働比
率の上限を示すとみることができ、同時に労働者一人当たり生産の上限を指定
する。

さて、本章で想定する経済において人々の消費の大きさはどうか。特に引退
期の消費は就業期と比べてどうか。インフレがないにもかかわらず合理的な個
人の引退期の消費水準があまりに低ければ、本章の想定はもっともなものとは
言えない。そこで、年金制度を導入する前に各世代の一人当たり消費の大きさ
を比較し、本章で想定する経済の妥当性を検討する。

「今期の若年世代一人当たり消費の大きさ」は今期の賃金から個人貯蓄を控
除した差額であるから、「1－貯蓄率 $\sigma$」に「今期賃金率 $w$」を乗じた積である。
他方「今期の老年世代一人当たり消費」は前期国民貯蓄に利子を加えた和を前
期若年人口で除せばよいので、「前期国民貯蓄 $S_{-1}$」に「1＋利子率」を乗じた
積を「前期若年人口 $L_{-1}$」で除した商である。以上の関係を用いると「世代間
消費比率すなわち若年世代一人当たり消費に対する老年世代一人当たり消費の
比率」は、

(3)　世代間消費比率 = $\dfrac{\text{老年世代一人当たり消費}}{\text{若年世代一人当たり消費}}$

$= \dfrac{(1+\text{利子率 }r) \times \text{前期国民貯蓄 }S_{-1}}{(1-\text{貯蓄率 }\sigma) \times \text{今期賃金率 }w \times \text{前期若年人口 }L_{-1}}$

となる。もし賃金率の変化が小さいとすれば、(3)右辺の $\dfrac{\text{前期国民貯蓄 }S_{-1}}{\text{今期賃金率 }w \times \text{前期若年人口 }L_{-1}}$ の部分を若年世代の貯蓄率 $\sigma$ と見なすことができる。もしそうであれば、(3) は

(3′)　$\dfrac{\text{老年世代一人当たり消費}}{\text{若年世代一人当たり消費}} = \dfrac{(1+\text{利子率 }r) \times \text{貯蓄率 }\sigma}{1-\text{貯蓄率 }\sigma}$

と書き直すことができる。

　さて、(3′)で得られた世代間消費比率の大きさを人口構造の変化すなわち出生率と死亡率の高低と関連させて検討する。はじめに多産少死の時期について。この時期は高出生率と年少人口の死亡率低下で特徴づけられるから、子供を扶養する負担が大きいと考えられ、若年世代の貯蓄率は低いであろう。したがって、貯蓄すなわち資本ストックは労働力と比較して希少であるから、その報酬率である利子率は高い。いま仮に年利7％とすれば、一期間40年の複利では、(3′)右辺の1＋利子率はほぼ14.97になる。他方で若年期の平均貯蓄率を10％とすれば、同じく(3′)右辺の $\dfrac{\text{貯蓄率}}{1-\text{貯蓄率}}$ はほぼ0.11である。したがって(3′)の値は、この場合、約1.65である。上で(3)を(3′)に書き直す際に賃金率を過少に評価したとすれば、(3′)右辺分子の貯蓄率は過大である。この点を考慮に入れると(3′)の値は1.65より小さいはずだから、多産少死の時期において世代間の消費比率は1に近い値と見なしてよいと考えられる。言い換えると、この時期の老年世代の一人当たり消費は若年世代の一人当たり消費と大差ないことになる。

　次に少産少死の時期について。この時期は出生率の低下と高年齢層を含む死亡率の一層の低下が特徴である。その背景として経済発展による一人当たり所得の大幅な上昇がある。他方で一世帯当たりの子供数は減少するから、所得上昇も加わって子供扶養負担は相対的に減少し、若年世代の貯蓄率は高くなる。

したがって、資本ストックは労働力に比べ豊富になるから、利子率は低い。いま仮に年利2％とすれば40年の複利では(3′)右辺の1＋利子率はほぼ2.21になる。それに対し若年期の平均貯蓄率を30％とすれば、この場合、(3′)の値はほぼ0.95である。多産少死の時期と同様に賃金率の過小評価を修正しても、この時期の老年世代の一人当たり消費は若年世代の一人当たり消費よりも大幅に小さいとは言えない。

以上のように、多産少死と少産少死の両方の時期について、世代間で一人当たり消費に大差はないと言ってよいであろう。したがって、本章の想定はもっともなものと言えよう。また同時に上述の世代間消費比率の検討から、人々が合理的に行動し現役時に老後のために貯蓄しておけば、少産少死の時期にも老年世代扶養問題は生じないことを(3′)は示唆する。

## 3 公的年金制度の導入

ところが現実には前章までに説明したように、前節のような合理的経済モデルではとらえていない事柄によって、老年世代をいかにして扶養するかという問題が生じる。たとえば人々が合理的に行動し、十分に貯蓄したとしてもインフレが発生すれば貯蓄の実質価値が目減りしてしまう。あるいは、個人の貯蓄は零細な資金であるから投資機会が制約される。したがって収益率が低くおさえられ、結果としては準備不足に陥ってしまう。そこで、金融機関が零細資金を取りまとめ、貯蓄目的から生じる長期資金という特性を生かすことによって高い収益率を達成することが考えられる。例えば、民間年金保険を提供すればよい。ところが、保険会社と加入者との間の情報の非対称性から逆選択が生じ、市場による解決は失敗することになる。さらに人々は、合理的ではなく近視眼的な行動をとり、十分には貯蓄しないかもしれない。このような準備不足は将来の稼得、疾病などに関する情報の誤り、あるいは単なる怠惰からも生じる。したがって現実には、老年世代の扶養問題を市場の枠組みで解決することは困難で、公的年金制度による社会的解決を必要とする。

ところで本章第1節で述べたように、公的年金が成長を促進するとは言えないので、公的年金が成長を阻害する作用を持つ可能性があることを考えなければならない。年金制度の財政方式には、積立方式と賦課方式とがある。ところがそのいずれの場合にも、経済成長を抑制する可能性がある。なぜなら、若年世代の自発的老後貯蓄は年金制度への保険料（あるいは社会保障税）支払に代替される、つまり保険料の分だけ自発的老後貯蓄が減ると考えることができるからである。このように考えれば、賦課方式の場合には若年世代の保険料支払分はすべて老年世代への年金支払すなわち老年世代の消費となるから、少なくとも保険料支払と自発的老後貯蓄とのうち少ない方の分だけ国民貯蓄が減少する。したがって、資本蓄積の抑制を通じて、経済成長が阻害される。積立方式では、保険料は将来の支払準備として積み立てられるから国民貯蓄は減少しない。むしろ保険料が自発的老後貯蓄を超過すれば、その分だけ国民貯蓄が増加する。しかしながら、積立方式では民間貯蓄の政府貯蓄への代替が生じる。これは投資主体の民間から政府への変更をともなうであろう。一般に経済活動の効率性において民間よりも政府が劣るとすれば、投資主体の変更によって投資効率も下がると考えねばならないから、経済成長もそれだけ減速するであろう。かくして、財政方式を問わず、公的年金制度の導入は経済成長を阻害すると考えられる。言いかえれば、年金制度を導入するには、成長阻害というコストを支払わねばならないのである。したがって、経済がこのコストを支払うだけの余裕を持っているか否かが問題となるから、「必要即導入」と短絡的に直結させることはできない。

本節では以上のような考え方から、公的年金制度の導入が経済に困難をもたらすおそれがあることを示す。そこで本節では、より強く成長を阻害すると見なされる賦課方式による公的年金制度を取り上げる。年金給付財源は、若年世代（労働者）の賃金所得から調達する。ここでは賃金所得の一定割合すなわち賃金率 $w$ に拠出率 $\tau$ を乗じた比例部分 $\tau w$ と賃金所得の大きさによらない定額部分 $b$ を加えた額を一人当たり拠出額とする。この方式は、賃金所得に対する負担率が定額部分のために賃金所得の増加とともに低下するので、逆進的で

ある。またこのような方式は、例えば厚生年金などでは標準報酬に上限があることから保険料負担率が収入に対し逆進的であることを反映する。給付については、各人への配分を特定しない。ただし当期給付総額は、賦課方式であるから、当期拠出総額に等しい。遺産を考えないので、老年世代は個人貯蓄と年金給付を全額消費し、貯蓄はすべて若年世代による。若年世代の個人貯蓄は賃金から消費（賃金の一定割合）および年金拠出を控除した差額とする。言い換えれば、人々は年金拠出の分だけ個人貯蓄を減らすと考えるのである。減額前の個人貯蓄は、前節の個人貯蓄と同一であるから、貯蓄率 $\sigma$ と賃金率 $w$ の積である。これから年金拠出を控除すれば公的年金導入後の若年世代個人貯蓄であるから、貯蓄率 $\sigma$ から年金拠出の拠出率 $\tau$ を控除した差に賃金率 $w$ を乗じた積から拠出の定額部分 $b$ を減じたものが「一人当たり個人貯蓄」である。これに「若年世代人口」を乗じれば「国民貯蓄」が得られる。したがって「年金制度を持つ経済の今期資本・労働比率 $k$」は、(1)を求めたと同様にして、

(4)　今期資本・労働比率 $k = \dfrac{\text{前期国民貯蓄}}{\text{今期若年世代人口}} = \dfrac{(\sigma-\tau)(1-a)Ak_{-1}^{a} - b}{1+g}$

となる。また、「年金制度を持つ経済での資本・労働比率の増加分 $\Delta k$」も、(2)と同様にして

(5)　$\Delta k = $ 今期資本・労働比率 $k - $ 前期資本・労働比率 $k_{-1}$

$= \dfrac{(\sigma-\tau)(1-a)Ak_{-1}^{a}}{1+g} - k_{-1} - \dfrac{b}{1+g}$

と書ける。

　以上のように、年金制度を導入した経済について今期資本・労働比率、および資本・労働比率の増加分がそれぞれ(4)、(5)で示される。これらを年金制度を持たない前節の経済と比較すると、次のことが明らかである。まず今期資本・労働比率 $k$ について、(1)と(4)を比較すれば、年金制度を導入することによって貯蓄率 $\sigma$ が貯蓄率 $\sigma-$拠出率 $\tau$ に代わり、さらにマイナス定額部分 $b$ が付け加わる。これは、(4)を

$$(4') \quad k = \left(1 - \frac{\tau}{\sigma}\right) \frac{\sigma(1-a)Ak_{-1}{}^a}{1+g} - \frac{b}{1+g}$$

と書き直せば(4')右辺第一項が(1)右辺に$\left(1-\frac{\tau}{\sigma}\right)$を乗じた積と理解できることから明らかなように、どの水準の前期資本・労働比率についても、導入後の今期資本・労働比率が導入前に比べ一定割合$\frac{\tau}{\sigma}$だけ減少し、さらに一定の$\frac{b}{1+g}$だけ減少することを意味する。すなわち図5-3に示されるように、年金制度の導入によって、導入前の今期資本・労働比率(1)のグラフは一定割合$\frac{\tau}{\sigma}$だけ下がって破線$k_{b=0}$になり、さらに$\frac{b}{1+g}$だけ再び下に平行移動すると(4)になる。なお、図5-3の破線$k_{b=0}$は、上の説明で明らかなように、(4)で定額部分$b$をゼロとおいたものである。

次に資本・労働比率の増加分がプラスになる前期資本・労働比率の範囲について検討する。最初に(4)および(5)で$b$をゼロとおき削除すれば、あたかも年金拠出が比例部分$\tau w$のみであるかのように見なして今期資本・労働比率$k_{b=0}$と前期資本・労働比率$k_{-1}$を比較することになる。このとき、年金制度の導入は導入前の今期資本・労働比率(1)を一定割合$\frac{\tau}{\sigma}$だけ減少させるので、図5-4に示されるように曲線と45度線とが交わる前期資本・労働比率の値は$k^*$から$k^{**}$へ低下する。したがって、年金拠出をあたかも比例部分$\tau w$のみであるかのように見なしたとき、資本・労働比率の増加分がプラスになる範囲すなわち経済が成長する範囲を前期資本・労働比率がゼロから$k^*$までの間からゼロから$k^{**}$までの間へ縮小することが年金制度導入の国民経済に与える効果である。

ここで(4)および(5)の$b$を復元する。この場合、資本・労働比率の増加分がプラスであることは、上述の年金拠出を比例部分$\tau w$のみと見なした場合の資本・労働比率の増加分$k_{b=0}-k_{-1}$が$\frac{b}{1+g}$より大きいことである。なぜなら、(4)から明らかに$k_{b=0}$は$\frac{(\sigma-\tau)(1-a)Ak_{-1}{}^a}{1+g}$であるから、(5)を

$$(5') \quad \Delta k = k_{b=0} - k_{-1} - \frac{b}{1+g}$$

と読むことができるからである。このとき、資本・労働比率の増加分がプラス

になる範囲すなわち経済が成長する範囲は、図5-5に示されるように$k_{b=0}$のグラフと45度線の垂直の差$k_{b=0}-k_{-1}$が水平線$\frac{b}{1+g}$より大きい範囲であるから、前期資本・労働比率が$k_{0,s}$と$k^s$の間へといっそう縮小することがわかる。すなわち定額部分$b$も経済が成長し得る範囲を縮小する効果を持つ。

図5-3 年金制度の導入

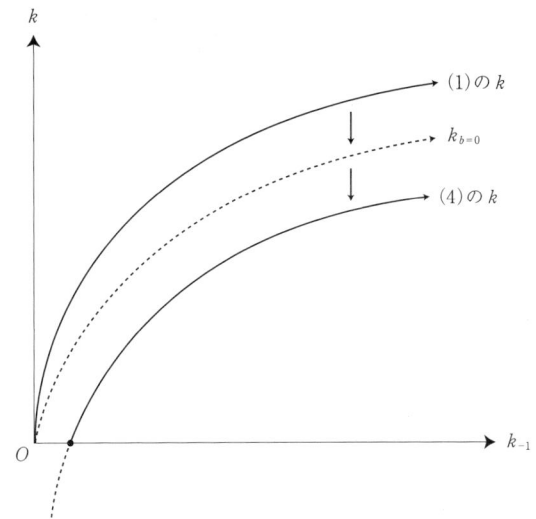

これまで検討したように、本節で取り上げた年金制度は経済が成長可能な資本・労働比率の範囲を狭める効果を持つ。このことによって、資本・労働比率が小さい低開発経済では公的年金の導入によって成長が不可能になるおそれがあり、他方資本・労働比率が大きい高開発経済では持続可能な資本・労働比率の上限とそれに対応する産出水準の上限が引き下げられることになる。ここでは、このように経済成長を阻害するという意味で公的年金制度が経済に困難をもたらすおそれがあることを指摘できる。

最後に、人口成長率の高低が年金制度を持つ経済の成長にどのような影響を与えるかを検討する。(4)右辺を見ると、人口成長率$g$の水準が高いほど分母が大きくなる。また、前節で述べたように、人口成長率が高いことは貯蓄率が低く前期資本・労働比率も小さいことを意味すると見てよいであろう。したがって、それだけ分数の値が小さくなり、今期資本・労働比率$k$が小さくなる。ここでは人口成長率のみが変化すると考え(4)右辺を$k_{b=0}$と$\frac{b}{1+g}$に分けると、人口成長率$g$の増大にともない両者が同一の比率で減少する[8]。図5-5を参照すれば、それらのうち$k_{b=0}$は人口成長率の増大によって原点を中心に比例

図5-4　比例部分の効果

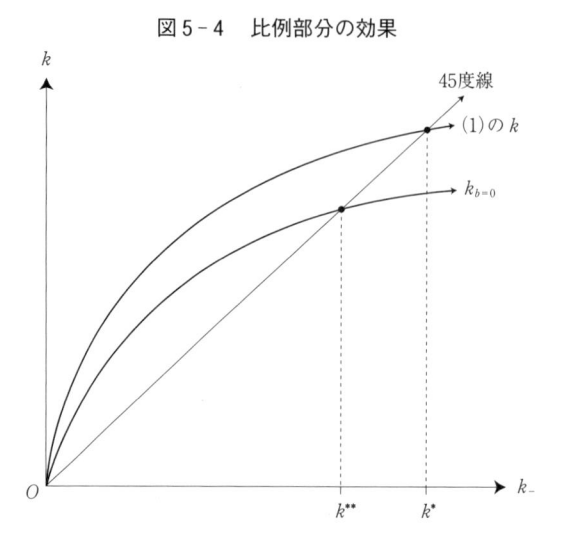

45度線
(1)の $k$
$k_{b=0}$
$k^{**}$　$k^*$

図5-5　年金制度の効果

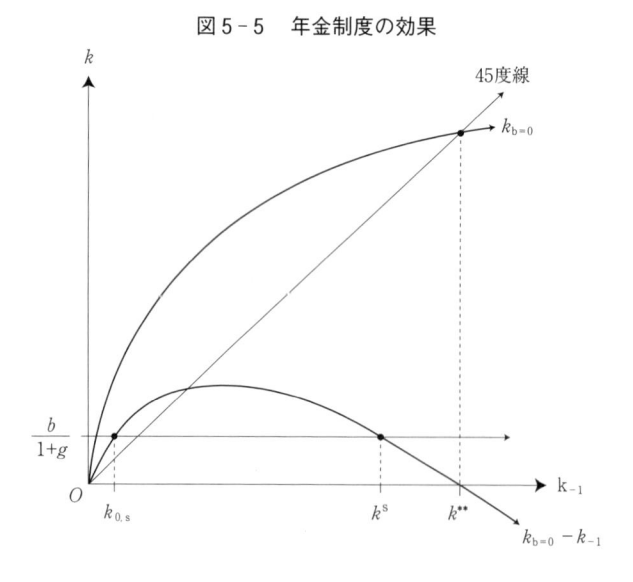

45度線
$k_{b=0}$
$\dfrac{b}{1+g}$
$k_{0,s}$　$k^s$　$k^{**}$
$k_{b=0}-k_{-1}$

的に下方に押し下げられるが、$\dfrac{b}{1+g}$ は平行に下方に移動する。ここで両者の位置は $k_{b=0}$ が $\dfrac{b}{1+g}$ より上方にあるから、両者の減少の比率が同一であることは $k_{b=0}$ の減少の大きさが $\dfrac{b}{1+g}$ の減少の大きさより大きいことを意味する。人口成長率が増大するとき前期資本・労働比率そのものは所与で不変であるから、上述の両者の位置関係は $k_{b=0}-k_{-1}$ の減少幅が $\dfrac{b}{1+g}$ の減少幅より大きいことを意味する。これら減少幅の違いは人口成長率の増大によって曲線 $k_{b=0}-k_{-1}$ と直線 $\dfrac{b}{1+g}$ の交点の位置を次のように、すなわち再び図5-5を参照すれば $k^s$ を左方へ $k_{0,s}$ を右方へそ

れぞれ移動させるという結果を生じる。人口成長率の増大幅が大きいほどそれら交点の位置の移動幅も大きいので、人口成長率の高い経済ほど年金制度の下でも成長可能な資本・労働比率の範囲は狭く、持続可能な資本・労働比率の上限は低く、同時に労働者一人当たり生産の上限も低い。それに対し人口成長率 $g$ が低い場合、今期資本・労働比率 $k$ が大きくなることは(4)から明らかである。したがって、人口成長率 $g$ が小さいほど図5-5の $k_{b=0}$ のグラフは上述とは逆に原点を中心に比例的にまた $\frac{b}{1+g}$ は平行に上に押し上げられる。この場合の両者の増加幅の関係から、上述とは逆に交点が外側に移動するので、年金制度の下でも成長可能な範囲は拡大し、持続可能な資本・労働比率の上限および労働者一人当たり生産の上限は上昇する。以上のように、本節の年金制度は経済成長を阻害する効果を持ち、その阻害効果は人口成長率が高いほど大きい。

　以上のことを人口転換との関連で解釈すれば次のようになる。すなわち、多産少死の時期から少産少死の時期へ近づきさらに少産少死が進展するほど、人口成長率が低くなるので、年金制度導入が持つ成長阻害のおそれはそれだけ少なくなると考えられる。かくして、経済がその発展とともに経験する人口転換の過程において、多産少死から少産少死へ向けて人口成長率の低下が開始した後に年金制度を導入することが望ましいことが経済成長の阻害という国民経済に与える負担の視点から示唆される。このことは、年金制度が必要になるのは人口構造の高齢化が始まってからであると考えられることと整合する。しかし、実際にいつ導入するべきかについては、導入による成長抑制コストと老年世代扶養問題解決というメリットとを、将来世代をも考慮に入れた社会厚生に関して比較秤量して決めることになるであろうことを指摘するにとどめる。

註
* 本章は以下の注に示した文献のほか、Harvey Leibenstein, "An Interpretation of The Economic Theory of Fertility: Promising Path or Blind Alley?" *Journal of Economic Literature*, Vol. 12, June 1974. および、Harold L. Wilensky, *The Welfare State and Equality: Structural and Ideological Roots of Public Expenditures*, University of California Press, 1975. 邦訳:『福祉国家と平等——公共支出の構造

的・イデオロギー的起源──』(下平好博訳、木鐸社、1984年) も参考にした。
1） J. A. Pechman, H. J. Aaron, & M. K. Taussig, *Social Security: Perspectives for Reform*, The Brookings Institution, 1968, p. 52.
2） Ibid., p. 294.
3） Koji Taira & Peter Kilby, "Differences in Social Security Development in Selected Countries," *International Social Security Review*, 22, 1969.
4） Ibid., p. 150.
5） Ibid., p. 153.
6） Walter Galenson, "Social Security and Economic Development: A Quantitative Approach," *Industrial & Labor Relations Review*, Vol. 21, No. 4, July 1968.
7） 利子率 $r$ と賃金率 $w$ が資本 $K$ と労働 $L$ の限界生産力によって決まる場合、コブ・ダグラス型生産関数を $Y=AK^aL^{1-a}$ とすれば、

利子率 $r=$ 資本分配率 $a\times$ 一定係数 $A\times$ 資本・労働比率の $a-1$ 乗 $k^{a-1}$
賃金率 $w=$ 労働分配率 $(1-a)\times$ 一定係数 $A\times$ 資本・労働比率の $a$ 乗 $k^a$

と表される。
8） (4)から

$$\frac{\partial k}{\partial g} = \frac{-(\sigma-\tau)(1-a)Ak_{-1}^a}{(1+g)^2} - \frac{-b}{(1+g)^2}$$

を得る。ここで $g$ の増加による $k_{b=0}$ の増加率は

$$\frac{\partial k_{b=0}/\partial g}{k_{b=0}} = \frac{-1}{1+g}$$

であり、$g$ の増加による $\frac{b}{1+g}$ の増加率は

$$\frac{\partial\left(\frac{b}{1+g}\right)/\partial g}{\frac{b}{1+g}} = \frac{-1}{1+g}$$

である。

## 第6章　引退への影響

　これまで述べてきたように、公的年金は社会にとって必要な制度である。しかも、第3章で示したように、歴史的に見れば経済発展それ自体の中に公的年金が必要になるメカニズムが存在すると考えることができる。しかし、必要だからといって、余りに早期に公的年金を制度化すると経済成長を阻害するであろうことを第5章で指摘した。

　第5章での分析は、貯蓄供給を通じた経済活動への影響という側面を取り上げたものである。経済活動への影響については、労働供給というもう一つの側面を見逃してはならない。この点について、出生率の低下は人口の年齢別構成の変化を通じて大きな影響を与える。例えば生産年齢人口については、1991年から1993年の69.8％、1995年の8716万5000人をそれぞれピークとして、すでに比率と絶対数の両方で減少に転じた[1]。労働力については、特に59歳以下の年齢層で減少することが予想される[2]。これに対処するためには、女子および高齢者の労働力への参入を拡大することが必要である。このうち高齢者については、公的年金制度によって、所定の条件を満たせば現役勤労者の年収の5割を目途とした年金を60歳から受給できる[3]。このような公的年金制度は老後の困窮を未然に防ぐことが目的であるが、同時に、高齢者の職業生活からの早期引退を促進する可能性がある。そこで本章は年金制度と引退時期との関連を考察する。本章の構成は次の通りである。次節で既存の諸研究を概観する。次に年金制度がない場合を第2節で検討する。第3節では年金制度を含む場合を第2節と比較して分析する。本章のまとめと若干の政策上の示唆を第3節の末尾で述べる。

## 1　はじめに

　年金制度と労働力からの引退との関連についてはフェルトシュタイン（Martin S. Feldstein）の論文が最も有名であろう[4]。彼はアメリカの社会保障年金について、その将来の受給権が個人資産の一形態と認識されることによって個人貯蓄を減少させ、同時に年金を受給するための条件が人々の引退を早期化させることによって個人貯蓄を増加させるという逆方向に作用する二つの効果を持つと主張した。つまり、公的年金が引退を促進することによって労働供給を減らすというのである。このような見方については、マンネル（Alicia Haydock Munnell）の着眼の方が早いと言えるかも知れない[5]。

　シェシンスキー（Eytan Sheshinski）は、個人が消費と引退後の余暇によって決まる生涯効用を最大にするよう消費と引退時点を選択するモデルを分析する[6]。そこでは、労働供給はフルタイム労働か完全引退のどちらかを選択するもので、段階を踏んだ部分的引退は想定されない。人々は賃金と年金給付を財源に消費をまかない、遺産動機はない。年金制度へは賃金の一定率を拠出し、給付は稼得経歴と引退年齢に依存して決まる。また、給付の現在価値の和と拠出の現在価値の和とが各世代について等しく、その意味で公平な年金である。このようなモデルで、次のような結論が得られる。給付水準を、稼得経歴や引退年齢によらず、一律に一定額だけ上昇させると引退の早期化が生じる。引退を遅らせると給付が有利になるという条件では引退の晩期化が起きる。

　ダイアモンドとミルリース（P. A. Diamond & J. A. Mirrlees）の分析では人々が期待生涯効用を最大化するようフルタイム労働か引退かを決める[7]。その決定は稼得能力によるのではない。労働可能でも引退した方が自分に好都合であれば、労働不可能と主張して引退し年金を受給する。ここにモラルハザードが発生するが、それは政府が各人の稼得能力を識別できないことによる。生涯効用は就業期、労働可能な引退期、および労働不可能な引退期のそれぞれの消費によって決まる効用の和である。各期の効用関数は異なる。結論の一部を

紹介すれば、モラルハザードが無いとき最適引退日付は死亡時点であるが、モラルハザードがあれば必ずしも死亡時点ではない。また、保険拠出が年齢とともに減少し、引退後の給付が引退年齢とともに上昇するのが最適保険である。

ザバルザら（A. Zabalza, C. Pissarides, & M. Barton）は、論文の題名にあるとおり、労働供給の選択肢をフルタイム、パートタイム、引退の三つに拡大し、CES 型の効用関数の下でフルタイムなどの機会集合のパラメター変化が人々の選択をどのように変化させるかを予測する[8]。結論の一部を挙げると、以下のようである。女子は男子より経済的インセンティヴに強く反応する。男子の壮年期の労働供給曲線は後屈（backward bending）しているが、年金年齢になると右上がりになる。女子は年金年齢の前も後も右上がりである。年金年齢前に引退を誘う主因は病気である。年金給付を減額する陰伏的課税として作用する稼得ルールのディスインセンティヴ効果は小さく、廃止しても労働供給増加は 2 ％以下であろう。その労働増加は引退者が復帰するよりむしろフルタイムで働く人が増えるという形をとる。

クロフォードとリリエン（Vincent P. Crawford & David M. Lilien）は、後述のようにアメリカの社会保障年金が他の貯蓄形態と異なる点に注目する[9]。基本モデルでは、確実な寿命、完全な資本市場、給付の保険数理上の公平を仮定し、人々は生涯効用を最大化するよう消費、貯蓄、引退を計画する。生涯効用は消費の効用と余暇の効用の和である。引退前の労働供給は制度上一定で、引退とは労働しなくなることである。そこで、余暇からの効用は引退前はゼロ、引退後は一定と仮定する。基本モデルの諸仮定の下では、公的年金は労働者による消費、引退時点の最適選択に影響しない。次に基本モデルの諸仮定を緩める。はじめに、公的年金は引退前に取り崩したりあるいは借り入れることはできないという点で他の貯蓄形態と異なる。そこで、完全な資本市場という仮定のみを緩めると、受給開始年齢に制限がなければ拠出の増加は引退を早期化させ、受給開始年齢に制限があれば、効果は不確定であるが、引退を遅らせそうである。次に、現実には公的年金は公平な保険ではない。そこで、数理上公平の仮定のみを緩め 1976 年当時のアメリカの社会保障年金の給付構造を反映させ

ると、拠出の現在価値よりも給付の現在価値が大きければ、早期引退をもたらすことが示される。これは高所得者よりも低所得者の引退を早期化させ、また65歳以上から65歳へ引退を早期化させる。さらに、ある個人の社会保障年金受給総額はその人の死亡年齢で決められる確率変数である。そこで死亡の不確実性を取り入れると、数理上公平な公的年金は引退を早期化する所得効果と晩期化する代替効果を持つ。

　カーン（James A. Kahn）は社会保障資産（将来の公的年金受給権）が市場性を持たないことから通常資産が非負であるという流動性制約を導入する[10]。人々は生涯予算制約（生涯消費≦税引き賃金の現在価値＋引退所得の現在価値＋初期資産）の下で生涯効用（引退までの（消費効用−労働不効用）＋引退後の消費効用）を最大化するよう消費と引退年齢を選択する。また、労働供給は就業と引退を選択できるが、労働時間は選択できない。公的年金は、すべての時点で各個人について給付財源の賃金税と年金予算とがバランスするので、個人の生涯資源を変えない完全積立方式である。また、賃金税の現在価値と給付の現在価値とが等しいので、公平な年金である。その結果、労働継続の報酬（＝税引き賃金−公的年金給付＋労働継続による年金増加）の効用が労働の不効用よりも小さくなったとき引退することがわかる。

　以上の諸論文は、年金制度の引退時点への影響について、それぞれ特徴ある視点から分析している。例えばダイアモンドらはモラル・ハザード、ザバルザらはパートタイム労働の可能性、クロフォードらは諸仮定の緩和、さらにカーンは流動性制約の導入がそれぞれの特徴と言えよう。他方で、それら論文は労働供給の選択について互いに共通した仮定をおいている。すなわち、ザバルザらを除いて、人々は就業か引退かの二者択一しか許されない。ザバルザらの分析はパートタイム労働を固定され与えられたものとして扱い、人々が労働時間の長さを自由に選択しているわけではない。したがって、人々には労働供給選択の自由がきわめて制限されるという共通点をそれらの論文が持つと言ってよいであろう。このような制限は、一面では、現実を反映すると言えよう。しかし、少子高齢化の進行は従来にはない新しい就業形態をもたらすかもしれない。

例えば一つの職を複数人が分割・共有するワーク・シェアリングは労働供給選択の自由度がそれだけ高まることを意味する。その極端な姿としては労働時間を自由に選択することが考えられる。このような取扱いは教科書的でありかつ明確な結論を得にくいためか、フェルトシュタインの分析を除き、筆者の知る限りでは展開されていないようである[11]。そこで本章では、労働時間を自由に選択できるものとして、公的年金制度が労働者の引退時点の選択にいかなる効果を持つか、引退期間短縮すなわち労働供給増大のために、公的年金制度はいかにあるべきか、を検討する。

## 2　労働者の引退決定[12]

　合理的な行動をする個人の労働供給について考える。この個人はゼロ時点に生まれ、$T$ 時点に死亡するとしよう。もちろんこれは、ゼロ時点から $T$ 時点までの間経済上の意志決定を行うという意味である。生物学的には、この個人はゼロ時点においてすでに例えば18歳であることは言うまでもない。はじめにこの個人の収入支出の枠組みを明らかにする。この個人は、どの時点でも、その時点の与えられた賃金率の下で自由に労働時間を決めることができる。ただし、「一定の時間」を「労働」と「余暇」に分けるので、

　(1)　労働時間＋余暇時間＝一定時間

という制約条件がある。ある時点での労働時間が決まると、その時点の賃金率を乗じて「賃金額」が決まる。他方で保有資産に利子率を乗じてその時点の「利子額」が決まるので、賃金額を加えてその時点の所得が決まる。この個人は所得をその時点の「消費」と「貯蓄」に分ける。したがって、ある時点の収入と支出の間に

　(2)　賃金＋利子＝消費＋貯蓄

という予算制約がある。このうち「貯蓄」は「資産を増加」させ将来の利子額

図6-1　収入支出の枠組み

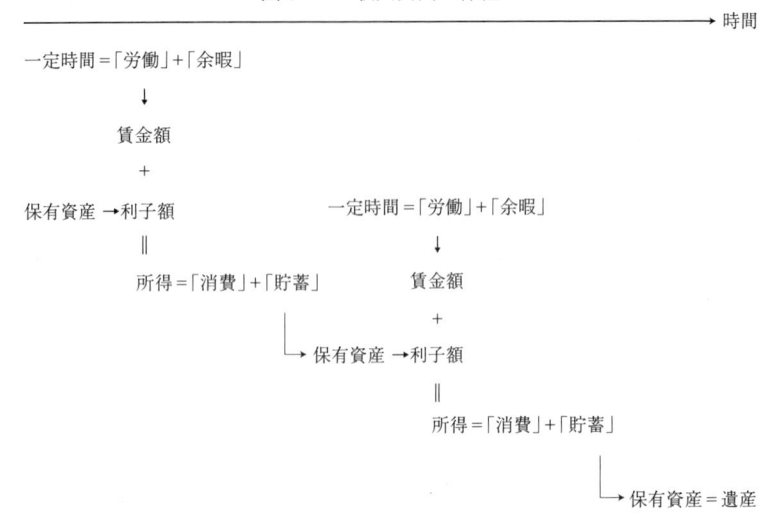

```
─────────────────────────────────────────────→ 時間

一定時間＝「労働」＋「余暇」
         ↓
       賃金額
         ＋
保有資産 → 利子額           一定時間＝「労働」＋「余暇」
         ‖                          ↓
  所得＝「消費」＋「貯蓄」         賃金額
              │                      ＋
              └→ 保有資産 → 利子額
                              ‖
                      所得＝「消費」＋「貯蓄」
                                  │
                                  └→ 保有資産＝遺産
```

を増やす。つまり、

　(3)　貯蓄＝資産の増加分

である。以上から、労働時間を増やせば賃金額が増えるので消費と貯蓄を増やすことができるが、余暇時間が減るというトレード・オフがあることが明らかである。また、一定の所得から消費を増やせば貯蓄が減るので、保有資産が伸びず将来の利子額が伸びないことを通じ、将来の消費が伸びない。逆に消費を抑制し貯蓄を増やせば資産を増やすことになるが、増えた資産はそのまま遺産になりそうである。以上のような個人の収入支出の枠組みは図6-1に示される。

　上述の収入支出の枠組みの下で、この個人はどのように労働時間を決めるか。いま、この個人が生涯の各時点の消費、余暇から効用を得るが、資産についてはその保有ではなく、死亡時に遺産として残すことから効用を得るとする。それら各時点の消費による効用をすべての時点について集計すれば消費の生涯効用が得られ、余暇についても同様に余暇の生涯効用が得られる。そこで消費、

余暇および資産のそれぞれの生涯効用を集計した生涯効用を最大にするよう意志決定を行うとしよう。もちろん集計に際しては、割引によって効用を特定時点の価値に統一することは言うまでもない。

　さて、ある時点の余暇時間を増やすと余暇の効用は増大するが、労働時間の減少したがって所得の減少を通じ消費と消費の効用は減少する。限界効用が逓減するので、余暇時間が長すぎると余暇効用の増加分が少なくて消費効用の減少分を補えないかもしれない。つまり、一方的に余暇を増やしてもその時点の効用でさえ最大にならない。他方で、一定の所得の下で消費を増やすと貯蓄が減少して将来の利子額が伸びないので、現在の消費効用と将来の消費効用とはトレード・オフの関係にある。合理的個人はそれらの諸条件を考慮に入れ生涯効用を最大にするように労働時間を選択する。

　その結果、第一に就業期間では「余暇時間の増減」が「純利子率」と「主観的割引率」の差に依存すること、すなわち

(4)　余暇時間の変化率＝$\dfrac{純利子率－主観的割引率}{余暇の限界効用の弾力性}$

が得られる。ただし純利子率とは利子率から賃金率の変化率を控除したものであり、「余暇の限界効用の弾力性」は余暇の限界効用の変化率を余暇の変化率で除した商の絶対値で符号はプラスである。したがって、純利子率が主観的割引率よりも大きければ余暇時間の変化率がプラス、すなわち余暇が年齢とともに増加するので、逆に労働供給は年齢とともに減少する。また、純利子率が主観的割引率に等しければ余暇時間が変化しないので労働供給は年齢を問わず一定であり、純利子率が主観的割引率より小さければ労働供給は年齢とともに増加する。

　第二に、就業と引退の選択について、「消費効用の追加分」よりも「余暇効用の減少分」が大きければ個人は労働しないという結果が得られる。条件式に即して言えば、個人が引退しているとき、1単位だけ追加して働くことによって得られる所得増加分がもたらす消費効用の増加分よりもその追加労働によって失われる余暇効用の減少分の方が大きい。つまり

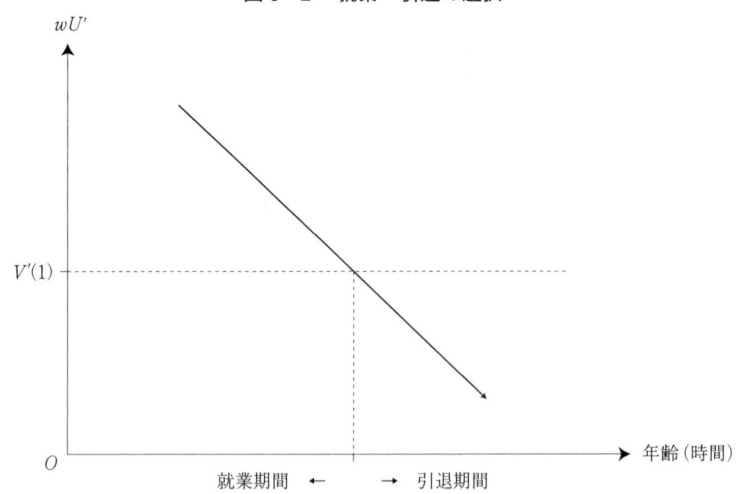

図 6-2　就業・引退の選択

（グラフ：縦軸 $wU'$、横軸 年齢（時間）。右下がりの直線が描かれ、$V'(1)$ の水準と交わる点を境に、左側が「就業期間」、右側が「引退期間」となる。）

(5)　賃金率×消費の限界効用＜労働ゼロでの余暇の限界効用

ならば個人は引退を選択する。なお賃金率は1単位の労働によって得られる所得であるから、(5)左辺は1単位の追加労働による消費効用の増加分であり、右辺はその1単位の追加労働による余暇効用の減少分である。また、就業期間と引退期間の境界では(5)の両辺が互いに等しい。それに加え純利子率が主観的割引率よりも大きいならば上述のように労働供給は年齢とともに減少するので、その場合には就業期間が終了し引退期間が開始する。このことは「(5)左辺の時間に関する変化率」を求めると、

(6)　賃金率と消費の限界効用の積の時間に関する変化率
　　　＝主観的割引率－純利子率

となって、(5)左辺の増減が主観的割引率から純利子率を控除した差に依存することからも言える。例えば純利子率が主観的割引率よりも大きいと、(6)はマイナスであるから、(5)左辺は時間とともに減少する。ある時点以降、労働

ゼロでの余暇の限界効用よりも小さくなり(5)が成立するので、個人は労働せず引退を選択する。図6-2は上述の純利子率が主観的割引率よりも大きい場合を図示する。図中で$wU'$は(5)左辺、$V'(1)$は(5)右辺を表す。図中の曲線は(5)左辺が時間とともに低下し、$V'(1)$と等しくなる時点を境界として就業期間から引退期間に移行することを示す。

## 3 年金制度を含むケース

本節では、図6-2のように、引退期間に先立って就業期間があると仮定する。これは、純利子率が主観的割引率よりも大きいことを意味する。ここで次のような公的年金制度を導入する。すなわち、就業期間には賃金の一定率を毎期拠出し、引退後に毎期年金を受け取る。私的年金であれば、各個人の支払（拠出）分と受取（受給）分との間に厳密な対応関係が要求される。しかし公的年金においては、老後における所得を保障するという制度の目的から、拠出分と受給分について各個人ごとの厳密な対応関係は要求されない。ここでは、労働供給ないし就業期間の長さと毎期の年金額が関連すると仮定する。この個人が労働時間を増やせば現在の消費・貯蓄を増やすことができ、保有資産の増加したがって将来の利子額の増加を通じ、将来の消費・貯蓄も増やすことができるが、同時に余暇の減少をともなうことは前節と同様である。ここでは年金制度が存在するので、労働時間の増加は年金拠出の増加をともなうので現在の消費・貯蓄の増加はそれだけ抑制される。しかし、引退後の年金額が増加すれば引退期の消費・貯蓄ないし遺産を増加できる。このような公的年金制度の下では、ある時点の個人の収入と支出の間には

(7)　賃金－拠出＋利子＋年金＝消費＋貯蓄

という予算制約がある。ただし就業期間では年金がゼロ、引退期間では賃金と拠出がゼロである。

前節と同様に個人が消費、余暇および遺産から生み出される生涯効用を最大

にするように行動するとしよう。このとき、年金制度は労働供給に影響するか。第一に、就業期間では再び(4)が得られるので、本章の年金制度は労働時間の変化率には影響しないことがわかる。第二に、引退時点についてはどうか。前節と同じく、労働1単位の追加によって生じる消費効用の増加よりも余暇の減少によって生じる余暇効用の減少の方が大きければ、個人は労働しない。ここでは、年金制度が存在するので、労働1単位の追加がそのまま賃金を増加させるのではない。現時点の拠出増加と将来時点の年金額増加を考慮に入れねばならない。したがって、それらを考慮に入れた「消費効用の増加」と他方の「余暇効用の減少」を比較して、その1単位の労働を供給するか否かが決められる。すなわち、1単位の労働を追加するとき

(8)　(賃金率－拠出＋労働1単位追加による年金額の増加分)×消費の限界効用
　　　＜労働ゼロでの余暇の限界効用

であれば、個人は引退を選択し、労働しない。(8)左辺は1単位の労働を追加するとき年金制度下で生じる消費効用の増加分であり、右辺は同じく余暇効用の減少分である。年金制度がない場合の(5)と比較すれば、拠出による賃金の減額と年金の増額が左辺に加えられた点が異なる。ここで(8)を(5)および図6-2の曲線と比較するために(5)と同様に左辺を「賃金率×消費の限界効用」と書くと

(8′)　賃金率×消費の限界効用＜
$$\frac{労働ゼロでの余暇の限界効用 - 労働1単位追加による年金額の増加分 \times 消費の限界効用}{1 - 拠出率}$$

となる。改めて言えば、(5)と同じく、左辺の方が小さければ個人は労働せず引退している。なお、(8′)左辺は(5)左辺と同一であるから、再び(6)が得られる。つまり、純利子率が主観的割引率よりも大きければ(8′)左辺は(5)左辺と同じく時間とともに減少し、(8′)が成立するある時点以降では個人は労働せず引退を選択する。ここで、年金制度を導入したことが引退時点をどのように変えるかという引退時点に対する年金制度の影響を知るには(5)右辺と(8′)右辺を比

較すればよい。両者が等しければ年金制度は中立で引退時点の選択に影響を与えない。(8')右辺の方が(5)右辺よりも大きければ、就業と引退を分ける水平線は図 6 − 2 の $V'(1)$ よりも高い位置になるので、年金制度は引退を早期化させる。逆に(8')右辺の方が小さければ、水平線は図 6 − 2 の $V'(1)$ よりも低くなるので、年金制度は引退を晩期化させる。そこで(8')右辺から(5)右辺を差し引くと、

(9)　(8')右辺 − (5)右辺 =
$$\frac{拠出率 \times 労働ゼロの余暇限界効用 - 労働1単位追加による年金額の増加分 \times 消費限界効用}{1 - 拠出率}$$

となる。拠出率はプラスであるが 1 より小さいので、(9)右辺分母はプラスである。したがって引退時点の選択に対する年金制度の影響は(9)右辺分子の符号に依存する。ここでは、「労働 1 単位追加による年金額の増加分」に注目すると、次のように分類できる。

① 「労働 1 単位追加による年金額の増加分」がゼロもしくはマイナスの場合。これは労働供給を増加させても年金額は増加しないという年金制度を意味する。この場合、(9)右辺分子はプラスになるから、年金制度の存在は引退を確実に早期化させる。その理由は、もちろん、労働供給を増やしても年金額が増えないので労働供給を減らした方が有利という判断を個人が持つからである。

② 「労働 1 単位追加による年金額の増加分」がプラスの場合。これは労働供給を増加させると年金額が増えるという制度である。この場合「増加分」が大きいほど、(9)右辺分子の符号がマイナスになりやすいので、引退晩期化の可能性があり、かつその程度が高くなる。これは、労働追加による消費効用の増加が年金制度によって強化され、余暇効用の減少を上回るようになるからである。

③ 「労働 1 単位追加による年金額の増加分」が与えられ一定とすると、拠出率が大きい（小さい）ほど引退は早期化（晩期化）しやすい。これは、(8)から明らかなように、拠出率が大きいほど労働追加による消費効用の増加が小さくなるからである。あるいは一般には、拠出率が大きいほど年金水準が高く引

退期のために私的に準備する必要性は小さくなるので、それだけ早期に引退することが容易になるからであると言える。

最後に、労働供給と年金額の関連を明示するために、労働1単位追加によって年金額がどれだけ増加するかを特定する。ここでは、労働追加による拠出増加分がその運用利子とともに引退期間に均等に配分され、年金額が毎期一定額だけ増額されると仮定する。さらに、引退期間全体にわたる年金給付増加分の割引現在価値と労働追加による拠出増加分の割引現在価値が等しいとする。このとき、拠出増加分は市場で運用されるのでその割引率は利子率に等しい。他方、給付増加分の割引率は受給者にとって年金制度の収益率である。なぜなら、拠出増加分を一定とすると、給付増加分が多いほど両者の割引現在価値を等しくする給付の割引率は高くなるからである。ところで、引退期間全体にわたる年金給付増加分の割引現在価値は毎期一定額だけ増額される「年金増加分」と「引退期間全体にわたる割引要素」の積と書くことができる。ただし割引率が高いほど割引要素は小さくなる。また、労働追加による拠出増加分の割引現在価値は「労働1単位の増加によって生じる拠出増加分」、「労働追加分」、および「割引要素」の三者の積である。したがって、上述の引退期間全体にわたる年金給付増加分の割引現在価値と労働追加による拠出増加分の割引現在価値との均等は、

(10)　年金増加分×引退期間全体にわたる割引要素
　　　＝労働1単位の増加によって生じる拠出増加分×労働追加分×割引要素

と示すことができる。ここで(10)を

(11)　$\dfrac{年金増加分}{労働追加分} = \dfrac{労働1単位の増加による拠出増加分 \times 割引要素}{引退期間全体にわたる割引要素}$

と書き換えることができる。(11)左辺は「労働1単位の追加がもたらす年金増加分」を意味する。また、(11)右辺の「労働1単位の増加による拠出増加分」は「拠出率」と「賃金率」の積である。そこで、これらを考慮して(11)を(9)右辺に代入すると、

(12)　(8')右辺 − (5)右辺 =

$$\frac{\text{拠出率}}{1-\text{拠出率}}\left(\text{労働ゼロの余暇の限界効用} - \frac{\text{賃金率×割引要素×消費の限界効用}}{\text{引退期間全体にわたる割引要素}}\right)$$

が得られる。もちろん(12)右辺がプラス（マイナス）であれば年金制度は引退を早期化（晩期化）させる。(9)と比較すれば、(12)では拠出率は右辺がプラスかマイナスかに関係しないので引退時点の選択に影響しないことが明らかである。次に、(12)右辺カッコ内で、第2項分子の「割引要素」は拠出増加の現在価値を求めるもので利子率に依存する。同じく第2項分母の「引退期間全体にわたる割引要素」は年金増加分の現在価値を求めるもので、受給者から見た年金制度の収益率あるいは利回りに依存する。利子率は与えられて一定とすれば、年金制度の収益率が高く（低く）受給者に有利（不利）なほど第2項分母が小さく（大きく）なるので(12)右辺はマイナス（プラス）になりやすく、引退晩期化（早期化）の可能性があり、かつその程度が高くなる。これは、引退を晩期化すると余暇効用が減少するが、受給者に有利な年金制度によって増加する消費効用がそれを補うからである。この点はサムウィック（Andrew A. Samwick）が「……、引退決定では、引退を遅らせる時に生じる企業年金の増加を考察することが重要である。」と述べているのと同様の考え方に立つ[13]。なおサムウィックは、労働力参加率が特定の年齢で急減する（すなわち、その年齢での引退確率が高い）ことと企業年金受給額の現在価値との関係を調べ、「ある時点での引退確率の有意な経済的決定因は、その時点での引退資産（各種年金給付の現在価値）の水準ではなく、労働継続による引退資産の増加である」と主張する[14]。

　本章の分析で明らかになったことをまとめておこう。本章の年金制度は年齢によらず労働していれば拠出がなされ、年金額は労働供給と関連を持つというものである。このような年金制度は、就業期間での労働時間の変化率には影響を与えないが、引退時点を変化させることが示された。すなわち、一般に労働継続が年金額を高めるほど、引退晩期化の程度が高く、また、拠出率が低いほど引退は晩期化しやすい。次に、労働継続にともない年金額が引退後の期間に

毎期一定額だけ増加するよう特定すれば、拠出率は引退時点に影響しなくなるが、その増加が受給者にとって有利なほど引退晩期化の程度が高くなる。

　以上のような結果は、少子高齢化にともなう若年労働力の不足を中高年労働力の活用によって補おうとすれば、次のように年金制度を改革すべきであるという示唆を与える。すなわち、一定年齢以上については現役で働いていても退職と見なし保険料を徴収しない「見なし退職」を廃止し、労働するかぎり保険料を拠出するよう改めること、およびそのような拠出増加が年金額の増加に反映されることである。このように年金制度を改革することが人々に引退時点を繰り下げ（晩期化す）るよう促し、労働供給を増加させる。他方で、年金制度が人々にとって有利であるほど引退を晩期化させることも示された。この場合には、労働供給を増加させるには有効であるとしても、拠出を超過する給付について、財源をどのように調達するかという問題を解決せねばならない。

註

1) 日本統計年鑑各年版。
2) 平成14年版厚生労働白書、p. 13。
3) 受給開始年齢は徐々に引き上げられ、2026年度には65歳になることが予定されている。ただし、60歳からの繰り上げ支給は可能である。
4) Martin S. Feldstein, "Social Security, Induced Retirement, and Aggregate Capital Accumulation," *Journal of Political Economy*, Vol. 82, No. 5, Sept./ Oct. 1974.
5) Alicia Haydock Munnell, *The Effect of Social Security on Personal Saving*, Ballinger, Cambridge, Mass., 1974.
6) Eytan Sheshinski, "A Model of Social Security and Retirement Decisions," *Journal of Public Economics*, Vol. 10, No. 3, December 1978.
7) P. A. Diamond & J. A. Mirrlees, "A Model of Social Insurance with Variable Retirement," *Journal of Public Economics*, Vol. 10, No. 3, December 1978.
8) A. Zabalza, C. Pissarides, & M. Barton, "Social Security and the Choice between Full-time Work, Part-time Work and Retirement," *Journal of Public Economics*, Vol. 14, No. 2, October 1980.
9) Vincent P. Crawford & David M. Lilien, "Social Security and the Retirement Decision," *Quarterly Journal of Economics*, Vol. 96, No. 3, August 1981.

10) James A. Kahn, "Social Security, Liquidity, and Early Retirement," *Journal of Public Economics,* Vol. 35, No. 1, February, 1988.
11) Feldstein, "Social Security and Private Savings: International Evidence in an Extended Life-Cycle Model," in Feldstein & Inman (eds.), *The Economics of Public Services,* Macmillan, London, 1976.
12) 2節は K. J. Arrow and M. Kurz, *Public Investment, the Rate of Return, and Optimal Fiscal Policy,* The Johns Hopkins Press, 1970および A. S. Blinder, *Toward an Economic Theory of Income Distribution,* The MIT Press, 1974に依存している。
13) Andrew A. Samwick, "New Evidence on Pensions, Social Security, and the Timing of Retirement," *Journal of Public Economics,* Vol. 70, No. 2, November, 1998, p. 212.
14) Ibid., p. 210.

## 第6章付録　数式による展開

### §1　基本モデル

ゼロ時点に生まれ $T$ 時点に死亡する合理的個人が、$t$ 時点において与えられた賃金率 $w(t)$ の下で労働供給 $h(t)$ を選択する。ただし、$L(t)$ を余暇として、

(1)　　$h(t) = 1 - L(t)$

である。$t$ 時点において保有する資産を $A(t)$、利子率を $r$ とすれば、この個人の所得は $w(t)h(t) + rA(t)$ である。これを消費 $c(t)$、貯蓄 $s(t)$ に分割するので、予算制約は、

(2)　　$c(t) + s(t) = w(t)h(t) + rA(t)$

となる。ここで、貯蓄は資産の増加であるから、

(3)　　$\dot{A}(t) = s(t)$

なる関係がある。ただし、$\dot{A}(t) = \dfrac{dA(t)}{dt}$ である。

この個人は、各時点における消費と余暇、および遺産 $A(T)$ によって決まる生涯効用

(4)　　$\int_0^t \{U[c(t)] + V[L(t)]\} e^{-\rho t} dt + B[A(T)] e^{-\rho T}$

を最大化するように意志決定を行う。ここで、$U$、$V$、$B$ はそれぞれ消費、余暇、遺産の効用関数であり、$\rho$ は主観的割引率である。

かくして、$s(t)$、$h(t)$ をコントロール変数、$A(t)$ を状態変数として、(1)、(2)、(3)の下で(4)を最大化するという最適制御問題が構成される。ハミルトニアン関数を

(5)　$H(A, s, h, \lambda, t) = \{U[c(t)] + V[L(t)]\}e^{-\rho t} + \lambda(t)s(t)$

のように定義する。$\lambda(t)$ は(3)に対応する補助変数である。最適経路を決定する条件は、以下のとおりである。ただし、(8)の等号は $h>0$ なる解、不等号は $h=0$ なる解に対応する。

(6)　$\dfrac{d\lambda}{dt} = -\dfrac{\partial H}{\partial A} : \dot{\lambda}(t) = -rU'e^{-\rho t}$

(7)　$\dfrac{\partial H}{\partial s} = 0 : -U'e^{-\rho t} + \lambda(t) = 0$

(8)　$\dfrac{\partial H}{\partial h} \leqq 0 : [w(t)U' - V]e^{-\rho t} \leqq 0$

初期資産は $A(0)=0$ で所与であるが、遺産 $A(T)$ は(4)を最大化するように決められるので、次のような横断性の条件

(9)　$\lambda(T) = \dfrac{dB[A(t)]e^{-\rho t}}{dA(t)}\bigg|_{t=T} = B'[A(T)]e^{-\rho T}$

がみたされねばならない。(7)から

$\dot{\lambda}(t) = U''e^{-\rho t}\dot{c} + U'e^{-\rho t}(-\rho)$

を得るので、(6)と等置すれば、

(10)　$\dot{c} = -\dfrac{U'(c)}{U''(c)}(r-\rho)$

を得る。消費の限界効用の弾力性 $\varepsilon_{U'}$ は

(11)　$\varepsilon_{U'} = -\dfrac{U''(c) \cdot c}{U'(c)}$

と定義できる。(11)を利用すれば、(10)は

(12)　$\dfrac{\dot{c}}{c} = -\dfrac{U'(r-\rho)}{U''(c) \cdot c} = \dfrac{r-\rho}{\varepsilon_{U'}}$

のようになる。次に、労働供給に関して $h>0$ なる最適解が存在すれば(8)の等

号が成立するので

(8′) $\dfrac{V'(L)}{U'(c)} = w(t)$

となる。これを $t$ で微分すれば

(13) $\dfrac{\dot{w}(t)}{w(t)} = \dfrac{V''(L) \cdot L}{V'(L)} \cdot \dfrac{\dot{L}}{L} - \dfrac{U''(c) \cdot c}{U'(c)} \cdot \dfrac{\dot{c}}{c}$

を得る。余暇の限界効用の弾力性 $\varepsilon_{V'}$ を、消費の限界効用の弾力性(11)と同様に

(14) $\varepsilon_{V'} = -\dfrac{V''(L) \cdot L}{V'(L)}$

とおけば、(12)と(13)から

(15) $\dfrac{\dot{L}}{L} = \dfrac{r - \rho - \dot{w}(t)/w(t)}{\varepsilon_{V'}}$

を得る。ここで、賃金率の変化率を差し引いた利子率を純利子率 $r^* = r - \dot{w}(t)/w(t)$ とすれば

(15′) $\dfrac{\dot{L}}{L} = \dfrac{r^* - \rho}{\varepsilon_{V'}}$

となる。$\varepsilon_{V'} > 0$ であるので、(15′)から以下の事柄が明らかである。

(イ) $r^* > \rho$ ならば、$\dfrac{\dot{L}}{L} > 0$ である。すなわち、純利子率が主観的割引率よりも大であれば、余暇消費は時間とともに増大する。言いかえれば、労働供給は時間とともに減少するので生涯の前半に主としてなされる。

(ロ) $r^* = \rho$ ならば、$\dfrac{\dot{L}}{L} = 0$ である。すなわち、純利子率が主観的割引率に等しければ、労働供給は生涯を通じて一定である。

(ハ) $r^* < \rho$ ならば、$\dfrac{\dot{L}}{L} < 0$ である。すなわち、純利子率が主観的割引率よりも小であれば、労働供給は生涯の後半に主としてなされる。

さて、労働供給に関して、$h = 0$ （したがって、$L = 1$）なる最適解があるとすれば、その時点では引退していることを意味する。このとき(8)から

(8″)　　$w(t)U'(c) < V'(1)$

である。(8″) 左辺の変化率を求めると、(12)を用いて、

(16)　　$\dfrac{\frac{d}{dt}[w(t)U'(c)]}{w(t)U'(c)} = \dfrac{\dot{w}(t)}{w(t)} - \varepsilon_{U'} \dfrac{\dot{c}}{c} = \rho - r^*$

となる。すなわち、$\rho - r^*$ が正（負）であれば、(8″) 左辺は時間 $t$ とともに増大（減少）する。上述のように(8″) 左辺の値が $V'(1)$ より小さいとき、この個人の労働供給量はゼロで、その時点では引退している。したがって $\rho - r^*$ が正（負）のときには、もしあるとすれば生涯の初め（終わり）に引退期間が存在することになる。なお、

(17)　　$w(t)U'(c) = V'(1)$

となる時点において、$\rho - r^* > 0$ のときには引退期間が終了し、$\rho - r^* < 0$ のときには引退期間が開始する。(17)は1単位だけ追加して働くことによってもたらされる消費便益の追加分（$w(t)U'(c)$）とその追加労働によって生じる余暇便益の減少分（$V'(1)$）との均等によって引退と就業との境界が与えられることを示している。言うまでもなく(8″)は、消費便益の追加分よりも余暇便益の減少分が大きければ人々は労働しない、という意味である。

## §2　年金制度を含むモデル

ここで現役の就業期間に毎期の稼得の一定率 $a$ を拠出し、引退後の期間に毎期 $P(t)$ の年金を受給する公的年金制度を導入する。このとき、個人の予算制約は

(18)　　$c(t) + s(t) = (1-a)w(t)h(t) + rA(t) + P(t)$

となる。ただし就業期間では $P(t) = 0$、引退期間では $h(t) = 0$ である。また以下では、引退期間に先立って就業期間がある、つまり、$\rho - r^*$ は負で、(8″) の

左辺 $w(t)U'(c)$ は時間とともに減少することを仮定する。

さて、(1)、(3)、(18)の下で生涯効用(4)を最大化する。コントロール変数 $s(t)$、$h(t)$ と状態変数 $A(t)$ は基本モデルと同様であるから、この場合のハミルトニアン関数は(5)と同じである。最適条件は(6)、(7)と

$$(19) \quad \frac{\partial H}{\partial h} \leq 0 : \left\{ \left[ (1-a)w(t) + \frac{\partial P(t)}{\partial h(t)} \right] U'(c) - V'(L) \right\} e^{-\rho t} \leq 0$$

で、さらに横断性の条件(9)がみたされねばならない。また、(19)について、就業期間では $\frac{\partial H}{\partial h} = 0$ かつ $\frac{\partial P(t)}{\partial h(t)} = 0$、引退期間では $\frac{\partial H}{\partial h} < 0$ かつ $L = 1$ である。

はじめに就業期間（$0 \leq t \leq R$、$R$ は引退時点）について。基本モデルと同じく消費の変化率について、最適条件(6)、(7)から、(12)が導出される。労働供給については、$h(t) > 0$ なる最適解が存在して、(19)の等号が成立するので、

$$(19') \quad \frac{\partial H}{\partial h} = [(1-a)wU'(c) - V'(L)]e^{-\rho t} = 0$$

となる。この式から $w$ を求め、時間で微分して、

$$(20) \quad \frac{\dot{w}}{w} = \frac{V''(L)L}{V'(L)} \cdot \frac{\dot{L}}{L} - \frac{U''(c)c}{U'(c)} \cdot \frac{\dot{c}}{c}$$

を得る。これは基本モデルの(13)にほかならない。ここで(12)を用いると基本モデル(15')が再び導出されるので、就業期間について、本章の年金制度は労働時間の変化率に影響を与えないことが示された。

次に引退後の期間（$R \leq t \leq T$）では、労働供給の最適解は $h(t) = 0$ で(19)の不等号が成立するので、

$$(21) \quad wU'(c) < \frac{V'(1) - [\partial P(t)/\partial h(t)]U'(c)}{1-a}$$

が得られる。

さて、年金制度が存在しない場合と比較して、引退時点 $R$ が繰り上がる（引退早期化）かあるいは繰り下がる（晩期化）か。そこで年金制度が存在する場合に個人の労働供給がゼロすなわち引退している条件式(21)の右辺と、年金制

度が存在しない場合の引退の条件式(8″)の右辺 $V'(1)$ との大小関係を調べる。両者の差をとると、

(22) $\dfrac{V'(1)-[\partial P(t)/\partial h(t)]U'(c)}{1-a}-V'(1)=\dfrac{1}{1-a}\left[aV'(1)-\dfrac{\partial P(t)}{\partial h(t)}U'(c)\right]$

となる。上式が正であれば年金制度は引退を早期化させ、負であれば晩期化させる。(22)から、次の事柄が明らかである。

① $\dfrac{\partial P}{\partial h}\leqq 0$、すなわち労働供給を増加させても年金額が高まらないという年金制度であるならば、年金制度の存在は引退を確実に早期化させる。

② $\dfrac{\partial P}{\partial h}>0$ ならば、年金制度は引退を晩期化させるかもしれない。このとき、$\dfrac{\partial P}{\partial h}$ が大きいほど、すなわち労働供給の増加が年金額を高める程度が大きいほど、引退晩期化の可能性と晩期化の程度が高くなる。

③ $\dfrac{\partial P}{\partial h}$ を所与とすれば、$a$ が大(小)なるほど引退は早期化(晩期化)しやすい。

ここで労働供給と年金額の関連を明示する $\dfrac{\partial P(t)}{\partial h(t)}$ を特定化する。年金給付の現在価値の和は、市場利子率 $r$ を用いて

(23) $\displaystyle\int_R^T P(t)e^{-rt}dt$

で示され、他方、拠出の現在価値の和は

(24) $\displaystyle\int_0^R aw(t)h(t)e^{-rt}dt$

と示される。公平な年金とは、給付(23)と拠出(24)が等しく、給付(23)が拠出(24)より大きい場合は受給者に有利な年金、逆の場合は不利な年金である。いま、(26)に示される $\beta(>0)$ なるパラメーターを用いて、

(25) $\displaystyle\int_R^T \dfrac{P(t)e^{-rt}}{\beta}dt=\int_0^R aw(t)h(t)e^{-rt}dt$

(26) $\beta=e^{(g-r)t}$

とおくと、$g>r$ $(g=r, g<r)$ であれば $\beta>1$ $(\beta=1、\beta<1)$、すなわち受給者

に有利（公平、不利）な年金制度である。(26)を用いれば、(25)は

(27) $\int_R^T P(t)e^{-gt}dt = \int_0^R aw(t)h(t)e^{-rt}dt$

となる。(27)から知られるように、$g$ は拠出の現在価値と給付の現在価値を等しくするように決まる給付の割引率で、受給者からすれば年金の収益率である。(27)の右辺から、時点 $u$ における労働供給の増加 $\Delta h(u)$ によって生じる拠出増加の現在価値は

(28) $aw(u)e^{-ru}\Delta h(u)$

である。他方で年金制度について、拠出増加分を財源として年金額が増額されるが、その方法として拠出増加分とその運用利子が引退期間に均等に配分され、年金額が毎期 $\Delta P$ だけ一様に増額される、と仮定すれば

(29) $\Delta P = \dfrac{aw(u)e^{-ru}\Delta h(u)}{\int_R^T e^{-gt}dt}$

となる。したがって、ある時点 $t$ における労働供給1単位の増加によって生じる年金額の変化の大きさは

(30) $\dfrac{\partial P(t)}{\partial h(t)} = \dfrac{aw(t)e^{-rt}}{\int_R^T e^{-gt}dt}$ $(>0)$

と示される。そこで(30)を(22)に代入すれば、

(22′) $\dfrac{V'(1) - [\partial P(t)/\partial h(t)]U'(c)}{1-a} - V'(1) = \dfrac{a}{1-a}\left[V'(1) - \dfrac{w(t)e^{-rt}}{\int_R^T e^{-gt}dt}U'(c)\right]$

となる。明らかに、前述③とは異なり、$a$ は引退時点 $R$ に影響しない。また前述①、②と同様、$g$ が大（小）で受給者に有利（不利）なほど、引退晩期化（早期化）の程度が高い。

# 第7章　人口構造と年金

## 1　はじめに

　人口構造の高齢化が先進国に共通の現象であることは序章で述べたとおりである。また、第3章で指摘したように、人口構造の高齢化は公的年金制度を成立させる一つの要因として考えることができるであろう。しかし、ここで新たに考えねばならないことは、ひとたび国民経済に組み込まれた公的年金は、第5章で述べたように国民経済に影響を与えると同時に、国民経済それ自体の変化および国民経済の動向を決定する諸条件の変化の両者から影響を受けるということである。すなわちそのような諸条件の変化は、国民経済に影響を与えると同時に、公的年金にも直接間接に影響を及ぼすと考えねばならない。長期の視点からすれば、特に重要な条件は人口であると言ってよいであろう。したがって、人口構造の高齢化が公的年金制度にどのような影響を与えるかを一般均衡の枠組みの中で考察することは、公的年金の経済分析において重要なことである。他方で、人口構造の高齢化という外生的に与えられたショックの下で、公的年金制度はいかにあるべきか、言い換えるとどのように制度を設計し運営すべきかという問題がある。一般に公共政策の設計と運営については、例えば課税について公平の原則があるように、公平ということが規準の一つに取り上げられる。公的年金も公共政策に含まれるものである以上、制度の設計と運営の規準の一つとして公平を無視することはできない。したがって、人口構造が高齢化するという国民経済の条件が変化する中で、拠出、給付、財政方式などの公的年金制度の具体的な設計と運営をいかにすべきかについて、公平の視点

から検討することは重要なことである。ここで、公的年金制度が公平であるか否かについて、ある時点での年金額のその時点の賃金率に対する比率（年金給付率）と現役時の年金制度への拠出額に対する引退後の年金受給額の比率（年金制度の収益率）を指標とすることができる。なぜならば、次節で述べるように、年金給付率は各時点での年金の相対価値を、年金制度の収益率は各世代が年金制度から得る利回りをそれぞれ意味するからである。しかも次節で明らかになるように、経済が均衡にある時、これら指標は時間の経過にかかわらず常に一定となる。すなわち、経済が均衡にあればその期間中のどの世代についても年金給付率ならびに年金制度の収益率が等しいということは、公的年金制度がそれらのどの世代にも等しく作用し、特定の世代に有利あるいは不利に作用するものではないことを意味するからである。

そこで本章では、人口高齢化をもたらす要因の一つとして出生率の低下を取り上げ、これが一般均衡の枠組みの中で公的年金制度の収支すなわち各世代の拠出と給付に与える影響を明らかにする。ただし、出生率は人口成長率と同義であると見なす。さらにそのような分析を通じ、上述の給付率と収益率を指標として、公平の視点から人口成長率低下の状況において望ましい公的年金制度を追求する。そのために次節でインフレなき完全雇用経済に完全積立方式の年金制度を導入する。その経済において出生率すなわち人口成長率の低下がどのような影響を与えるかを、第3節では完全積立方式を維持した場合について、第4節ではそれに固執しない場合について、それぞれ分析する。それらの結果に基づき、本章の分析が持つ政策上の含意を第5節で述べる。

## 2 経済と均衡状態

本章で想定する経済は次のようである。はじめに人口について。人々はある期（若年期）の期首に生まれ、次期（老年期）の期末に死亡する。寿命は一定でこれら期間の途中で死亡することはない。ある世代の若年期末に次の世代が生まれる。したがって、どの期間をとっても、若年世代と老年世代の2世代が

存在する。各世代の人口は一定率で増加する。図7-1は親、子、孫の3世代について示してある。$n$期に生まれた親世代が老年期を迎える$n+1$期が子世代の若年期になり、子世代が老年になる$n+2$期は孫世代の若年期である。図から各期とも二つの世代が存在する

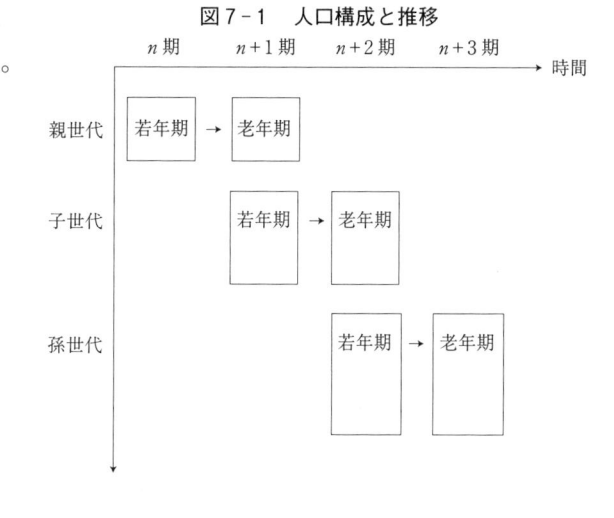

図7-1 人口構成と推移

ことが明らかである。また、各世代の長方形が次第に大きくなることで人口が増加することを表した。次に経済活動について。若年期は就業期間で、老年期は引退期間である。若年世代の人々はすべて労働力として働く。生産は資本ストックと労働力を組み合わせることで行われるので、それら生産要素の所有者は、生産への貢献に応じ、それぞれ生産要素1単位につき利子率あるいは賃金率に等しい所得を受け取る。生産によって生み出された総所得すなわち国民所得はちょうど分配しつくされ、超過も不足もない。若年世代の人々は自分の老年期のために所得の一部を貯蓄する。若年世代の貯蓄は次期の資本ストックとして生産に用いられる。その時、貯蓄した当人は老年期にある。老年世代の人々は、資本ストックとして生産に用いられた貯蓄元金と利子をすべて消費し、遺産を残さない。したがって、この経済で貯蓄をするのは若年世代のみである。すなわち、経済の生産は老年世代が所有する資本ストックと、若年世代が所有する労働力で行われ、生み出された国民所得は所有する生産要素の貢献に応じそれぞれの世代にちょうど分配しつくされることになる。重ねて言えば、若年世代は勤労所得、老年世代は資本所得をそれぞれ受け取る。この経済の分配と支出をある一時点について示したのが図7-2である。生産によって生み出さ

図7-2　ある一時点の分配と支出

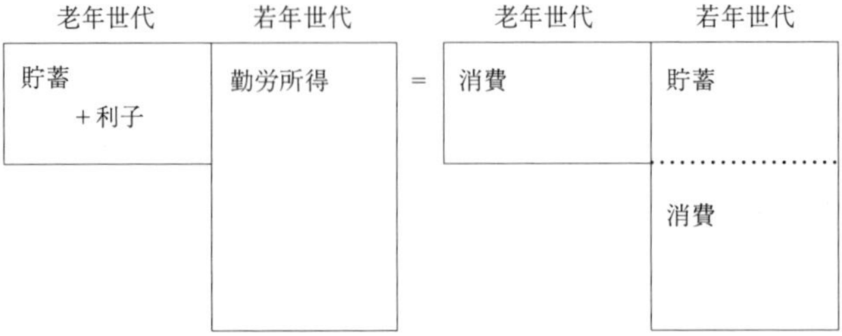

| 老年世代 | 若年世代 | | 老年世代 | 若年世代 |
|---|---|---|---|---|
| 貯蓄<br>＋利子 | 勤労所得 | ＝ | 消費 | 貯蓄 |
| | | | | 消費 |

れた国民所得は両世代にちょうど分配され、消費と貯蓄に支出される。ただし老年世代の支出財源には貯蓄元金が加わる。したがって、老年世代は貯蓄の元利を消費にあて、若年世代は勤労所得を消費と貯蓄に分ける。図の長方形は各世代の分配と支出の大きさを示し、等号の左側の財源と右側の使途は同じ大きさである。図7-3はこれらの経済活動を時間の流れの中で示している。$n$期に若年期にある親世代が勤労所得を消費と貯蓄に分け、その貯蓄が経済全体の国民貯蓄として次期の資本ストックになる。親世代の資本ストックと子世代の労働で$n+1$期の生産が行われる。資本ストックと生み出された資本所得の和を親世代は老年期の$n+1$期に消費する。子世代は、前期の親世代と同様、勤労所得を消費と貯蓄に分け、その貯蓄が次期の資本ストックになる。その資本ストックと孫世代の労働で$n+2$期の生産が行われ、同様の分配と支出が繰り返される。同一世代の貯蓄と資本ストックは等しいのでそれらの長方形は同じ大きさであるが、世代が進むにつれて貯蓄すなわち資本ストックが増大することを長方形が大きくなることで表した。

　生産が資本ストックと労働力で行われるとしたが、一歩進んで、労働者一人当たり生産の大きさが労働者一人当たり資本ストックすなわち資本・労働比率の大きさによって決まるとしよう。ただし、資本・労働比率が大きいほど生産も大きいとする。資本・労働比率は、資本ストック（＝前期の国民貯蓄）と労働力が同一の増加率で増加するとき、一定になる。その時、人口成長で前期よりも増加した労働者も含め、今期のすべての労働者に前期とちょうど同じだけの一人当たり資本ストックを与える水準に国民貯蓄がある。資本・労働比率が

## 図7-3　各世代の生涯・分配・支出

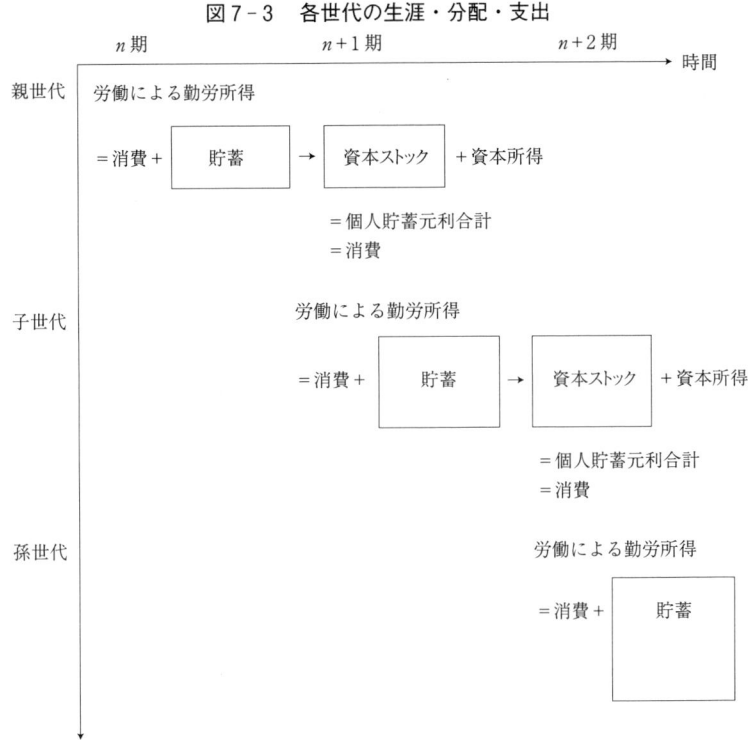

```
            n期           n+1期          n+2期
                                                    → 時間

親世代    労働による勤労所得

         = 消費 + [貯蓄] → [資本ストック] + 資本所得

                          = 個人貯蓄元利合計
                          = 消費


子世代              労働による勤労所得

                  = 消費 + [貯蓄] → [資本ストック] + 資本所得

                                    = 個人貯蓄元利合計
                                    = 消費


孫世代                         労働による勤労所得

                              = 消費 + [貯蓄]
```

一定であれば、上述の仮定から労働者一人当たり生産が一定になるばかりではなく、利子率と賃金率も一定になる。なぜなら、労働者一人当たりの機械設備の量が一定ということだから、各生産要素の生産効率（限界生産力）も一定になるからである。言いかえると、資本・労働比率が一定であれば、一人当たり生産、利子率、賃金率もすべて一定という均衡状態（steady state）に経済はある。では、その一定の（均衡）資本・労働比率の大きさはどのように決定されるか。資本・労働比率は労働者一人当たりの資本ストックであるから、今期の資本ストックが前期の国民貯蓄であることに注意すると、「今期資本・労働比率」は「前期国民貯蓄」を「今期若年人口」で除した商である。さらに、貯蓄率に所得を乗じた積が貯蓄であり、生産の大きさを付加価値で測ると所得の

大きさに等しいから、「今期資本・労働比率」は「国民貯蓄率」、「1＋人口成長率」、および「前期一人当たり生産」の三項目で表される。すなわち、

(1) 　今期資本・労働比率 $= \dfrac{\text{今期資本ストック}}{\text{今期労働力}} = \dfrac{\text{前期国民貯蓄}}{\text{今期若年人口}}$

$= \dfrac{\text{国民貯蓄率} \times \text{前期国民所得}}{(\text{今期若年人口} \div \text{前期若年人口}) \times \text{前期若年人口}}$

$= \dfrac{\text{国民貯蓄率}}{1+\text{人口成長率}} \times \text{前期一人当たり生産}$

と書くことができる。つまり、今期の資本・労働比率の大きさは、前期に生み出された国民貯蓄（＝国民貯蓄率×前期国民所得）を人口成長率の分だけ人数が増えた今期の労働者に分けた大きさであるが、以上のように(1)から、国民貯蓄率、人口成長率及び前期一人当たり生産の大きさによって決まると言い換えることができる。このことを示したのが図7－4である。前期の国民貯蓄がそのまま今期の資本ストックになり、それを今期の若年世代人口に分けると今期の資本・労働比率の大きさが決まる。先に、一人当たり生産の大きさは資本・労働比率の大きさによって決まると述べたが、それは両者が生産関数で関連づけられるからである。したがって、特定の生産関数が与えられると、資本・労働比率のみによって一人当たり生産の大きさが決まる。今期の一人当たり生産すなわち一人当たり国民所得の大きさが決まると、国民貯蓄率の下で、今期の国民貯蓄の大きさが決まり、そのまま来期の資本ストックになる。他方、人口成長率の下で来期の若年世代人口が決まるから、来期の資本・労働比率の大きさが決まる。つまり、特定の生産関数が与えられ、国民貯蓄率と人口成長率の大きさも与えられると、前期の資本・労働比率の大きさのみによって今期の資本・労働比率の大きさが決まることが図7－4のもう一つの読み方である。逆に言うと、前期と今期の資本・労働比率の大きさが等しくなるか否かは、生産関数、および国民貯蓄率と人口成長率の大きさによる。言いかえると、資本・労働比率の均衡水準は、生産関数を別にすれば、国民貯蓄率と人口成長率の大きさによって決まる。(1)を参照すれば明らかに、国民貯蓄率が高いほど、

図7-4　資本・労働比率の決定

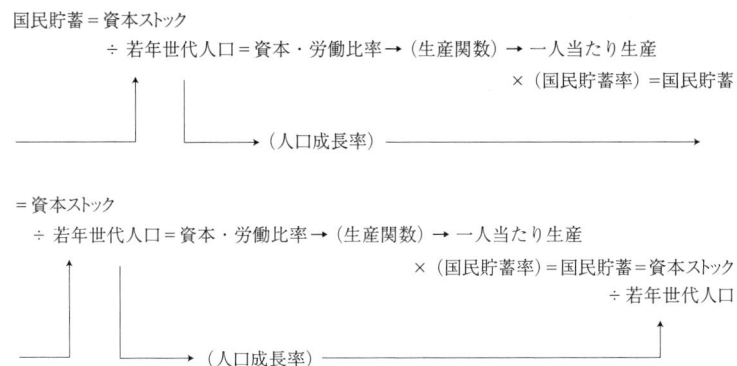

国民貯蓄＝資本ストック
　　÷若年世代人口＝資本・労働比率→（生産関数）→一人当たり生産
　　　　　　　　　　　　　　　　　　　×（国民貯蓄率）＝国民貯蓄
　　　　　　　　　　　（人口成長率）

＝資本ストック
　÷若年世代人口＝資本・労働比率→（生産関数）→一人当たり生産
　　　　　　　　　　　　　　　　　×（国民貯蓄率）＝国民貯蓄＝資本ストック
　　　　　　　　　　　　　　　　　　　　　　　　　　÷若年世代人口
　　　　　　　　　（人口成長率）

また人口成長率が低いほど、均衡資本・労働比率は大きい。さらに、経済が均衡にあると、老年世代が受け取る資本所得と若年世代が受け取る勤労所得の比率が一定になる。これは、資本所得が「利子率」と「資本ストック」の積、勤労所得が「賃金率」と「労働力」の積で、その比率が

(2) $\dfrac{資本所得}{勤労所得}=\dfrac{利子率\times 資本ストック}{賃金率\times 労働力}$

と表され、経済が均衡にあると、資本・労働比率、利子率、賃金率がすべて一定になるからである。以下ではコブ・ダグラス型生産関数を用いるので、均衡にあるか否かを問わず、資本と労働の所得分配率は常に一定である。

　ここで、経済に完全積立方式の年金制度を導入する。この制度の下では若年世代の拠出はすべて積立金として蓄積され、運用利益を加えた元利合計の金額が次期に老年となったその世代に年金として給付される。本章で考える経済では、年金積立金は個人貯蓄と同じく次期の資本ストックの一部として生産に用いられ、その貢献に応じた利子率で決まる資本所得が運用利益である。このことを示すには、図7-2を図7-5のように、また図7-3の一部を図7-6のように修正すればよい。つまり、若年世代の勤労所得は消費、貯蓄に拠出を加えた三つに分けられる。貯蓄と拠出は共に次期の資本ストックとなり、利子率を乗じた資本所得を受け取る。資本ストックと資本所得は個人貯蓄の元利合計お

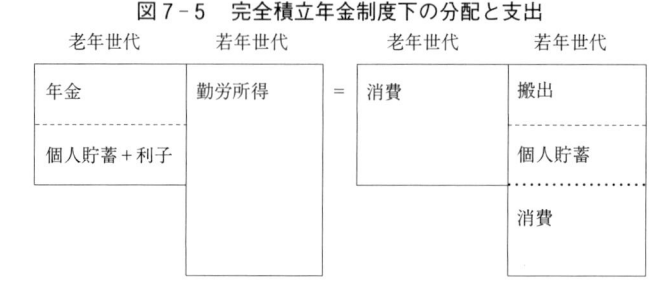

図7-5　完全積立年金制度下の分配と支出

| 老年世代 | 若年世代 |   | 老年世代 | 若年世代 |
|---|---|---|---|---|
| 年金 | 勤労所得 | = | 消費 | 搬出 |
| 個人貯蓄＋利子 |  |  |  | 個人貯蓄 |
|  |  |  |  | 消費 |

図7-6　年金制度導入

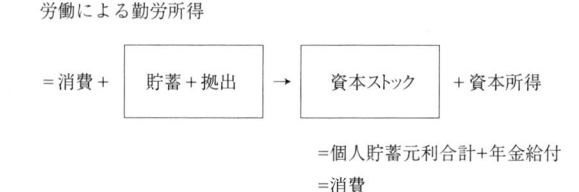

労働による勤労所得
＝消費＋ 貯蓄＋拠出 → 資本ストック ＋資本所得
　　　　　　　　　　＝個人貯蓄元利合計＋年金給付
　　　　　　　　　　＝消費

よび年金給付として老年世代が受け取り、すべて消費され、遺産は残らない。

　年金拠出は、例えば厚生年金保険料のように、若年世代の勤労所得に一定割合 $c$ を乗じたものであるとする。個人の貯蓄は年金拠出を控除した残りの所得の一定割合であるとすれば、控除前の所得に対しても一定割合になる。このとき、若年世代の一個人のみならず若年世代全体についても、年金拠出と個人貯蓄の和は拠出控除前の勤労所得の一定割合になる。ここで上述のように資本と労働の分配率が常に一定であるから、若年世代の拠出と個人貯蓄の和すなわち国民貯蓄は経済の総所得すなわち国民所得に対して常に一定割合になる。言いかえると、完全積立方式の下では、年金拠出と個人貯蓄が若年世代の所得の一定割合であれば、経済全体の貯蓄率すなわち国民貯蓄率も常に一定になる。

　経済が前述の均衡状態にあるとき、引退した世代が受給する一人当たり年金額のその時の若年世代が受け取る賃金率に対する比率は一定になる。なぜなら、一定の賃金率に一定の拠出率を乗じた一定の一人当たり拠出額を一定の利子率で運用するので、一人当たり受給年金額も均衡状態では一定となるからである。「一人当たり年金額」を「当期賃金率」で除した比率を年金給付率と名付け、

均衡で一定のその値を$p$とする。年金給付率の意味については後述する。さらに、経済が均衡状態にあれば、引退世代の「老年期年金給付」を「若年期拠出」で除した比率は一定になる。なぜなら、完全積立方式であるから、その比率は年金積立金の運用利子率（プラス1）に等しく、均衡では一定になるからである。明らかにその比率はいわば利回りであるから、年金制度の収益率と呼ぶことができる。均衡状態で一定になる収益率の値を$R_s$とする。以上のことから、「均衡での年金給付率$p$」は「拠出率$c$」と「均衡での収益率$R_s$」の積に等しいという関係がある。なぜなら、「収益率$R_s$」は「年金額」を「拠出額すなわち賃金率と拠出率$c$の積」で除した商で、そのうち「年金額を賃金率で除した部分」は「給付率$p$」にほかならないから、「収益率$R_s$」は「給付率$p$」を「拠出率$c$」で除した商になるからである。

　上述の年金制度の収益率はある世代の生涯における年金制度に関する負担と受益の関係を示すものである。したがって、各世代の収益率が互いに等しいということは、年金制度が各世代に等しく作用することを意味すると見なすことができる。また、収益率が他の世代よりも高いということは、年金制度が他の世代に比べその世代に有利に作用することである。言い換えれば、収益率は各世代それぞれの生涯で測った年金制度の世代間での公平さを示す指標であると考えることができる。これに対して、同一時点での所得分配の視点から、若年世代の所得と老年世代の年金額との間で公平を考えることができよう。そのような公平の指標が年金給付額の当期賃金率に対する割合、つまり年金給付率である。すなわち、各時点での年金給付率が互いに等しければ年金制度は各世代に対し公平であると言えよう。もちろん、ある世代の給付率が他世代よりも高ければ、それだけその世代にとって有利であり世代間で公平でない。とりわけ財政方式が賦課方式であると、老年世代が受給する年金が若年世代の拠出でまかなわれ世代間に負担と受益の関係が生じるので、このような意味での世代間の公平が重要になる。

　本章の以下の各節では、これら二つの指標で測った世代間の公平を維持することが分析の中心となる。本節で示したように、均衡では、給付率と収益率の

二つの指標はそれぞれ常に一定であるから、世代間の公平は常に維持されることが明らかである。ところがこれら指標について同時には公平を保てないとき、どちらかを優先する選択が要求されることになる。ここで公的年金の本来の役割が個人では困難な老後生活の保障にあり、具体的には老年期に適切な水準の所得を保障することであるとすれば、その保障される所得水準は自分の若年期の拠出に収益率を乗じた絶対水準ではなく、老年期の所得の相対価値、つまり現役世代の賃金率と比べた相対水準であるべきであろう。したがって、収益率よりも給付率を優先すべきだという判断がなされることになろう。他方で、老後生活の準備は本来私的になされるべきであるが、市場の失敗などの理由により温情主義的に公的年金が一部を代替すると考えることもできる。この考え方に立てば、給付の相対価値ではなく拠出に利回りを乗じた絶対的な価値を重視すべきであるから、逆に収益率を優先すべきであるということになる。以上のように、公平の指標として給付率と収益率のどちらかを選択することはきわめて困難である。

## 3 財政方式の維持

　経済が均衡にあるとき、人口成長率が低下したとしよう。ここでは、$n$ 期までの若年世代の増加に比べ、$n+1$ 期の若年世代の増加率が低下しそれが継続すると考える。完全積立方式を維持すると、このインパクトは年金制度にどのような影響を与えるであろうか。本節では完全積立方式の下で、人口成長率の低下によって拠出率、年金給付率、および年金制度の収益率の間の関連がどのように変化するかを通じて、世代間の公平について調べる。

　はじめに拠出率を従来の水準 $c$ に固定しておく場合を検討しよう。本節でも所得分配率が一定だから、人口成長率が低下しても、国民貯蓄率は従来の水準のまま一定で変わらない。したがって前節(1)を参照すれば、新しい均衡資本・労働比率は、人口成長率のみが低下するので、従来の均衡水準よりも大きくなる。ただし、新しい均衡水準にただちに到達するのではない。長い時間をかけ

て調整が行われるのである。

　$n$期の国民貯蓄は、人口成長率が不変であれば$n+1$期の資本・労働比率を従来の均衡水準に維持するだけの大きさである。ところが人口成長率が低下したので、若年世代つまり労働者数は従来ほどには増えないから、$n+1$期の労働者一人当たり資本ストックすなわち資本・労働比率は従来の均衡水準よりも大きくなる。このことは、前節で労働者一人当たり生産の大きさが資本・労働比

図7-7　資本・労働比率の推移（ケース1、積立方式、拠出率固定）

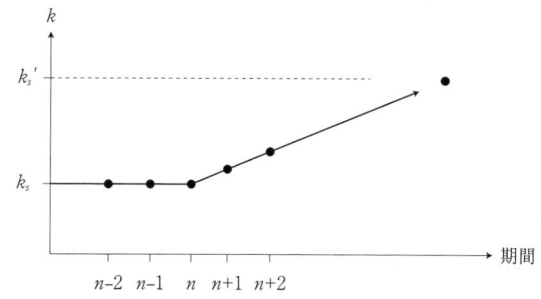

図7-8　収益率の推移（ケース1、積立方式、拠出率固定）

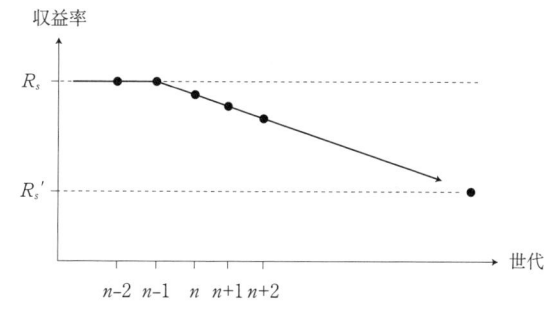

率の大きさによって決まるとしたので、労働者一人当たり生産が増加することを意味する。さらに、資本・労働比率の上昇は労働者一人当たりの機械設備の量が増えることで資本の生産効率の低下と労働の生産効率の上昇を意味するから、利子率の低下と賃金率の上昇をもたらす。以上のような変化が$n+1$期に生じるので、経済は$n$期までの均衡から離れ、従来と同一の国民貯蓄率と低下した人口成長率とで決まる新しい均衡に向かって$n+1$期から移動を開始する。その移動の過程では、図7-7のように、資本・労働比率が旧均衡水準$k_s$からより高い新均衡水準$k_s'$へ毎期増大することが示される。

　この場合、資本・労働比率の増大に対応して利子率は毎期低下するので、利子率に等しい年金制度の収益率も、図7-8に示されるように、後の世代ほど

図7-9　給付率の推移（ケース1、積立方式、拠出率固定）

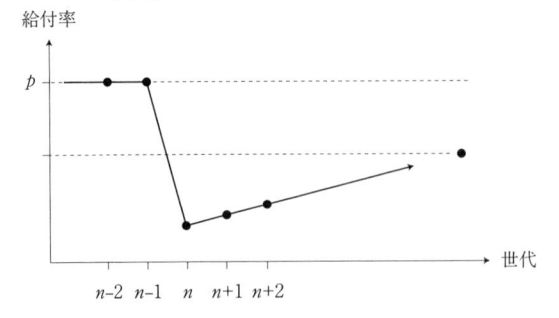

低くなる。図中の $R_s'$ は新しい均衡資本・労働比率 $k_s'$ での収益率である。他方、今期の老年世代の年金給付率は「前期の拠出を今期運用した元利合計」を「今期賃金率」で除した商であるから、「拠出率 $c$」、「前期賃金率の今期賃金率に対する比率」、および「1プラス今期利子率」の三者の積に分解される。すなわち、

(3)　老年世代年金給付率 $= \dfrac{拠出率 c \times 前期賃金率 \times (1 + 今期利子率)}{今期賃金率}$

である。資本・労働比率の上昇は利子率の低下と賃金率の上昇をもたらすので、給付率は単調に低下しそうである。しかし、この場合の年金給付率の変化は単調ではない。すなわち給付率は、人口成長率の低下によっていったん下落するが、その後は上昇する。しかし、新しい均衡では賃金率は一定になるが利子率は旧均衡よりも低くなるので、旧均衡での水準 $p$ を回復することはできない。以上の給付率の推移は図7-9に示される。

以上の第一のケースでは、人口成長率が低下したとき完全積立方式を維持し拠出率を従来の水準 $c$ に固定しておくと、給付率と収益率は共に旧均衡での水準よりも低くなり、かつ新均衡へ到達するまでの値は共に一定でない。つまりこの場合、給付率と収益率の両者について、世代間の公平は破られる。

そこで第二のケースとして、完全積立方式の下で年金給付率を旧均衡での水準 $p$ に維持する方法を考えよう。年金給付率は、(3)に示されるように、拠出率、賃金率の変化、および利子率の三者に依存する。拠出率を $c$ に固定した第一のケースでは、$n+1$ 期の人口成長率の下落が資本・労働比率の上昇を通じて拠出率以外の部分を低下させ、$n$ 世代の給付率の下落をまねいた。したがって、

年金給付率を従来の水準に維持するには、人口成長率の低下にかかわらず資本・労働比率が上昇しなければよいように見える。そのためには、(1)式を参照すれば人口成長率の低下を相殺するだけ国民貯蓄率が低下すればよいので、拠出率を引き下げることになる。しかしその場合、拠出率のみが低下するので、給付率は明らかに従来よりも低くなる。そこで、賃金率の上昇と利子率の低下を相殺するように $n$ 世代の拠出率を引き上げるこ

図 7-10　資本・労働比率の推移（ケース 2、積立方式、拠出率引き上げ）

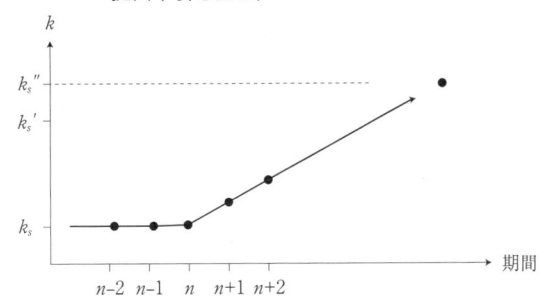

図 7-11　給付率の推移（ケース 2、積立方式、拠出率引き上げ）

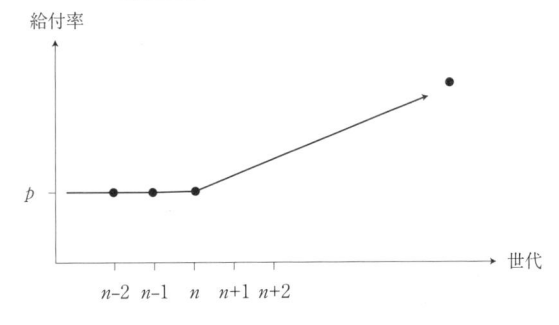

とがこの場合の解決策である。ただし、完全積立方式であるから、国民貯蓄率も上昇する。引き上げた水準に拠出率を固定すれば、それに対応したより高い国民貯蓄率と低下した人口成長率とで規定される新しい均衡に向かって経済は移動する。ここでも資本・労働比率は毎期単調に増大する。ただし、低下後の人口成長率は上の場合と同一であるが国民貯蓄率がより高いので、新しい均衡での資本・労働比率 $k_s''$ は第一のケースより大きい。第二のケースの資本・労働比率の推移は図 7-10 に示される。この場合の給付率は、(3)のように分解されるので、資本・労働比率の増大につれ単調に低下するように見える。ところが実際には、旧水準 $p$ に引き上げられた給付率は、図 7-11 に示されるように、さらに上昇する。したがって、いったん引き上げた拠出率をそのまま固定する

図7-12 収益率の推移（ケース２、積立方式、拠出率引き上げ）

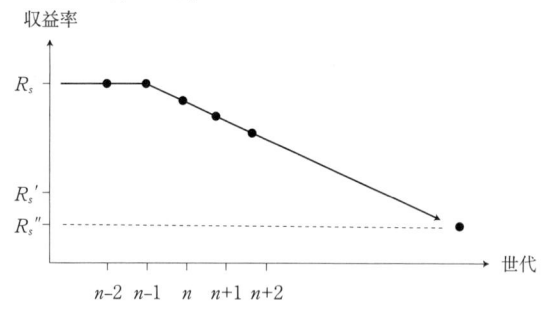

のではなく毎期引き下げるなど調整が必要であるが、各世代の年金給付率を $p$ に維持することはできよう。

この場合、収益率はどうか。上述のように、拠出率の引き上げは資本・労働比率を毎期上昇させる。したがって、拠出率を調整しなければ利子率が毎期低下するので、図7-12に示されるように年金制度の収益率も毎期低下し後の世代ほど低くなる。その推移の状況は図7-8と同様であるが、拠出率したがって国民貯蓄率がより高いので、新しい均衡での収益率 $R_s''$ は第一のケースより低いことが異なる。

以上のように、拠出率を引き上げることによって給付率を $p$ に維持することができる。ただし、引き上げた拠出率を固定しておくと給付率はさらに上昇してしまうので、拠出率を毎期調整しなければならない。他方で、拠出率を引き上げると、収益率は低下してしまう。すなわちこの場合、給付率については公平を維持できようが、収益率について公平は破られる。

さて、完全積立方式の最後の第三のケースとして、年金制度の収益率を人口成長率低下前の水準 $R_s$ に維持する場合を検討する。前述の拠出率を $c$ に固定する第一のケースでは、人口成長率の低下が資本・労働比率を上昇させるので、収益率は後の世代ほど低くなる。したがって、収益率を維持するには、人口成長率の低下にかかわらず資本・労働比率が従来の水準 $k_s$ にとどまるようにすればよい。そのためには、人口成長率の低下をちょうど相殺するように国民貯蓄率が低下すればよいから、拠出率を引き下げることが解決策である。$n+1$ 期の資本・労働比率、したがって利子率を従来の水準に保つように $n$ 期の拠出率を $c'$ に引き下げると、人口成長率低下のインパクトはちょうど吸収され、$n+1$ 期の資本・労働比率は従来の均衡水準 $k_s$ に保たれる。言いかえると、$n$ 期

の拠出率 $c'$ は、これまでよりも増え方が低下した $n+1$ 期の労働力に従来の均衡と同一水準の一人当たり国民貯蓄を与える大きさである。$n+1$ 期も拠出率を $c'$ に保つと、$n+1$ 期の国民貯蓄は同様に成長率が低下した

図7-13 給付率の推移（ケース3、積立方式、拠出率引き下げ）

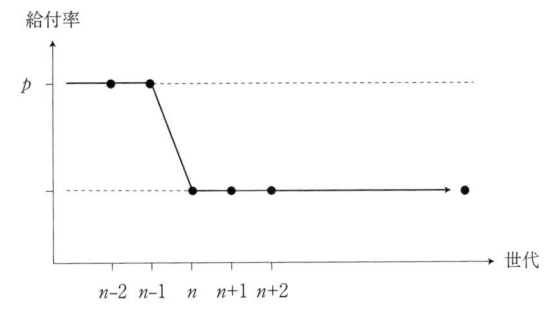

$n+2$ 期の労働力に従来の均衡と同一水準の一人当たり貯蓄を与えるから、$n+2$ 期の資本・労働比率も従来の均衡水準 $k_s$ に保たれる。以下同様にして、$n$ 期から拠出率を $c'$ に引き下げると、経済は $n+1$ 期以降も従来の均衡にとどまるので、年金制度の収益率は $n$ 世代以降も従来の水準 $R_s$ に保たれる。

　この場合、給付率はどうか。(3)で示されるように給付は拠出率、前期賃金率の今期賃金率に対する比率、および（1プラス）利子率の三者の積である。資本・労働比率が同一水準に保たれるので、賃金率と利子率は不変である。しかし、拠出率が $c'$ に引き下げられるから、給付率は低下する。すなわち、図7-13に示されるように、$n$ 世代以降の給付率は $p$ より低い一定水準になる。

　以上のように、拠出率を引き下げることによって、年金制度の収益率を $R_s$ に保つことができる。ところが、拠出率低下は同時に給付率も低下させてしまう。つまり、完全積立方式の下で人口成長率が低下したとき、収益率について公平を保つと、給付率について公平が破られる。

　この節で明らかになったことを要約すると、以下のようになる。年金財政を完全積立方式として、人口成長率が低下したとき、拠出率を $c$ に固定しておく第一のケースでは、年金給付率と収益率は共に当初の均衡での水準よりも低くなる。このうち収益率は後の世代ほど低くなる。それに対し給付率は、人口成長率を低下させた世代で最も低く、その後徐々に上昇するが、当初の水準 $p$ を回復しない。次に、年金給付率を $p$ の水準に保つ第二のケースでは、拠出率を

表7-1 第3節分析結果

| ケース | 拠出率 | 給付率 | 収益率 |
|---|---|---|---|
| 第一 | 固定② | <② | <② |
| 第二 | 上げ① | ≧① | <③ |
| 第三 | 下げ③ | <③ | =① |

引き上げることが必要である。引き上げた拠出率をその後調整しなければ、後の世代ほど給付率は高くなる。それに対して、収益率は後の世代ほど低くなる。年金制度の収益率を当初の水準 $R_s$ に維持する第三のケースでは、拠出率を引き下げればよい。ところがこのとき、給付率は $p$ よりも低い一定の水準になる。これらのケースで拠出率は第二＞第一（＝$c$）＞第三のケースの順に高い。年金給付率について第二のケースで拠出率を引き上げれば $p$（ないしそれ以上）を維持できるが、第一のケースで拠出率が $c$ のままでは $p$ よりも低い。他方で第三のケースでは拠出率を引き下げるから、その給付率は三つのケースのうちで最も低くなる。つまり、年金給付率は第二＞第一＞第三のケースの順に高い。収益率については、貯蓄率が高いほど、すなわち拠出率が高いほど低くなるので、第三（＝$R_s$）＞第一＞第二のケースの順に高い。以上をまとめたのが表7-1である。表中で、例えば不等号＜は旧均衡での値に比べ低下することを意味し、①、②などはケース間での大小の順を表す。

本節の結果からどのようなことが言えるか。まず、拠出率を $c$ に固定する第一のケースは、負担についても受給についても三つのケースのちょうど中間に位置するので、「中負担‐中給付」という組み合わせであると言える。しかしこの第一のケースでは、年金給付率と収益率は共に当初の均衡での水準よりも低くなるので、世代間の公平はどちらを指標としても破られる。年金給付率を $p$ に保つことによって同一時点での老若世代間の分配について年金制度の公平を維持する第二のケースは、拠出率と年金給付率に関して「高負担‐高給付」と言える。しかし、収益率を指標とすれば、世代間の公平は破られる。収益率を $R_s$ に維持することによって生涯で測った世代間での年金制度の公平を保つ第三のケースは、同じく拠出率と年金給付率に関して「低負担‐低給付」という組み合わせとなっている。このケースでは、給付率についても、人口成長率低下後の各世代の間では公平が保たれるが、低下前の世代との間では公平は破られる。かくして、上述の三つのケースのいずれについても、二つの指標につ

いて同時には公平を維持できないことが明らかになる。端的には、完全積立方式の下で人口成長率が低下したとき、給付率を維持しようとすれば収益率が最も低くなり、収益率を維持しようとすれば給付率が最も低くなる。つまり、二つの指標について、同時には公平を維持できないと言うより、むしろトレード・オフ関係にあると言えよう。

## 4　財政方式の転換

前節では、人口成長率が低下したとき、積立方式の下で世代間公平を維持するべく拠出率を調整することを検討した。その結果、二つの公平の指標が両立しないことが判明した。ところで一般に、人々はより低い負担とより高い給付を求めるであろう。例えば、拠出率を従来と同じ $c$ に固定しながら、受給する年金額も従来と同じ水準に保ちたいと考えるであろう。その場合、積立方式ではまかなえない給付不足が生じるので、その分については後続世代の人々が負担せざるを得ない。すなわち、年金財政は完全積立方式から賦課方式を加味したいわゆる修正積立方式へ転換することになる。このとき、年金拠出の一部はその期の老年世代の年金給付にあてられるので、人口成長率とならんで経済全体の貯蓄率も変化することになる。そこで本節では、完全積立方式に固執せずに、置き換え比率もしくは収益率を当初の均衡の水準に維持しようとする場合を扱う。

### (1)　置き換え比率維持、拠出率固定

前節と同じく、拠出率一定の完全積立方式の年金制度を持つ経済が $n$ 期まで均衡にあるとしよう。このとき、$n-1$ 世代までの年金給付率がすべて $p$ に等しいことは本章2節で明らかにした。ところが、$n+1$ 期に人口成長率が低下したとき拠出率と財政方式を変えずに従来通りとすれば、$n+1$ 期の経済はこれまでの均衡にとどまることができず、より大きな資本・労働比率の新しい均衡へ向かう。新均衡への移行過程では、資本・労働比率が上昇するので、利

子率は下降し賃金率は上昇する。そのため $n$ 世代以降の年金給付率が引き下げられることも前節で説明した。そこで例えば $n$ 世代の年金給付率を $p$ に維持しようとすれば、積立金とその運用利子では必要な年金給付に不足する。この不足分は、$n+1$ 期の若年世代が負担する以外に調達できないから、賦課方式でまかなわざるを得ない。この若年世代が負担する給付不足分を賦課負担と名付ける。賦課負担を加えて実現される $n$ 世代の一人当たり年金額の $n+1$ 期賃金率に対する比率は $n$ 世代の置き換え比率（replacement ratio）と呼ばれる。実は完全積立方式の下での年金給付率も置き換え比率であるが、財政方式の違いに留意し、本章では区別する。以下では、一定の拠出率 $c$ の下で、どの世代についても年金制度の置き換え比率を同一水準 $p$ に維持することを検討する。

　$n+1$ 期に発生する給付不足分は、若年の $n+1$ 世代の拠出から支出され、老年の $n$ 世代が受給しすべて消費する。拠出率を変えないので、賦課負担の分だけ $n+1$ 世代の拠出のうち積立金として蓄積される部分が少なくなる。個人貯蓄は変わらないが、賦課負担が生じたことにより、$n+1$ 期の国民貯蓄率は $n$ 期までに比べ低下する。このようにして生じる貯蓄率の低下は、人口成長率の低下とは別個の、経済を均衡から離脱させる新たな要因である。ここで、$n+1$ 期になされる積立金の $n+1$ 世代勤労所得に対する比率を $n+1$ 世代の積立率と名付けると、積立率がどのような値をとるかによって年金の財政方式が示される。賦課負担がゼロであれば、拠出がすべて積立金になるので、積立率は拠出率 $c$ に等しい。このときは完全積立方式で、国民貯蓄率は人口成長率低下前の水準にある。逆に拠出がすべて賦課負担となれば、積立率はゼロで、完全賦課方式である。積立率が低下するにつれ国民貯蓄率も低下し、完全賦課方式のとき最小になる。

　ところで一般に、$t$ 世代の積立金は「$t$ 世代拠出総額」から「$t$ 世代賦課負担」を控除した額である。また「$t$ 世代賦課負担」は「$t-1$ 世代が受給すべき年金総額」から「$t-1$ 世代の積立金でまかない得る年金総額」を控除した額である。そのうち前者の「$t-1$ 世代が受給すべき年金総額」は「$t$ 期賃金率」に維持すべき「置き換え比率 $p$」を乗じた一人当たり年金額にさらに「$t-1$ 世代人口」

を乗じた積である。他方、後者の「$t-1$ 世代の積立金でまかない得る年金総額」は、それから求められる積立方式での一人当たり年金額を $t$ 期賃金率で除せば $t-1$ 世代年金給付率にほかならないから、「$t$ 期賃金率」に「$t-1$ 世代年金給付率」を乗じさらに「$t-1$ 世代人口」を乗じた金額である。そこで一般に「$t$ 世代積立率」は、$t$ 世代の積立金を $t$ 世代勤労所得で除した値であるから「拠出総額」から「賦課負担」を控除した残額の「勤労所得」に対する比率として書くことができ、さらに上述の関係を用いると「拠出率 $c$」と「賦課負担の勤労所得に対する比率」の差を次のように表すことができる。すなわち、

$$(4) \quad t \text{世代積立率} = \frac{t \text{世代拠出総額} - t \text{世代賦課負担}}{t \text{世代勤労所得}}$$

$$= \text{拠出率} \, c - \frac{p - (t-1 \text{世代給付率})}{1 + \text{新人口成長率}}$$

である。(4)は、最右辺の各項で拠出率 $c$、低下後の新人口成長率、および置き換え比率 $p$ が一定だから、$t$ 世代積立率が $t-1$ 世代年金給付率に依存すること、すなわち $t-1$ 世代給付率が大きい（小さい）ほどつまり $t-1$ 世代が自分の積立金で年金給付をまかなう割合が高い（低い）ほど $t$ 世代積立率が大きく（小さく）なることを示している。言いかえれば、前世代給付率が前々世代よりも低下すれば当世代積立率も前世代に比べ低下することを(4)は示している。そのようになるのは、老年世代給付率の低下が若年世代の賦課負担を高め、拠出率一定の下では若年世代積立率を引き下げるからである。以上のように、給付率の動向が積み立て率の推移を決定することが明らかとなった。実は本章で分析する経済では、資本分配率すなわち国民所得に占める資本所得の比率が小さいこと、ないし人口成長率低下の程度が小さいことを仮定すると、年金給付率は毎期低下することが示される。したがって、人口成長率が低下したとき、拠出率を変えずに年金の置き換え比率を当初の水準 $p$ に維持しようとすると、毎期賦課負担が増加し、積立率は毎期下落する。ここでは $n$ 世代までの積立率は $c$ であるが、$n+1$ 世代以降は $c$ よりも小さく、しかも時間とともにより小さくなる。このような積立率の推移は図 7-14 に示される。これらのことは年

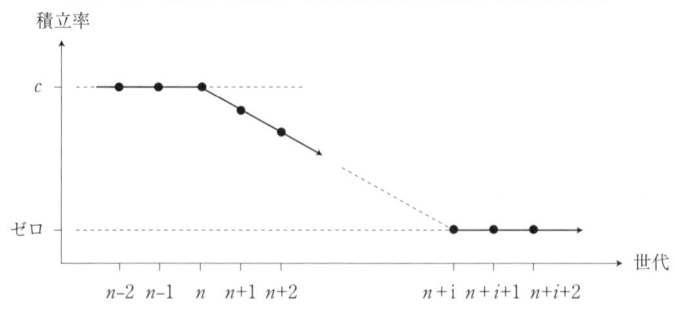

図 7-14 積立率の推移（置き換え比率維持、拠出率固定）

金の財政方式が $n$ 期までは完全積立方式であるが $n+1$ 期から賦課方式を加味した修正積立方式に転じ、時間とともに賦課方式の比重が高くなることを意味する。

さて、積立率が時間の経過とともに低下し続けるが、積立率がプラスである限り、置き換え比率は当初の水準 $p$ に維持される。それは、拠出から給付不足を補った上で、なお積立金を積むことができるからである。ところが、いつの日か、例えば $n+i$ 期に計算上の積立率がゼロあるいはマイナスになる。もちろん現実の積立金はマイナスにはならないので、$n+i$ 期の実現される積立率はゼロであり、$n+i$ 期国民貯蓄率は最小値 $s_m$ である。上述の計算上の積立率がゼロもしくはマイナスということは、$n+i$ 期の拠出をすべて年金給付に充当してもなお給付不足が残るかもしれないということである。もし給付不足が残れば、$n+i-1$ 世代の置き換え比率は $p$ より小さい。

その次の $n+i+1$ 期では、$n+i$ 世代の積立金がゼロだから、年金はすべて賦課方式でまかなわれる。このとき、拠出が年金給付をまかなうのに十分な大きさであれば、$n+i+1$ 世代の積立率はプラスになる。そうでなければ実現される積立率は再びゼロになる。それはどのような場合か。(4)式で $t$ を $n+i+1$ と置くと、(4)式最右辺の $t-1$ 世代給付率は $n+i$ 世代給付率となりゼロであるから、第2節で明らかにしたように「置き換え比率 $p$」は「拠出率 $c$」と「旧均衡での収益率 $R_s$」の積であることを利用すると、計算上の「$n+i+1$ 世代積立

率」は

(5) $\quad n+i+1$世代積立率 $= \dfrac{拠出率\, c}{1+新人口成長率} \times (新人口成長率 - 旧均衡利子率)$

と書くことができる。つまり、旧均衡での利子率が低下後の新人口成長率よりも大きい、あるいは等しければ、計算上の積立率がマイナスあるいはゼロになるので、$n+i+1$世代の実現される積立率もゼロになる。以下同様にして、旧均衡での利子率が低下後の新人口成長率よりも大きいかあるいは等しければ、次の$n+i+2$世代以降も実現される積立率はゼロである。このことも図7-14に示される。かくしてこの場合、計算上の積立率がはじめてゼロあるいは負になる$n+i$期はなお修正積立方式であるが、次の$n+i+1$期から年金財政は完全賦課方式になり、それが永久に続く。

さて、このように積立率が低下しやがてゼロになる場合の置き換え比率はどうか。積立率がプラスであれば、拠出が賦課負担を上回るから、$n+i-2$世代までの置き換え比率は$p$に維持できる。計算上の積立率がはじめてゼロあるいはマイナスになる$n+i$期には、もし拠出が年金をまかなうには不足すれば、$n+i-1$世代の置き換え比率は$p$より小さくなる。$n+i+1$期以降は、上述のように旧均衡利子率が新人口成長率よりも大きいかあるいは等しければ、完全賦課方式である。完全賦課方式では若年世代の拠出総額（すなわち拠出率$c$、当期賃金率、若年世代人口の積）を老年世代人口で除せば当期の一人当たり年金額が求められる。さらにそれを当期賃金率で除せば「老年世代の置き換え比率」が得られ、それは「拠出率$c$」と「1＋新人口成長率」の積である。それらがともに一定であるから、完全賦課方式の下にある$n+i$世代以降の置き換え比率は一定である。では、$n+i$世代の拠出をすべて年金として受給する$n+i-1$世代の置き換え比率とどちらが大きいか。$n+i-1$世代の一人当たり年金は積立方式による分と賦課方式による分との和である。賦課方式による分は$n+i$世代（若年世代）の拠出全額を$n+i-1$世代（老年世代）人口で除した額であるから、この部分の置き換え比率は上述の完全賦課方式下の$n+i$世代以降の置き換え比率にほかならない。ほかに積立方式による分があるから、$n+i-1$

図7-15 置き換え比率の推移（拠出率固定）

置き換え比率

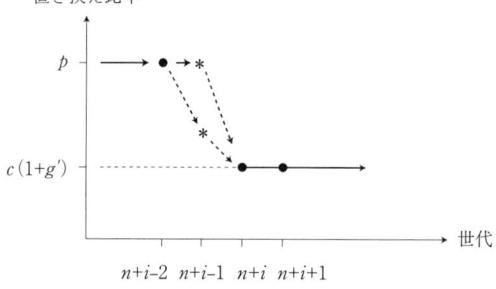

$p$

$c(1+g')$

世代

$n+i-2$ $n+i-1$ $n+i$ $n+i+1$

注：図中では新人口成長率を $g'$ と表した。また、その値が確定しない置き換え比率は＊印で表した。

世代置き換え比率の方が $n+i$ 世代以降よりも大きいことは明らかである。以上の置き換え比率の推移は図7-15に示した。

ここで、これまで取り扱ってきた拠出率固定の下で置き換え比率を $p$ に維持しようとする場合について、年金制度の収益率がどのようであるか明らかにしておこう。はじめに、人口成長率低下前の $n$ 期までは経済が均衡にあり完全積立方式であるから、$n-1$ 世代までの収益率は $R_s$ である。なお、重ねて言えば、当初の均衡での一人当たり年金額は「給付率 $p$」と「均衡賃金率」との積であり、収益率 $R_s$ は「均衡での一人当たり年金額」を「均衡での一人当たり拠出額」で除した商であるから、結局、$R_s$ は $\frac{p}{c}$ である。次に、$n+1$ 期に人口成長率が低下するので、均衡から離脱する。このとき、前述のように、$n$ 世代が受給する年金には $n+1$ 世代の賦課負担による分も含まれる。そこで以下では、完全積立方式の下での収益率とは区別し、賦課方式が含まれる場合には粗収益率とする。さて、$n+1$ 世代から $n+i-1$ 世代までは積立率が正である。このことは $n$ 世代から $n+i-2$ 世代までの置き換え比率が $p$ であることを意味するから、例えば $n$ 世代の一人当たり年金額は「置き換え比率 $p$」と「$n+1$ 期賃金率」の積である。$n$ 世代粗収益率は $n$ 世代の拠出に対する年金額の比率であるから、上述の $n$ 世代一人当たり年金額を「拠出率 $c$」と「$n$ 期賃金率」の積で除せば、

(6) $\quad n$ 世代粗収益率 $= \dfrac{n \text{世代年金}}{n \text{世代拠出}} = \dfrac{p \times (n+1 \text{期賃金率})}{\text{拠出率} c \times n \text{期賃金率}}$

と表すことができる。当初の均衡での収益率 $R_s$ は上述のように $\frac{p}{c}$ に等しいので、(6)最右辺の賃金率の比率によって、すなわち賃金率が時間とともにどの

第7章　人口構造と年金　165

ように変化するかによって、$n$世代粗収益率が$R_s$より大きいか否かが明らかになる。ここで賃金率の大きさは資本・労働比率によって決まることを思い出そう。3節の初めに述べたように、$n+1$期の資本・労働比率は$n$期資本・労働比率$k_s$より大きい。これは$n+1$期賃金率が$n$期賃金率より大きいことを意味するので、$n$世代粗収益率は$R_s$より大きい。

　$n+1$世代の粗収益率は(6)式と同様に書くことができる。ただし$n$期賃金率は$n+1$期賃金率、$n+1$期賃金率は$n+2$期賃金率に代わる。これら賃金率の変化はどのようであるか。ここで取り扱っている拠出率固定の下で置き換え比率を$p$に維持する場合では、図7-14に示されるように、積立率は$n+1$世代から時間とともに低下する。他方で個人貯蓄の勤労所得に対する比率は一定であるから、積立率の低下によって、$n+1$期の国民貯蓄率は$n$期よりも小さくなる。それに対し、$n+2$期の労働者の増え方は$n+1$期と同じである。したがって、$n+2$期の資本ストックは当期の労働者に前期と同じだけの一人当たり資本ストックを与えるには不足してしまうので、$n+2$期の資本・労働比率は$n+1$期よりも小さくなる。すなわち、$n+2$期賃金率も$n+1$期よりも小さくなるので、$n+1$世代粗収益率は$R_s$よりも小さい。以下、積立率が低下し続けるので、同様にして$n+2$世代から$n+i-2$世代までの粗収益率は$R_s$より小さいことがわかる。

　実現される積立率は、やがて、$n+i$世代でゼロになる。$n+i-1$世代までの積立率はプラスであるが低下し続けるので、上述と同様に、$n+i-1$世代の粗収益率も$R_s$より小さい。もし$n+i$世代の計算上の積立率がマイナスであれば給付不足で、$n+i-1$世代の置き換え比率は$p$よりも小さくなるから、$n+i-1$世代の粗収益率は$R_s$よりさらに小さくなる。

　以上、完全賦課方式に移行する以前の各世代についてまとめると、$n-1$世代までは完全積立方式で収益率は$R_s$に等しく、はじめて賦課方式を加味する$n$世代の粗収益率は$R_s$より大きく、$n+1$世代から$n+i-1$世代までの粗収益率は$R_s$より小さいことが明らかになる。ただし、$n+1$世代以降の各世代粗収益率間の大小関係は不明である。これら（粗）収益率の推移は、図7-16に示した。

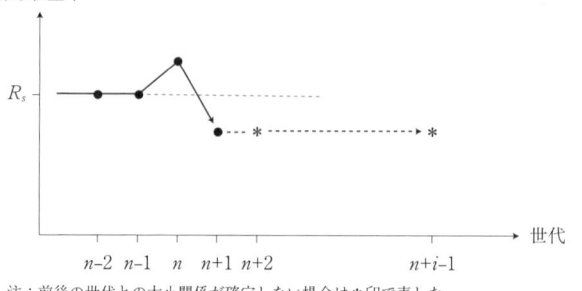

図7-16 収益率の推移（置き換え比率維持、拠出率固定）

(粗)収益率 縦軸、横軸は世代。$R_s$ の水平な破線を基準に、$n-2$、$n-1$ の点は $R_s$ 上、$n$ で上昇、$n+1$ で低下して $n+2$ から $n+i-1$ までは*印（前後の世代との大小関係が確定しない）で示される。

注：前後の世代との大小関係が確定しない場合は*印で表した。

$n+i$ 世代以降の粗収益率はどうか。上述のように積立金が $n+i$ 世代ではじめてゼロになるので同世代が受給する $n+i+1$ 期以降は完全賦課方式である。$n+i$ 世代について、若年期の拠出総額は「拠出率 $c$」に「$n+i$ 期賃金率」を乗じた一人当たり拠出にさらに「同世代人口」を乗じた積である。他方で同世代の受給総額は $n+i+1$ 世代の拠出総額である。したがって、老年期の受給総額を若年期の拠出総額で除して得られる $n+i$ 世代の粗収益率は「賃金率の比率」と「1+新人口成長率」の積であるから、

(7) 　$n+i$ 世代粗収益率 $= \dfrac{n+i+1 \text{期賃金率}}{n+i \text{期賃金率}} \times (1 + \text{新人口成長率})$

となる。次世代以降も、積立率がゼロであるから、各世代の粗収益率を全く同様に書くことができる。ここで、$n+i$ 世代以降の積立率がゼロであることが $n+i$ 期以降の国民貯蓄率を最小の $s_m$ に固定することを思いだそう。他方の人口成長率は変わらないので、経済は最小の国民貯蓄率と低下後の新人口成長率とで規定される均衡へ向かう。このとき資本・労働比率は毎期低下するが、低下する大きさは次第に小さくなる。すなわち、世代が進むにつれ賃金率が低下するので「賃金率の比率」は1より小さいが、同時に賃金率の低下分も次第に小さくなるので「賃金率の比率」は1に向かって増加する。したがって $n+i$ 世代以降の粗収益率は時間とともに上昇し、「1+新人口成長率」に接近する。ただし、新人口成長率は旧均衡利子率以下であるから、完全賦課方式に移行後の各世代の粗収益率は上昇するものの当初の水準 $R_s$ よりも低いと言ってよい。なぜなら、粗収益率が $R_s$ にもどるには、新人口成長率が旧均衡利子率に等しく、

第7章 人口構造と年金　167

かつ長期間にわたる調整の後に経済が新しい均衡に到達せねばならないからである。以上の完全賦課方式移行後の粗収益率の推移は図7-17に示される。

図7-17　完全賦課方式移行後の（粗）収益率の推移（置き換え比率維持、拠出率固定）

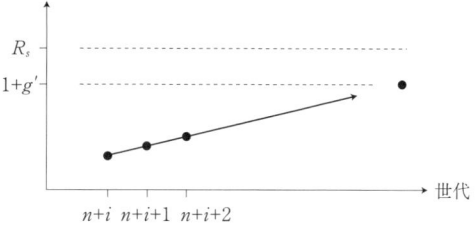

注：図では新人口成長率を$g'$と表記した。

(2)　置き換え比率維持、拠出率変化

前項に引き続き、置き換え比率を$p$に維持する場合を考える。前項で明らかになったように、拠出率を$c$に固定したまま置き換え比率を$p$に維持すると財政方式は完全賦課方式に移行する。完全賦課方式の下では、新人口成長率は旧均衡利子率以下であるから、置き換え比率は$p$よりも低い。

さて、完全賦課方式移行後の置き換え比率は「拠出率」と「1＋新人口成長率」の積であるから、これを$p$に上昇させるには拠出率を引き上げる以外に手段はない。どれだけ引き上げるかといえば、引き上げた「新拠出率」と「1＋新人口成長率」の積が「$p$」になればよい。逆に言えば、「新拠出率」は「$p$」を「1＋新人口成長率」で除した商である。すなわち、

(8)　$\displaystyle 新拠出率 = \frac{p}{1+新人口成長率}$

と示される。改めて言えば、(8)式で示される大きさまで拠出率を引き上げれば、その期に受給する世代から完全賦課方式移行後も置き換え比率を$p$に維持することができる。

ところで、完全賦課方式の下で拠出率を引き上げることは、可処分所得とともに個人貯蓄も減るので、国民貯蓄率を引き下げることにほかならない。前項では積立率がはじめてゼロになるのは$n+i$世代であると仮定した。ここでは同世代が年金を受給する$n+i+1$期に拠出率を引き上げると仮定する。そのと

図7-18 $n+i$世代以降粗収益率推移(置き換え比率維持、拠出率引き上げ)

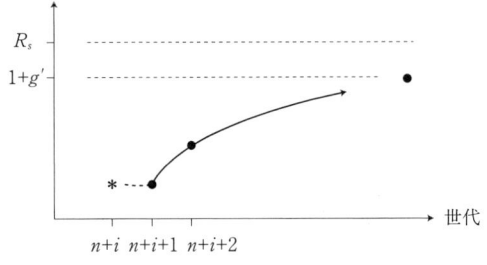

注:図では新人口成長率を$g'$と表記した。また後続世代との大小関係が確定しない$n+i$世代については＊印で示した。

き同期の国民貯蓄率は、新拠出率の下で積み立て率がゼロであるから、旧拠出率の下で積み立て率ゼロのこれまでの最小値よりも低い新最小値に低下する。同期以降の国民貯蓄率は、完全賦課方式の下で同一の新拠出率であるから、同じ新最小値で一定である。したがって、完全賦課方式に移行した$n+i+1$期以降、経済は国民貯蓄率の新最小値と新人口成長率で規定される新しい均衡へ向かう。このとき資本・労働比率は、その新しい均衡での新最小値へ向け、単調に減少し、かつ減少する大きさが次第に小さくなる。言うまでもなく一人当たり産出も同様に、対応した新最小値へ向け、単調に減少する。

以上から、完全賦課方式移行後にも置き換え比率を$p$に維持することは可能であることがわかる。しかし、そのために拠出率を引き上げるので、一人当たり産出の減少という犠牲を払わねばならない。

さて、この場合の粗収益率はどのようであろうか。拠出率を引き上げる$n+i+1$期に置き換え比率$p$の年金を受給するのは$n+i$世代である。$n+i$世代の粗収益率は「$n+i$世代受給総額」を「同世代拠出総額」で除した商である。そのうち「$n+i$世代受給総額」は次世代の拠出総額に等しいから、「新拠出率」、「$n+i+1$期賃金率」、および「$n+i+1$世代人口」の三者の積である。ここで「新拠出率」と「1+新人口成長率」の積が「置き換え比率$p$」であり、「$p$」を「拠出率$c$」で除せば「旧均衡での収益率$R_s$」であることに注意すると、$n+i$世代粗収益率が$R_s$より小さいことが求められる。すなわち、

(9) $\quad n+i$ 世代粗収益率 $= \dfrac{\text{新拠出率} \times (n+i+1\text{期賃金率}) \times (n+i+1\text{世代人口})}{\text{拠出率}\, c \times (n+i\text{期賃金率}) \times (n+i\text{世代人口})}$

$\qquad\qquad\qquad\qquad = \dfrac{p \times (n+i+1\text{期賃金率})}{\text{拠出率}\, c \times (n+i\text{期賃金率})} = R_s \times \dfrac{n+i+1\text{期賃金率}}{n+i\text{期賃金率}} < R_s$

である。ただし最後の不等号は、前項末で述べたように $n+i$ 期から $n+i+1$ 期へかけて資本・労働比率が低下するので、賃金率も時間とともに低下するからである。

　老年世代も若年世代も共に新拠出率の下にある $n+i+2$ 期以降はどのようであろうか。$n+i+1$ 世代の粗収益率は $n+i$ 世代と同様に算出するが、$n+i+1$ 期から新拠出率に引き上げられるので、「賃金率の比率」と「1＋新人口成長率」との積になる。すなわち、

(10) $\quad n+i+1$ 世代粗収益率 $= \dfrac{n+i+2\text{期賃金率}}{n+i+1\text{期賃金率}} \times (1+\text{新人口成長率})$

である。また、$n+i+2$ 世代以降の粗収益率も(10)式と同様に書くことができる。ただし、例えば $n+i+2$ 世代粗収益率であれば「$n+i+1$ 期賃金率」は「$n+i+2$ 期賃金率」へ、「$n+i+2$ 期賃金率」は「$n+i+3$ 期賃金率」へそれぞれ代わる。ここで前述のように、$n+i+1$ 期以降、資本・労働比率は単調に減少し、しかも減少分が次第に低下することに注意する。この場合、(10)式右辺の「賃金率の比率」部分は時間とともに増加して1に接近するから、各世代の粗収益率も時間とともに増加し、「1＋新人口成長率」に接近する。しかし、新人口成長率は旧均衡利子率以下であるから、粗収益率が $R_s$ の水準を回復することはないと言ってよい。なぜなら前項末尾で述べたように粗収益率が $R_s$ にもどるには、新人口成長率が旧均衡利子率に等しく、かつ長期間にわたる調整の後に経済が新しい均衡に到達せねばならないからである。図7-18は $n+i$ 世代以降についてこの場合の粗収益率の推移を示す。なお、$n+i$ 世代粗収益率と $n+i+1$ 世代以降の粗収益率との大小関係は明らかでない。

### (3) 収益率維持

前項まで置き換え比率を$p$に維持することを検討してきた。以下では各世代の（粗）収益率を当初の水準$R_s$に維持する場合を考える。はじめに拠出率を$c$に固定する場合を扱い、次いで拠出率を変更する場合を検討する。

当初の完全積立方式では、経済が$n$期まで均衡にあるので、$n-1$世代までの収益率は$R_s$である。人口成長率が$n+1$期に低下すると、完全積立方式の下では$n$世代収益率が$R_s$より低くなることが第3節で示された。したがって、$n$世代収益率を$R_s$に保つときに$n$世代が受け取るべき年金と$n$世代の積立金でまかなえる（完全積立部分の）年金との差額は、財源を現役世代が負担せざるを得ないので、$n+1$世代の賦課負担となる。拠出率を固定しているので、$n+1$世代積立金は賦課負担分だけ減少し、$n+1$期国民貯蓄率も低下する。以上のように、人口成長率低下に加え、貯蓄率低下という経済を均衡から離脱させる二つの要因が同時に作用する。これは置き換え比率を$p$に維持しようとする前項および前々項と同様である。

ところが拠出率を固定し粗収益率を維持する本項の場合には、積立率と粗収益率の推移について直接の明確な結論を得ることができない。ただし、これまでの分析から、賦課負担については次のように言える。まず、拠出率固定の下で置き換え比率を$p$に維持する場合（第4節(1)項）では、$n$世代粗収益率は$R_s$より高い。これに対し、ここでは粗収益率を$R_s$に保つことが目標であるから、$n$世代年金額はより少なくてよいので$n+1$世代賦課負担もより少なくてよい。しかし、同じく拠出率を固定した(1)項で、$n+1$世代以降の粗収益率は$R_s$より低い。したがって粗収益率を維持する本項の場合は$n+2$世代以降の賦課負担はより大きくなる。これは、$n+2$世代以降の積立率が(1)項の場合よりも低いことを意味する。すなわち本項の場合も、(1)項と同じく、積立率が時間とともに低下し完全賦課方式へ移行するが、本項の場合は積立率の水準が低いのでそれだけ早く完全賦課方式へ移行すると考えられる。

以上から、拠出率を$c$に固定したままで粗収益率を当初の水準$R_s$に維持す

図7-19 （粗）収益率の推移（粗収益率維持、拠出率固定）

(粗)収益率

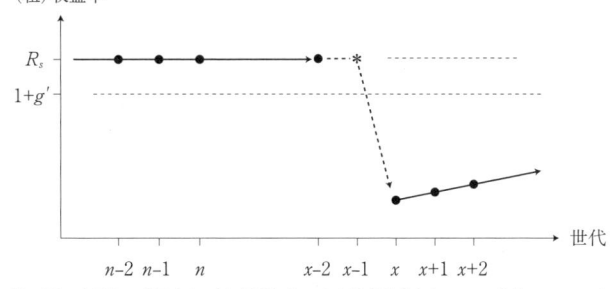

$R_s$
$1+g'$

　　　　　n-2　n-1　n　　　　x-2　x-1　x　x+1　x+2　世代

注：図では新人口成長率を$g'$と表記した。また値が確定しない$x-1$世代については＊印で表した。

ることは当面は可能であるが、いずれ完全賦課方式に移行すると推察される。移行後については、同じく拠出率を$c$に固定する(1)項で述べたのと同じ推移をたどる。すなわち、各世代の粗収益率は(7)式で示され、時間とともに上昇するが当初の水準$R_s$を回復することはないと言ってよい。以上の粗収益率の推移は図7-19に示される。ただし図では$x$世代の積立率がはじめてゼロになり、$x+1$期から完全賦課方式として示している。したがって、$x-2$世代までの粗収益率は$R_s$であるが、$x-1$世代は給付不足が生じれば$R_s$より低く、$x$世代以降は図7-17と同じ推移になる。なお本項の場合$n+1$世代賦課負担が(1)項よりも減少するが、これは$n$世代受給年金を減少させるので、$n$世代置き換え比率は$p$よりも低くなり、逆に$n+1$世代以降の置き換え比率は$p$よりも高くなるであろう。

　さて、$n+i+1$期に完全賦課方式へ移行するが、その後も粗収益率を$R_s$に維持するにはどうすればよいか。$n+i$世代粗収益率は、言うまでもなく、(9)式のように同世代の受給総額を同じく拠出総額で除せば求められる。$n+i+1$期の期首時点では、$n+i$世代の拠出はすでになされた過去の事実である。それに対し$n+i$世代受給すなわち$n+i+1$世代拠出は未だなされておらず、将来の予定である。ただし、$n+i+1$世代拠出総額を決める三項目のうち、同世代人口は所与であり、賃金率も、今期資本・労働比率したがって前期貯蓄率に依存

するので所与である。つまり、変更し得るのは$n+i+1$世代拠出率のみであるから、それを引き上げれば、$n+i$世代粗収益率を引き上げることができる。ところがこのとき、$n+i+1$期国民貯蓄率は拠出率$c$積立率ゼロの下での最小貯蓄率$s_m$よりも低くなる。貯蓄率低下は$n+i+2$期資本・労働比率を低下させるから、同期賃金率も低下する。これは$n+i+2$世代拠出総額を減少させるので$n+i+1$世代粗収益率も低下してしまう。そこで$n+i+2$世代拠出率をさらに引き上げることが必要になる。したがって、完全賦課方式移行後も粗収益率を$R_s$に維持しようとすると、拠出率を逐次引き上げることが必要になる。言いかえると、「拠出率の引き上げが貯蓄率を低下させ、資本・労働比率を低下させる」という過程が繰り返し進行するので、対応して一人当たり産出も低下し続ける。これは、年金制度を維持するために現役世代に過重な負担を課し、経済が縮小する状態にほかならない。したがって、完全賦課方式移行後も粗収益率を当初の水準$R_s$に維持することは不可能であると言ってよいであろう。

### (4) 本節のまとめ

ここで本節の議論を要約しておこう。はじめに、人口成長率が低下したとき、拠出率を当初の水準$c$に固定したままで置き換え比率（一人当たり年金額の当期賃金率に対する比率）を当初の水準$p$に維持する。このとき、給付財源の不足分を現役世代が負担せざるを得ないので、財政方式は修正積立方式になる。さらに、一定の条件の下では、賦課方式の比重が徐々に高まりやがて完全賦課方式に移行する。修正積立方式である間は置き換え比率を当初の水準に維持しうる。しかし、完全賦課方式に移行してしまうと、置き換え比率は当初の$p$より低い一定の水準となる。移行前の賦課方式部分を含む粗収益率については、人口成長率を低下させた世代のみが当初の水準$R_s$より高く、その後の世代はすべて$R_s$より低い。完全賦課方式移行後の粗収益率は、徐々に上昇するが$R_s$よりも低い。これに対し、拠出率を引き上げれば、完全賦課方式移行後もすべての世代の置き換え比率を当初の水準$p$に維持することができる。ただし、貯蓄率がさらに低下するので、一人当たり生産の一層の低下という犠牲を払わね

表7-2 第4節分析結果

| ケース | 財政方式 | 拠出率 | 置き換え比率 | 粗収益率 | 問題点 |
|---|---|---|---|---|---|
| (1)項 置き換え比率維持 拠出率固定 | 移行前 | $c$ | $p$ | $>$、$<$ | |
| | 移行後 | $c$ | $<\to$ | $<$ | |
| (2)項 置き換え比率維持 拠出率変化 | 移行後 | $>\to$ | $p$ | $<$ | 一人当たり産出 さらに低下 |
| (3)項 粗収益率維持 | 移行前 | $c$ | $<$、$>$ | $R_s$ | |
| | 移行後 | $>\uparrow$ | — | — | 不可能 |

注：表中、例えば不等号$>$、$<$はそれぞれ所定の値より大、より小を意味し、矢印$\to$、$\uparrow$はそれぞれ一定、上昇を示す。また、移行前、移行後はそれぞれ完全賦課方式移行前後である。

ばならない。またこの場合の粗収益率は、拠出率を固定した場合と同様で、徐々に上昇するが当初の水準 $R_s$ よりも低い。すなわち、拠出率を引き上げたからといって粗収益率が対応して上昇することにはならない。

次に、人口成長率が低下したとき、はじめの場合と同じく拠出率を当初の水準 $c$ に固定したままで、粗収益率を当初の水準 $R_s$ に維持する。この場合も現役世代に賦課負担が発生し、完全賦課方式に移行すると考えられる。ただし、置き換え比率を当初の水準 $p$ に維持する場合よりも早期に移行するであろう。移行までは粗収益率を $R_s$ に維持しうる。しかし、移行後にも粗収益率を $R_s$ に維持するためには、拠出率を逐次引き上げねばならない。このとき、貯蓄率の下落、一人当たり産出の低下が進行するので、完全賦課方式移行後にも粗収益率を $R_s$ に維持することは不可能である。なお、粗収益率を $R_s$ に維持しうる完全賦課方式移行前について、置き換え比率は $n$ 世代についてのみ $p$ より低く、$n+1$ 世代以降は $p$ より高いであろう。以上の本節の分析結果をまとめたのが表7-2である。

かくして、完全積立方式に固執しない本節の場合、人口成長率低下以降、常に当初の水準を維持し得るのは二つの公平の指標のうち置き換え比率のみである。ただしその場合、完全賦課方式移行後の一人当たり産出は一層低下してしまう。またその場合、人口成長率低下以降の粗収益率は当初の水準に等しくな

い。すなわち、前節と同様に、二つの指標について同時には公平を維持できないと言える。

## 5　政策上の含意

　本章の分析がどのような政策上の含意を持つかを検討する。本章の分析は、おおよそ以下のように言えよう。いま、成熟した完全積立方式の年金制度を持つ経済が均衡にある。その年金制度について、経済が均衡にあるときは、ある時点の年金額のその時点の賃金率に対する比率（年金給付率、または置き換え比率）はいつも等しい。この比率は年金制度によって保障される生活の程度を示すとも言える。また、経済が均衡にあるかぎり、年金制度への現役時の拠出額に対する引退後の年金額の比率（年金制度の（粗）収益率）もすべての世代について等しい。そこで、これら給付率または置き換え比率と（粗）収益率を年金制度が各世代に対し公平であるか否かを示す指標と考えることができる。人口成長率が低下すると、この経済はこれまでの均衡にとどまることができない。均衡からの離脱は、経済の諸変数を変化させることを通じて、年金制度に影響を与える。同時に財政方式、給付率または置き換え比率、（粗）収益率など年金制度のさまざまな変化は、貯蓄率の変化を通じて、経済に影響を与える。このような一般均衡の枠組みの中で、人口成長率の低下が年金制度に与える影響を給付率または置き換え比率と（粗）収益率に注目して検討したのが本章の分析である。

　第4節では、人口成長率が低下したとき、拠出率を変えずに固定したままで置き換え比率あるいは（粗）収益率を当初の水準に維持しようとすると、現役世代が給付財源の不足分を負担せざるを得ないことが示された。この場合、どちらの指標を維持するのであれ、共に完全賦課方式へ移行する。拠出率固定のままでは移行後のそれら指標の数値は当初水準よりも低くなる。また、貯蓄率が最小値 $s_m$ に低下するため、一人当たり産出も低下する。次に、完全賦課方式へ移行した後もそれら指標を当初水準に維持するとしよう。それらのうち置

き換え比率を維持するには、拠出率を $c$ から一回だけ引き上げればよい。この場合の粗収益率は、拠出率を引き上げたにもかかわらず、当初水準より低い。また、完全賦課方式の下での拠出率引き上げは貯蓄率引き下げにほかならないので、一人当たり産出はそれだけさらに低下する。他方、完全賦課方式移行後に粗収益率を当初水準に維持するには、拠出率を逐次引き上げることが必要である。これは一人当たり産出を逐次低下させるので、移行後も粗収益率を当初の水準に維持することは不可能と言えよう。以上のように、人口成長率が低下したとき、賦課負担を容認すれば、二つの指標のうち一方の置き換え比率のみを当初水準に維持することは可能である。しかし、粗収益率を当初水準に保つことはできない。このような状況では、置き換え比率を当初水準に維持することが世代間公平を守ることであるように見える。しかし、二つの指標のうちどちらを優先すべきかについては、第2節で述べたように、価値判断が必要で客観的には決められない。したがって、粗収益率の低下を無視して置き換え比率を当初水準に保つことが世代間公平を守ることにはならないかもしれない。このような判断からすれば、人口成長率の低下に直面したとき、第4節のように賦課負担を容認することは必ずしも年金制度の世代間の公平を守ることにならない。

　賦課負担を拒否し、完全積立方式にとどまる場合はどうか。第3節では、完全積立方式の下で、人口成長率の低下時に拠出率を変えずに固定しておくと、給付率と収益率は共に当初水準よりも低下してしまうことが明らかになった。そこで、例えば給付率を維持するには拠出率を引き上げればよい。ただし、この場合収益率は低下してしまう。他方で収益率を維持するには拠出率を引き下げればよいが、この場合は給付率が低下してしまう。以上のように、人口成長率の低下に際し完全積立方式にとどまったとしても、二つの指標を同時には当初水準に維持できない。つまり、人口成長率が低下したとき、完全積立方式にとどまることは年金制度の世代間公平を守ることにはならない。

　かくして、本章のこれまでの分析から明らかになったことは、賦課負担を容認した場合には置き換え比率を維持しうること、および賦課負担を拒否した場

合には給付率もしくは収益率のどちらか一方は維持しうることである。すなわち、賦課負担を容認するか否かにかかわらず、二つの指標を同時には当初水準に維持できないことが明らかである。ここで、二つの指標のうちどちらを優先すべきか決まっていれば、とるべき方策が絞られる。しかし、前述のように、それらの優先順位を客観的に決めることは困難である。したがって、人口成長率低下時に世代間の公平を保つために年金制度をどのように運営したらよいか、一義的には決まらない。ところで、政策の適否を判断する規準は公平のほかにも例えば効率性がある。そこでそのような他の規準を、公平の規準を補うために、考慮することが考えられる。効率性については、本来、与えられた制約の下で最大の成果を得ることを意味するから、ここでは生活水準がより高いことと解してよいであろう。具体的には、一人当たり産出が高いほど効率的と言えよう。いま、公平の視点からは優劣を判断できない上述の三つの場合に、そのように解釈した効率性の規準をあてはめる。すなわち、賦課負担を容認し置き換え比率を維持する場合、賦課負担を拒否し給付率を維持する場合、および同じく賦課負担を拒否し収益率を維持する場合のうちどれが最も一人当たり産出が高いか。本章の分析の枠組みでは、一人当たり産出が高いということは資本・労働比率が高いことである。労働力の推移は三つの場合について同一であるから、資本ストックが多いほど、つまり貯蓄率が高いほど一人当たり産出が高くなる。それら三つの場合のうち、完全積立方式の下で給付率を維持する場合は、ほかの二つに比べ、当初の均衡を離脱する時点から常に貯蓄率がより高い。したがって公平規準を補うために効率性規準を併用すれば、人口成長率が低下したとき、積立方式を崩さず給付率を維持することが年金制度の望ましい運営のあり方であると言える。

　しかし日本の現状は、すでに修正積立方式に転換し、さらに完全賦課方式への道を歩んでいる。そこで、完全賦課方式へ移行した後について、本章の分析をふりかえると以下のようである。移行後にも粗収益率を $R_s$ に維持しようとするとき、拠出率を $c$ に固定したままでは、移行後の各世代の粗収益率は徐々に上昇し後の世代ほど高くなるが、当初の水準 $R_s$ を回復しない。しかも、移

第7章　人口構造と年金　177

行後の世代間で粗収益率は等しくない。そこで、移行後の粗収益率を高めるために次世代の拠出率を引き上げると、貯蓄率低下と一人当たり産出低下の悪循環におちいる。したがって、完全賦課方式移行後にも粗収益率を $R_s$ に維持することは不可能である。他方で、置き換え比率については、移行後に拠出率を $c$ に固定しておくと、当初の水準 $p$ よりも低いが一定となる。つまり、移行後の世代間では置き換え比率が互いに等しい。ただし移行前の世代との間では等しくない。移行後にも置き換え比率を $p$ に維持するには、第4節2項(8)式のように拠出率を引き上げる必要がある。このとき、対応して貯蓄率は $s_m$ より低い新最小値となり、経済は貯蓄率の新最小値と新人口成長率で規定される均衡へ向かう。したがって、拠出率を引き上げることによって一人当たりの産出が低下するが、置き換え比率を当初の水準 $p$ に維持できるので、移行前も含めすべての世代間で置き換え比率は等しい。

　以上のように、完全賦課方式へ移行した後について、粗収益率を世代間で等しくすることはできないが置き換え比率を等しくすることはできる、ということが明らかになる。このことは、少なくとも完全賦課方式移行後について公平の視点から粗収益率を維持しようとすることは効率性についてきわめて劣り非現実的であるから、置き換え比率を維持すべきことを意味する。次に、置き換え比率を公平の指標として年金制度を運営するとき、拠出率を $c$ に固定するか、あるいは引き上げるかを選択せねばならない。これら二つの場合に、水準は異なるものの置き換え比率は世代間で等しいので、公平の規準だけではどちらを選択すべきか判断できない。そこで、効率性の規準を適用する。効率性規準からすれば、拠出率を引き上げることは一人当たり産出を低下させるので望ましくない。したがって公平の規準にさらに効率の規準を補うと、完全賦課方式へ移行した後は、拠出率を引き上げることなく当初の水準に固定し置き換え比率を世代間で一定に保つことが年金制度の運営として望ましいといえる。

　なお、第6章では、多く働くほど年金額が増える制度が望ましいという結論が得られた。これは同一世代内で個人間に年金を分配するとき、労働供給の多少に応じ格差があることが労働供給増進の立場から望ましいという意味である。

したがって、世代間の年金分配とは枠組みが異なり、本章の結論とは矛盾しない。

さて、上述のような運営方式、すなわち完全賦課方式の下で拠出率を当初の水準に固定する方式が持つ意味をもう少し探ってみよう。このような運営方式の下では、ある $m$ 世代の置き換え比率は同世代の「一人当たり受給年金額」を「$m+1$ 期賃金率」で除して求められる。「$m$ 世代一人当たり年金額」は「$m+1$ 世代拠出総額」を「$m$ 世代人口」で除せばよいから、結局、「$m$ 世代置き換え比率」は「拠出率 $c$」と「1＋新人口成長率」の積となる。すなわち、

$$\begin{aligned} m\text{ 世代置き換え比率} &= \frac{\text{一人当たり受給年金額}}{m+1\text{期賃金率}} \\ &= \frac{m+1\text{世代拠出総額}}{m+1\text{期賃金率} \times m\text{ 世代人口}} \\ &= \text{拠出率}\, c \times (1+\text{新人口成長率}) \end{aligned}$$

である。つまり、置き換え比率は現役世代の拠出率と人口成長率とによって決まる。これらのうち、拠出率は一定に保つことを政策として選択したものである。他方、人口成長率は、本章の分析では明示的ではないが、実は $m$ 世代が若年期に選択した結果にほかならない。そこで、単なる新人口成長率ではなく、$m$ 世代がその値を選択する変数であることに注意して「新人口成長率$_m$」と書けば、

$$m\text{ 世代置き換え比率} = \text{拠出率}\, c \times (1+\text{新人口成長率}_m)$$

となる。この式は各世代が現役時に出生について選択した結果が引退後の置き換え比率に反映されることを示す。言い換えると時間を通じて拠出率を一定に保つ賦課方式が、「子供世代に負担をかける」年金制度ではなく、「各世代が選択した結果に自分で責任を負う」年金制度として解釈しうることを意味するものである。したがって、拠出率を固定した賦課方式は各世代に対し、結果の公平ではなく、機会の公平を保障するものと言える。なぜならば、各世代の選択によって置き換え比率は高くも低くもなるからである。

ところで、このような年金制度の下では、現実には世代内部でのフリーライダーあるいはモラルハザードの問題が残るであろう。なぜなら、本章の分析においては、世代内の個人は同質的であることが仮定されているからである。すなわち、ある世代の人々は同一の生涯をおくる。つまり、結婚するか否か、子供を何人持つかについて、どの人も同じように考え、行動すると仮定されている。しかし現実には、同一世代内でも人によって考えが違い、行動が異なることは言うまでもない。したがって、子供を持たないことを選択したり、あるいはきわめて少数に限る選択をする人々もいる。純粋に経済面のみについて、それらの人々は現役時の養育費、教育費の負担をゼロあるいは少額にとどめることによってより豊かな消費を享受し、老後は社会的に年金制度を通じ主として他人が養育した子供世代が負担する消費財源を受給する、と見なすことができる。このような生涯での得失を考えた上で選択された戦略的行動にどのように対処するかは、しかし、本章の枠組みを超える問題である。

### 参考文献

[1] P. A. Samuelson, "An Exact Consumption-Loan Model of Interest with or without the Social Contrivance of Money," *The Journal of Political Economy*, Vol. LXVI, No. 6, December 1958.

[2] P. A. Diamond, "National Debt in a Neoclassical Growth Model," *American Economic Review*, Vol. LV, No. 5, December 1965.

[3] M. S. Feldstein, "Social Security, Induced Retirement and Aggregate Capital Accumulation," *The Journal of Political Economy,* Vol. 82, No. 5, September/October 1974.

[4] P. A. Samuelson, "The Optimum Growth Rate For Population," *International Economic Review*, Vol. 16, No. 3, October 1975.

[5] P. A. Samuelson, "Optimum Social Security in a Life-Cycle Growth Model," *International Economic Review*, Vol. 16, No. 3, October 1975.

[6] 舘稔『形式人口学』古今書院、1960年。

## 第7章付録　数式を用いた展開

### §1　モデル

ダイアモンド（Peter A. Diamond, "National Debt in a Neoclassical Growth Model," *American Economic Review*, Vol. LV, No. 5, December 1965）の重複世代モデルを利用する。$t$世代の人々は$t$期（若年期）の期首に生まれ、$t+1$期（老年期）の期末に死亡する。$t$期の生産は、$t-1$期の集計貯蓄$S_{t-1}$に等しい$t$期の資本ストック$K_t$と$t$世代の人口に等しい労働力$L_t$とによって、与えられた生産関数の下で行われる。所得分配は限界生産力によって決定される。

いま、技術水準一定のコブ・ダグラス型生産関数を仮定し、$A$：技術水準を示すパラメター、$a$：資本分配率とすると、$t$期の産出$Y_t$は

(1)　$Y_t = A K_t^a L_t^{1-a}$　$(0<a<1)$

となる。生産終了後に利用しうる財の量は$Y_t + K_t$で、

(2)　$Y_t + K_t = w_t L_t + (1+r_t) K_t = w_t L_t + (1+r_t) S_{t-1}$

となる。その分配は$t$期に労働した$t$世代が勤労所得$w_t L_t$、引退した$t-1$世代が貯蓄元本とその利子$(1+r_t)S_{t-1}$を受け取る。若年の$t$世代は賃金所得を消費と貯蓄に分けるが、老年の$t-1$世代はすべて消費し遺産は残らない。

このような経済に年金制度を導入する。年金拠出は若年期の賃金所得の一定割合$c$であるとする。年金の財政方式に応じて拠出から積立が行われる。例えば、完全積立方式であれば、その全額が積立金となる。積立金は次期の資本ストックの一部となり、運用利益を加えたものがすべて老年期に年金として給付される。$t$期の国民貯蓄$S_t$は個人貯蓄と積立金の和である。個人貯蓄は「賃金－年金拠出」の一定割合$\sigma$であるとすれば、完全積立方式のとき年金拠出は全額が積立金となるから、国民貯蓄$S_t$は

(3) $S_t = \{\sigma(1-c)+c\} w_t L_t$

である。国民貯蓄率は

(4) $\dfrac{S_t}{Y_t} = \dfrac{\{\sigma(1-c)+c\} w_t L_t}{Y_t} = \{\sigma(1-c)+c\}(1-a) \equiv s$ （一定）

で一定であるから、$s$ とおく。また、各世代の人口は一定率で増加し、$L_t = (1+g)L_{t-1}$ であるとする。$\dfrac{K_t}{L_t} = k_t$ とおくと

(5) $\Delta k_t = k_{t+1} - k_t = \dfrac{S_t}{(1+g)L_t} - \dfrac{K_t}{L_t} = \dfrac{sA}{1+g} k_t^a - k_t$

となるので、$k_{t+1} = \left(\dfrac{sA}{1+g}\right) k_t^a$ が得られる。これを解くと、$k_0$ を初期条件として

(6) $k_t = \left(\dfrac{sA}{1+g}\right)^{1/(1-a)} \left\{ k_0 \left(\dfrac{sA}{1+g}\right)^{-1/(1-a)} \right\}^{a^t}$

が得られる。(6)は経済の成長径路を示す。

## §2 均衡

この経済は無限時間の後に均衡（steady state）に到達する。そのときの資本労働比率 $k_s$ は $\lim_{t \to \infty} k_t = k_s = \left(\dfrac{sA}{1+g}\right)^{1/(1-a)}$ である。均衡では

(7) $\begin{cases} r_t = \dfrac{\partial Y_t}{\partial K_t} = aAk_t^{a-1} = \dfrac{a}{s}(1+g) \equiv r_s & （一定） \\ w_t = \dfrac{\partial Y_t}{\partial L_t} = (1-a)Ak_t^a = (1-a)A\left(\dfrac{sA}{1+g}\right)^{a/(1-a)} \equiv w_s & （一定） \end{cases}$

が成立する。いま、$t$ 世代の一人当たり年金給付額の引退期（$t+1$ 期）賃金率に対する比率 $\dfrac{cw_t(1+r_{t+1})}{w_{t+1}}$ を $t$ 世代年金給付率 $p_t$ とおくと、$t$ 世代の 1 人当たり年金給付額 $p_t w_{t+1}$ は、均衡では、

(8)  $p_t w_{t+1} = c w_t(1+r_{t+1}) = c w_s(1+r_s)$

と書くことができる。したがって、年金給付率 $p_t$ は

(9)  $p_t = c(1+r_s) = c\left\{1+\dfrac{a}{s}(1+g)\right\} \equiv p$ （一定）

となり、均衡では一定 $p$ である。また、自世代の拠出に対する年金給付の比率は、いわば利回りで、年金制度の収益率と呼ぶことができる。$t$ 世代の年金制度の収益率 $R_t$ は、(8)を利用して

(10)  $R_t = \dfrac{p_t w_{t+1}}{c w_t} = \dfrac{c w_t(1+r_{t+1})}{c w_t} = 1+r_{t+1} = 1+r_s \equiv R_s$ （一定）

と書くことができ、均衡では一定 $R_s$ となる。なお、経済が均衡にあるとき、積立方式の下では(9)、(10)で示される $p = cR_s$ という関係がある。

## §3 財政方式の維持

経済は $n$ 期まで均衡にあるが、$n+1$ 期に人口成長率が $g'$ に低下する。すなわち、$L_{n+1} = (1+g')L_n$ となり、以後は $g'$ の人口成長率が続く。はじめに、人口成長率低下にかかわらず、拠出率 $c$ を変えず、完全積立方式を維持する場合を検討する。このとき国民貯蓄率は、(4)から、$s$ で変わらない。資本・労働比率はどうか。経済が均衡に到達してから $n$ 期までは、

(11)  $\cdots\cdots = k_{n-1} = k_n = \dfrac{K_n}{L_n} = \dfrac{S_{n-1}}{(1+g)L_{n-1}} = \dfrac{sY_{n-1}}{(1+g)L_{n-1}} = \dfrac{sA}{1+g}k_{n-1}^a$

$= \left(\dfrac{sA}{1+g}\right)^{1/(1-a)}$

である。しかし、$n+1$ 期においては、人口成長率の低下のため、

(12)  $k_{n+1} = \dfrac{K_{n+1}}{L_{n+1}} = \dfrac{sY_n}{(1+g')L_n} = \dfrac{sA}{1+g'}k_n^a = \left(\dfrac{sA}{1+g}\right)^{1/(1-a)}\left(\dfrac{1+g}{1+g'}\right)$

となって、もはや経済は均衡にはない。人口成長率が $g'$ に低下した $n+1$ 期以降のこの経済の成長径路は

(13) $\quad k_t = \left(\dfrac{sA}{1+g'}\right)^{1/(1-a)} \left\{ k_n \left(\dfrac{sA}{1+g'}\right)^{-1/(1-a)} \right\}^{a^{t-n}}$

$\quad\quad\quad = \left(\dfrac{sA}{1+g'}\right)^{1/(1-a)} \left\{ \left(\dfrac{1+g'}{1+g}\right)^{1/(1-a)} \right\}^{a^{t-n}}$

（ただし、$t = n+1, n+2, \cdots\cdots$）

で示される。新しい均衡での資本労働比率 $k_s'$ は、$\lim_{t \to \infty} k_t = \left(\dfrac{sA}{1+g'}\right)^{1/(1-a)} = k_s'$ である。つまり、経済は $(s, g)$ で規定される均衡から、$(s, g')$ で規定される新しい均衡へ経済は移動していく。その移行の過程では、一般に $n+i$ 期において、

(14) $\quad k_{n+i} = \left(\dfrac{sA}{1+g'}\right)^{1/(1-a)} \left(\dfrac{1+g'}{1+g}\right)^{a^{i}/(1-a)}$

$\quad\quad\quad = \left(\dfrac{sA}{1+g}\right)^{1/(1-a)} \left(\dfrac{1+g}{1+g'}\right)^{1+a+a^2+\cdots+a^{i-1}}$

となっているので

(15) $\quad \left(\dfrac{sA}{1+g}\right)^{1/(1-a)} = k_s = k_n < k_{n+1} < k_{n+2} < \cdots < k_s' = \left(\dfrac{sA}{1+g'}\right)^{1/(1-a)}$

が成立する。つまり、人口成長率低下のインパクトを吸収しながら、$k_s'$ へ向かって資本労働比率が増大する。

さて、$n$ 期まで均衡にあり、完全積立方式であるから、

(16) $\quad \begin{cases} n \text{ 世代の拠出} = cw_n = cw_s \\ n \text{ 世代の給付} = cw_s(1 + r_{n+1}) = p_n w_{n+1} \end{cases}$

と示される。$n$ 世代の年金制度の収益率 $R_n$ と年金給付率 $p_n$ は、(12)などを利用して

$$
(17)\begin{cases}
R_n = \dfrac{p_n w_{n+1}}{c w_s} = 1 + r_{n+1} = 1 + aAk_{n+1}^{a-1} = 1 + \dfrac{a}{s}(1+g')\left(\dfrac{1+g}{1+g'}\right)^a \\[6pt]
\quad = 1 + \dfrac{a}{s}(1+g)\left(\dfrac{1+g'}{1+g}\right)^{1-a} < 1 + \dfrac{a}{s}(1+g) = 1 + r_s = R_s \\[6pt]
p_n = \dfrac{c w_s (1+r_{n+1})}{w_{n+1}} = c\left(\dfrac{1+g'}{1+g}\right)^a (1+r_{n+1}) \\[6pt]
\quad = c\left\{\left(\dfrac{1+g'}{1+g}\right)^a + \dfrac{a}{s}(1+g')\right\} < c\left\{1 + \dfrac{a}{s}(1+g)\right\} = c(1+r_s) = p
\end{cases}
$$

を得ることができる。一般に $n+i$ 世代については、

(18) 　$n+i$ 世代の拠出 $= c w_{n+i}$

　　　$n+i$ 世代の給付 $= c w_{n+i}(1+r_{n+i+1}) = p_{n+i} w_{n+i+1}$

となるので、収益率と給付率は

$$
(19)\begin{cases}
R_{n+i} = \dfrac{p_{n+i} w_{n+i+1}}{c w_{n+i}} = 1 + r_{n+i+1} = 1 + aAk_{n+i+1}^{a-1} \\[6pt]
\quad = 1 + \dfrac{a}{s}(1+g')\left(\dfrac{1+g}{1+g'}\right)^{a^{i+1}} \\[6pt]
p_{n+i} = \dfrac{c w_{n+i}(1+r_{n+i+1})}{w_{n+i+1}} = c\left(\dfrac{1+g'}{1+g}\right)^{a^{i+1}} (1+r_{n+i+1}) \\[6pt]
\quad = c\left\{\left(\dfrac{1+g'}{1+g}\right)^{a^{i+1}} + \dfrac{a}{s}(1+g')\right\}
\end{cases}
$$

と書くことができる。給付率については、$g' < g$、$0 < a < 1$ だから、

(20) 　$p > p_n < p_{n+1} < p_{n+2} < \cdots\cdots < \lim_{i \to \infty} p_{n+i} = c\left\{1 + \dfrac{a}{s}(1+g')\right\} < p$

である。したがって、拠出率を $c$ に固定し、完全積立方式を財政方式として維持すると、人口成長率の低下によって、年金給付率は低下してしまう。後の世代ほど年金給付率は高くなるが、当初の水準 $p$ を回復できない。同様にして、

収益率については、

$$(21) \quad R_s > R_n > R_{n+1} > R_{n+2} > \cdots\cdots > R_\infty = 1 + \frac{a}{s}(1+g') = R_s'$$

である。すなわち、人口成長率が低下すると年金制度の収益率は低下を続け、後の世代ほど低くなる。

第二に、完全積立方式の下で年金給付率を当初の水準 $p$ に維持する場合を考える。拠出率を $c$ に固定しておくと $n+1$ 期の人口成長率の下落が $n$ 世代の給付率の下落をまねくのだから、$n$ 世代の拠出率を引き上げることがこの場合の解決策である。新しい拠出率はどの大きさでなければならないか。$n$ 世代給付率を $p$ に維持するため(17)で、$p_n$ を $p$ に置き換えると、$n$ 世代新拠出率 $c_0$ は、

$$(22) \quad c_0 = \frac{p w_{n+1}}{w_s(1+r_{n+1})} > c$$

となる。このとき、対応する国民貯蓄率 $s_0$ は、(3)、(4)を考えて、

$$(23) \quad s_0 = \frac{S_n}{Y_n} = \{\sigma(1-c_0) + c_0\}(1-a) > s$$

である。以後の拠出率を $c_0$ に固定すれば国民貯蓄率も固定されるので、経済は $k_n = k_s$ を初期条件として $(s_0, g')$ で規定される新しい径路

$$(24) \quad k_t = \left(\frac{s_0 A}{1+g'}\right)^{1/(1-a)} \left\{k_s \left(\frac{s_0 A}{1+g'}\right)^{-1/(1-a)}\right\}^{a^{t-n}} \quad (t = n+1, \cdots\cdots)$$

の上を移動する。資本・労働比率について、(24)から一般に、

$$(25) \quad k_{n+i} = \left(\frac{sA}{1+g}\right)^{1/(1-a)} \left(\frac{s_0}{s} \cdot \frac{1+g}{1+g'}\right)^{(1-a^i)/(1-a)}$$

と表すことができる。したがって

$$(26) \quad k_s = k_n < k_{n+1} < k_{n+2} < \cdots\cdots < \lim_{i \to \infty} k_{n+i} = \left(\frac{s_0 A}{1+g'}\right)^{1/(1-a)} = k_s''$$

のように、時間とともに資本・労働比率は増加する。また、資本・労働比率の

値から、$c_0$ は

(27) $\quad c_0 = \dfrac{pw_{n+1}}{w_s(1+r_{n+1})} = \dfrac{pk_{n+1}{}^a}{k_s{}^a(1+aAk_{n+1}{}^{a-1})} = \dfrac{p}{\left(\dfrac{s}{s_0}\cdot\dfrac{1+g'}{1+g}\right)^a + \dfrac{a}{s_0}(1+g')}$

であることがわかる。そこで(24)の径路上では、一般に $n+i$ 世代給付率は、

(28) $\quad p_{n+i} = \dfrac{c_0 w_{n+i}(1+r_{n+i+1})}{w_{n+i+1}} = c_0\left(\dfrac{k_{n+i}}{k_{n+i+1}}\right)^a(1+aAk_{n+i+1}{}^{a-1})$

$= c_0\left\{\left(\dfrac{s}{s_0}\cdot\dfrac{1+g'}{1+g}\right)^{a^{i+1}} + \dfrac{a}{s_0}(1+g')\right\}$

$= p\dfrac{\left\{\left(\dfrac{s}{s_0}\cdot\dfrac{1+g'}{1+g}\right)^{a^{i+1}} + \dfrac{a}{s_0}(1+g')\right\}}{\left\{\left(\dfrac{s}{s_0}\cdot\dfrac{1+g'}{1+g}\right)^{a} + \dfrac{a}{s_0}(1+g')\right\}} > p$

となっているので、

(29) $\quad p = p_n < p_{n+1} < p_{n+2} < \cdots\cdots < \lim_{i\to\infty} p_{n+i} = c_0\left\{1 + \dfrac{a}{s_0}(1+g')\right\}$

である。すなわち、引き上げた拠出率を固定しておくと、給付率は時間とともに上昇する。したがって、拠出率を毎期引き下げることが必要であるが、各世代の年金給付率を $p$ に維持することはできよう。拠出率を $c_0$ に引き上げ固定する場合、年金制度の収益率はどうか。$n$ 世代について、(24)、(27)を利用して

(30) $\quad R_n = \dfrac{pw_{n+1}}{c_0 w_s} = \dfrac{p}{c_0}\left(\dfrac{s_0}{s}\cdot\dfrac{1+g}{1+g'}\right)^a = 1 + \dfrac{a}{s_0}(1+g')\left(\dfrac{s_0}{s}\cdot\dfrac{1+g}{1+g'}\right)^a$

$= 1 + \dfrac{a}{s}(1+g)\left(\dfrac{s}{s_0}\cdot\dfrac{1+g'}{1+g}\right)^{1-a} < 1 + \dfrac{a}{s}(1+g) = R_s$

である。一般に $n+i$ 世代収益率は、(26)を利用して

第7章 人口構造と年金　187

(31) $R_{n+i} = \dfrac{p_{n+i} w_{n+i+1}}{c_0 w_{n+i}} = 1 + r_{n+i+1} = 1 + \dfrac{a}{s_0}(1+g')\left(\dfrac{s_0}{s} \cdot \dfrac{1+g}{1+g'}\right)^{a^{i+1}}$

と書ける。したがって

(32) $R_s > R_n > R_{n+1} > R_{n+2} > \cdots\cdots > \lim_{i \to \infty} R_{n+i} = 1 + \dfrac{a}{s_0}(1+g') = R_s''$

が得られる。すなわち、拠出率を $c_0$ に引き上げ固定すると、年金制度の収益率は後の世代ほど低くなる。

　第三に年金制度の収益率 $R_t$ を $R_s$ に維持する場合を検討する。(17)に示されるように $n$ 世代収益率が低下する原因は $k_{n+1}$ が $k_s$ から離れることである。したがって $k_{n+1} = k_s$ となるように、低下した人口成長率 $g'$ に対応して $n$ 期の国民貯蓄率を $s'$ に下げればよい。このとき $n+1$ 期の資本・労働比率 $k_{n+1}'$ は、(24)を参照して、

(33) $k_{n+1}' = \left(\dfrac{s'A}{1+g'}\right)^{1/(1-a)} \left\{k_s\left(\dfrac{s'A}{1+g'}\right)^{-1/(1-a)}\right\}^a$

$\qquad = \left(\dfrac{s'A}{1+g'}\right)^{1/(1-a)} \left(\dfrac{sA}{1+g} \cdot \dfrac{1+g'}{s'A}\right)^{a/(1-a)}$

となる。つまり、$n$ 期の国民貯蓄率 $s'$ が

(34) $\dfrac{s'}{1+g'} = \dfrac{s}{1+g}$

を満たせば、$k_{n+1}' = \left(\dfrac{sA}{1+g}\right)^{1/(1-a)} = k_s$ となるので、(34)が成立するように $n$ 期の拠出率を $c'$ に調整すれば、人口成長率低下のインパクトはちょうど吸収される。このことは $n+2$ 期以降もくり返されるので、経済は $n$ 期までと同様に $n+1$ 期以降も $k_s$ にとどまる。そのとき、$i = 0, 1, 2, \cdots\cdots$ について

(35) $R_{n+i} = \dfrac{p_{n+i} w_{n+i+1}}{c' w_{n+i}} = \dfrac{c' w_{n+i}(1 + r_{n+i+1})}{w_{n+i+1}} \cdot \dfrac{w_{n+i+1}}{c' w_{n+i}} = 1 + r_{n+i+1} = 1 + r_s = R_s$

が成立し、$n$ 世代以降も年金制度の収益率は従来と同じ $R_s$ の水準に保たれる。なお、$c'$ の値は、(4)と(34)から、$g'<g$ だから

(36) $\quad c' = c\left(\dfrac{1+g'}{1+g}\right) - \dfrac{\sigma}{1-\sigma}\left(\dfrac{g-g'}{1+g}\right) < c$

である。またこの場合、$n$ 世代以降の給付率は、(35)、(36)から、

(37) $\quad p_{n+i} = c'(1+r_s)\,(\equiv p^{(3)}) < c(1+r_s) = p$

となるので、$p$ より小さい一定の値 $p^{(3)}$ となることがわかる。つまり、人口成長率が低下したとき、拠出率を引き下げれば収益率を $R_s$ に維持できるが、同時に年金給付率も $p$ より小さくなってしまう。なお、(17)の $p_n$ から、(37)に(36)を代入した式を減じると、

(38) $\quad p_n - p_{n+i} = c\left[\left(\dfrac{1+g'}{1+g}\right)^a - \dfrac{1+g'}{1+g}\right] + \dfrac{\sigma}{1-\sigma}\left(\dfrac{g-g'}{1+g}\right)\left[1 + \dfrac{a}{s}(1+g)\right] > 0$

を得る。すなわち、拠出率を $c$ に固定した第一の場合の最小の給付率 $p_n$ は収益率を $R_s$ に維持する第三の場合の給付率 $p_{n+i}(\equiv p^{(3)})$ より大きい。

## §4　置き換え比率維持、拠出率固定

　人口成長率が低下したとき、拠出率を従来と同じ $c$ に固定しながら、受給する年金額も従来と同じ水準に保つとすれば、年金財政は賦課方式を加味した修正積立方式になる。賦課方式を加えて実現される $t$ 世代年金額の $t+1$ 期賃金率に対する比率を $\beta_t$(＝「$t$ 世代の一人当たり年金額」$/w_{t+1}$)とおく。これは置き換え比率（replacement ratio）と呼ばれる。以下、拠出率を変えずに置き換え比率を当初の水準 $p$ に維持する場合を扱う。

　$n$ 世代への給付の不足分 $(p-p_n)w_{n+1}L_n$ は $n+1$ 世代の拠出から支出され、$n+1$ 期に消費される。その不足分を $n+1$ 世代の賦課負担と名付けると、積立金は「拠出－賦課負担」に等しいから、

(39) $\quad n+1$ 世代の積立金 $= cw_{n+1}L_{n+1} - (p-p_n)w_{n+1}L_n = \left(c - \dfrac{p-p_n}{1+g'}\right)w_{n+1}L_{n+1}$

となる。したがって、$n+1$期の国民貯蓄率$s_1$は、

$$(40) \quad s_1 = \frac{個人貯蓄+積立金}{産出} = \frac{\left\{\sigma(1-c) + \left(c - \frac{p-p_n}{1+g'}\right)\right\} w_{n+1} L_{n+1}}{Y_{n+1}}$$

$$= \left\{\sigma(1-c) + \left(c - \frac{p-p_n}{1+g'}\right)\right\}(1-a)$$

となる。$\left(c - \frac{p-p_n}{1+g'}\right) \equiv f_{n+1}$とおいて、$n+1$世代の積立率と名付ける。$p > p_n$だから、明らかに$s_1$は$s$よりも小さい。したがって、$n+2$期以降の成長径路は

$$(41) \quad k_t = \left(\frac{s_1 A}{1+g'}\right)^{1/(1-a)} \left\{k_{n+1} \left(\frac{s_1 A}{1+g'}\right)^{-1/(1-a)}\right\}^{a^{t-n-1}} \quad (t = n+2, \cdots\cdots)$$

で示される。以下同様にして、

$$(42) \quad \begin{cases} n+i\text{世代の賦課負担} = (p - p_{n+i-1}) w_{n+i} L_{n+i-1} \\ n+i\text{世代の積立金} = \left(c - \frac{p - p_{n+i-1}}{1+g'}\right) w_{n+i} L_{n+i} = f_{n+i} w_{n+i} L_{n+i} \\ n+i\text{期の貯蓄率} s_i = \{\sigma(1-c) + f_{n+i}\}(1-a) \\ n+i+1\text{期以降の成長径路:} \\ k_t = \left(\frac{s_i A}{1+g'}\right)^{1/(1-a)} \left\{k_{n+i} \left(\frac{s_i A}{1+g'}\right)^{-1/(1-a)}\right\}^{a^{t-n-i}} \quad (t = n+i+1, \cdots\cdots) \end{cases}$$

となる。また、

$$(43) \quad k_{n+i} = \left(\frac{sA}{1+g}\right)^{1/(1-a)} \left(\frac{s_{i-1}}{s}\right) \left(\frac{s_{i-2}}{s}\right)^a \left(\frac{s_{i-3}}{s}\right)^{a^2} \cdots\cdots \left(\frac{s_1}{s}\right)^{a^{i-2}} \left(\frac{1+g}{1+g'}\right)^{1+a+a^2+\cdots+a^{i-1}}$$

となるから

$$(44)\begin{cases} p_{n+i} = (1+r_{n+i+1})\dfrac{w_{n+i}}{w_{n+i+1}}f_{n+i} \\ \quad = \left\{\left(\dfrac{s_{i-1}}{s_i}\right)^a \left(\dfrac{s_{i-2}}{s_{i-1}}\right)^{a^2} \cdots \left(\dfrac{s}{s_1}\right)^{a^i}\left(\dfrac{1+g'}{1+g}\right)^{a^{i+1}} + \dfrac{a}{s_i}(1+g')\right\}f_{n+i} \\ f_{n+i} = c - \dfrac{p}{1+g'} + \dfrac{p_{n+i-1}}{1+g'} \end{cases}$$

と表わすことができる。

 年金の財政方式は積立率の値によって明らかとなる。例えば、$p=p_n$であれば$f_{n+1}=c$で完全積立方式である。また拠出がすべて賦課負担となれば$f_{n+1}=0$で完全賦課方式である。これまでに、$c>f_{n+1}$が判明しているにすぎない。そこで、$n+2$期以降の積立率を調べよう。(44)から、

$$(45) \quad \Delta f_{n+i} = f_{n+i+1} - f_{n+i} = \frac{1}{1+g'}\Delta p_{n+i-1}$$

を得る。これは『$p_{n+i-1}$が小さくなれば、$f_{n+i}$も小さくなる』(Ⅰ)という意味だから「ある世代の給付率が前世代よりも低くなると、後続世代の積立率はその世代よりも低くなる」と言える。給付率については、(44)から

$$(46) \quad \Delta p_{n+i-1} = p_{n+i} - p_{n+i-1} \equiv H_i + J_i$$

$$\text{ただし } H_i = f_{n+i-1}E_i\left\{\frac{f_{n+i}}{f_{n+i-1}}\left(\frac{s_{i-1}}{s_i}\right)^a E_i^{a-1} - 1\right\},$$

$$E_1 = \left(\frac{1+g'}{1+g}\right)^a, \quad E_i = \left(\frac{s_{i-2}}{s_{i-1}}\right)^a\left(\frac{s_{i-3}}{s_{i-2}}\right)^{a^2}\cdots\left(\frac{s_1}{s_2}\right)^{a^{i-2}}\left(\frac{s}{s_1}\right)^{a^{i-1}}\left(\frac{1+g'}{1+g}\right)^{a^i}$$

$$J_i = a(1+g')\left\{\frac{f_{n+i}}{s_i} - \frac{f_{n+i-1}}{s_{i-1}}\right\}$$

と書ける。したがって、$H_i$、$J_i$がともに負であれば$\Delta p_{n+i-1}$も負である。いま、(46)から$i=1$のとき、

$$
(47)\begin{cases} H_1 = f_n E_1 \left\{ \dfrac{f_{n+1}}{f_n} \left( \dfrac{s}{s_1} \right)^a E_1^{a-1} - 1 \right\} \\[2mm] \quad = c E_1 \left[ \left( \dfrac{f_{n+1}}{c} \cdot \dfrac{s}{s_1} \right) \left\{ \dfrac{s_1}{s} \left( \dfrac{1+g}{1+g'} \right)^a \right\}^{1-a} - 1 \right] \\[2mm] J_1 = a(1+g') \left\{ \dfrac{f_{n+1}}{s_1} - \dfrac{f_n}{s} \right\} = a(1+g') \left\{ \dfrac{f_{n+1}}{s_1} - \dfrac{c}{s} \right\} < 0 \end{cases}
$$

である。このうち、$J_1 < 0$ は

$$
(48) \quad \dfrac{f_{n+1}}{s_1} - \dfrac{c}{s} = \dfrac{\sigma(1-c)(f_{n+1}-c)(1-a)}{s_1 s} < 0
$$

が成り立つからである。さらに、$H_1$ 最右辺について、

$$
(49) \begin{cases} \dfrac{f_{n+1}}{c} \cdot \dfrac{s}{s_1} = \dfrac{\sigma(1-c)f_{n+1} + c f_{n+1}}{\sigma(1-c)c + c f_{n+1}} < 1 \\[2mm] \dfrac{s_1}{s} < 1 \end{cases}
$$

が成立している。したがって $\left( \dfrac{1+g}{1+g'} \right)^a \fallingdotseq 1$ を仮定すれば $H_1 < 0$ が成立するから、$\Delta p_n = p_{n+1} - p_n = H_1 + J_1 < 0$ が成立する。$\left( \dfrac{1+g}{1+g'} \right)^a$ が近似的に 1 に等しいという仮定は、人口成長率下落の程度が小さい、ないし資本分配率 $a$ が小さいということを意味する。次に、(46)で $i=j$ のとき $H_j$, $J_j$ がともに負、すなわち $\Delta p_{n+j-1} = p_{n+j} - p_{n+j-1} = H_j + J_j < 0$ が成立すると仮定して、$i=j+1$ のとき $H_{j+1}$、$J_{j+1}$ がともに負となること、すなわち、$\Delta p_{n+j} = p_{n+j+1} - p_{n+j} < 0$ が成立することを示す。仮定により、

$$
(50)\begin{cases}
\varDelta p_{n+j-1}=(1+g')\varDelta f_{n+j}=(1+g')(f_{n+j+1}-f_{n+j})<0 \\
H_j=f_{n+j-1}E_j\left\{\dfrac{f_{n+j}}{f_{n+j-1}}\left(\dfrac{s_{j-1}}{s_j}\right)^a E_j^{a-1}-1\right\} \\
\quad =f_{n+j-1}E_j\left\{\left(\dfrac{f_{n+j}}{f_{n+j-1}}\right)\left(\dfrac{s_{j-1}}{s_j}\right)\left(\dfrac{s_{j-1}}{s_j}E_j\right)^{a-1}-1\right\}<0 \\
J_j=a(1+g')\left\{\dfrac{f_{n+j}}{s_j}-\dfrac{f_{n+j-1}}{s_{j-1}}\right\} \\
\quad =a(1+g')(1-a)\dfrac{\sigma(1-c)(f_{n+j}-f_{n+j-1})}{s_j s_{j-1}}<0
\end{cases}
$$

が成立しているから、

$$
(51)\begin{cases}
f_{n+j+1}<f_{n+j}<f_{n+j-1} \\
\left(\dfrac{s_{j-1}}{s_j}E_j\right)^{a-1}<\left(\dfrac{f_{n+j-1}}{f_{n+j}}\cdot\dfrac{s_j}{s_{j-1}}\right)
\end{cases}
$$

が成立する。$i=j+1$ のとき(51)の第1式を利用して、

$$
(52)\quad J_{j+1}=a(1+g')\left\{\dfrac{f_{n+j+1}}{s_{j+1}}-\dfrac{f_{n+j}}{s_j}\right\}
$$
$$
=a(1+g')(1-a)\dfrac{\sigma(1-c)(f_{n+j+1}-f_{n+j})}{s_{j+1}s_j}<0
$$

が成立する。また、$E_{j+1}=\left(\dfrac{s_{j-1}}{s_j}\right)^a E_j^a$ だから、(51)の第2式を利用して、

$$
(53)\quad H_{j+1}=f_{n+j}E_{j+1}\left\{\dfrac{f_{n+j+1}}{f_{n+j}}\left(\dfrac{s_j}{s_{j+1}}\right)^a E_{j+1}^{a-1}-1\right\}
$$
$$
=f_{n+j}E_{j+1}\left\{\left(\dfrac{f_{n+j+1}}{f_{n+j}}\cdot\dfrac{s_j}{s_{j+1}}\right)\left(\dfrac{s_j}{s_{j+1}}\right)^{a-1}\left(\dfrac{s_{j-1}}{s_j}E_j\right)^{a(a-1)}-1\right\}
$$
$$
<f_{n+j}E_{j+1}\left\{\left(\dfrac{f_{n+j+1}}{f_{n+j}}\cdot\dfrac{s_j}{s_{j+1}}\right)\left(\dfrac{s_j}{s_{j+1}}\right)^{a-1}\left(\dfrac{f_{n+j-1}}{f_{n+j}}\cdot\dfrac{s_j}{s_{j-1}}\right)^a-1\right\}
$$

となる。いま、(51)から、

第7章 人口構造と年金

$$(54) \begin{cases} \dfrac{f_{n+j+1}}{f_{n+j}} \cdot \dfrac{s_j}{s_{i+1}} = \dfrac{f_{n+j+1}\sigma(1-c)+f_{n+j}f_{n+j+1}}{f_{n+j}\sigma(1-c)+f_{n+j}f_{n+j+1}} < 1 \\ \left(\dfrac{s_j}{s_{i+1}}\right)^{a-1} < 1 \end{cases}$$

が成立している。ただし(54)第2式は、積立率の大小関係が既知であることによる。さらに、$a$ が小であることを仮定すれば $\left(\dfrac{f_{n+j-1}}{f_{n+j}} \cdot \dfrac{s_j}{s_{j-1}}\right)^a \fallingdotseq 1$ となるので、(53)の $H_{j+1}$ は負となる。したがって、$a$ が小であれば、$i=j+1$ のとき、$\Delta p_{n+j} = p_{n+j+1} - p_{n+j} < 0$ が成立する。すなわち、$a$ が小であることを仮定すれば、同時に $\left(\dfrac{1+g}{1+g_i}\right)^a \fallingdotseq 1$ となるので、(46)で $i=1, 2, \cdots\cdots$ について、$\Delta p_{n+i-1} < 0$ が成立する。言いかえれば、『資本分配率が小さいことを仮定すれば、ある世代の給付率は前世代よりも低くなる。』(Ⅱ) したがって(Ⅰ)(Ⅱ)から、資本分配率が小さければ、人口成長率の低下によって、給付率の低下と積立率の低下が進行する。

さて、いつの日か、たとえば $n+i$ 期に $f_{n+i} \leqq 0$ となる。しかし、現実には積立金がマイナスとなることはないから、$n+i$ 世代の実現される積立率および積立方式によってまかなわれる年金の給付率 $p_{n+i}$ はすべてゼロである。したがって、$n+i$ 期の貯蓄率 $s_i$ は

$$(55) \quad s_i = \sigma(1-c)(1-a) = s_m$$

と書け、最小値 $s_m$ になる。

$n+i+1$ 期は、$n+i$ 世代の受け取るべき給付額 $pw_{n+i+1}L_{n+i}$ がすべて $n+i+1$ 世代の拠出からまかなわれるので、

$$(56)\begin{cases} n+i+1\text{世代の賦課負担}=pw_{n+i+1}L_{n+i} \\ n+i+1\text{世代の積立金}=cw_{n+i+1}L_{n+i+1}-pw_{n+i+1}L_{n+i} \\ \qquad\qquad\qquad = \left(c-\dfrac{p}{1+g'}\right)w_{n+i+1}L_{n+i+1} \\ n+i+1\text{期の貯蓄率}\, s_{i+1}=\left\{\sigma(1-c)+\left(c-\dfrac{p}{1+g'}\right)\right\}(1-a) \\ n+i+1\text{世代の積立率}\, f_{n+i+1}=c-\dfrac{p}{1+g'} \end{cases}$$

となる。ここで $n+i+1$ 世代の積立率 $f_{n+i+1}$ は一定で、(9)を利用して、

$$(57)\quad f_{n+i+1}=c-\dfrac{p}{1+g'}=(g'-r_s)\dfrac{c}{1+g'}$$

と表される。もし、$g'-r_s\leqq 0$ であれば、$f_{n+i+1}\leqq 0$ となる。このとき、$n+i+1$ 世代の実現される積立率はゼロだから、同世代の積立方式によってまかなわれる年金給付率 $p_{n+i+1}$ もゼロとなる。また、積立率がゼロであれば、$n+i+1$ 期の貯蓄率 $s_{i+1}$ は $s_m$ に等しい。以下同様にして $n+i+2$ 世代積立率 $f_{n+i+2}\leqq 0$ となるので、以後の実現される積立率はすべてゼロとなる。したがって、$n+i+1$ 期から、年金財政は完全賦課方式へ移行し、それが永久に続く。

$n+i-1$ 世代以降の置き換え比率について。$n+i-1$ 世代の年金は自世代の積立金元利合計と $n+i$ 世代拠出全額によってまかなわれる。それに対し、$n+i$ 世代以降の各世代の年金はすべてが次世代の拠出のみによってまかなわれる。そこで、

$$(58)\begin{cases} \beta_{n+i-1}=(1+r_{n+i})\dfrac{w_{n+i-1}}{w_{n+i}}f_{n+i-1}+c(1+g') \\ \beta_{n+i+j}=\dfrac{cw_{n+i+j+1}L_{n+i+j+1}}{w_{n+i+j+1}L_{n+i+j}}=c(1+g') \quad (j=0,1,\cdots\cdots) \end{cases}$$

となり、$\beta_{n+i+j}<\beta_{n+i-1}\leqq p$ である。

年金制度の収益率について。$n-1$ 世代の収益率 $R_{n-1}$ は、$n$ 期まで完全積立方式で均衡にあったから、

$$(59) \quad R_{n-1} = \frac{pw_n}{cw_{n-1}} = \frac{cw_{n-1}(1+r_n)}{cw_{n-1}} = 1 + r_n = 1 + r_s = R_s$$

である。$n$ 世代の受給年金には、$n+1$ 世代の負担による分も含まれる。そこで、完全積立方式での収益率と区別して、賦課方式が含まれる場合には粗収益率 $GR_t$ とする。すなわち、$n$ 世代の粗収益率 $GR_n$ は

$$(60) \quad GR_n = \frac{pw_{n+1}}{cw_n} = \frac{p}{c}\left(\frac{k_{n+1}}{k_s}\right)^a > \frac{p}{c} = R_s$$

で $R_s$ より大きい。不等号は(12)から

$$(61) \quad k_{n+1} = \left(\frac{sA}{1+g}\right)^{1/(1-a)}\left(\frac{1+g}{1+g'}\right) > k_s$$

となることによる。$n+1$ 世代の粗収益率 $GR_{n+1}$ は

$$(62) \quad GR_{n+1} = \frac{pw_{n+2}}{cw_{n+1}} = \frac{p}{c}\left(\frac{k_{n+2}}{k_{n+1}}\right)^a < \frac{p}{c} = R_s$$

で $R_s$ より小さい。ここで不等号は(12)、(41)および（Ⅱ）の仮定より

$$(63) \quad \frac{k_{n+2}}{k_{n+1}} = \left(\frac{s_1}{s}\right)\left(\frac{1+g}{1+g'}\right)^a < 1$$

となることを利用している。$n+2$ 世代から $n+i-2$ 世代までの粗収益率については、置き換え比率が $p$ であるから、$2 \leq j \leq i-2$ として、一般に、

$$(64) \quad GR_{n+j} = \frac{pw_{n+j+1}}{cw_{n+j}} = \frac{p}{c}\left(\frac{k_{n+j+1}}{k_{n+j}}\right)^a$$

と書ける。$k_{n+j}$ は(44)と同様であるから、

$$(65) \quad \left(\frac{k_{n+j+1}}{k_{n+j}}\right) = \left(\frac{s_j}{s_{j-1}}\right)\left(\frac{s_{j-1}}{s_{j-2}}\right)^a\left(\frac{s_{j-2}}{s_{j-3}}\right)^{a^2}\cdots\cdots\left(\frac{s_2}{s_1}\right)^{a^{j-2}}\left(\frac{s_1}{s}\right)^{a^{j-1}}\left(\frac{1+g}{1+g'}\right)^{a^j}$$

となる。ここで、積立率が時間とともに低下し続けるので、貯蓄率も同様に低下するから、(65)右辺の貯蓄率について

$$(66) \quad s > s_1 > s_2 > \cdots\cdots > s_j$$

である。さらに $\left(\dfrac{1+g}{1+g'}\right)^a \fallingdotseq 1$ が仮定されているので、資本・労働比率と粗収益率について、

(67) $\dfrac{k_{n+j+1}}{k_{n+j}}<1$　すなわち $GR_{n+j}=\dfrac{p}{c}\left(\dfrac{k_{n+j+1}}{k_{n+j}}\right)^a<\dfrac{p}{c}=R_s$　$(2\leqq j\leqq i-2)$

が成立する。以上から、$n-1$ 世代までの収益率は $R_s$ に等しく、$n$ 世代の粗収益率は $R_s$ より大きく、$n+1$ 世代から $n+i-2$ 世代までの各世代の粗収益率は $R_s$ より小さいことがわかる。ただし、$n+1$ 世代以降の各世代の粗収益率の間の大小関係は不明である。

次に、実現される積立率が初めてゼロとなる $n+i$ 期に受給する $n+i-1$ 世代について、同世代が受け取る年金は、積立部分 $(1+r_{n+i})f_{n+i-1}w_{n+i-1}L_{n+i-1}$ と賦課部分 $cw_{n+i}L_{n+i}$ から成るので、一人当たり年金は

(68)　$(1+r_{n+i})f_{n+i-1}w_{n+i-1}+cw_{n+i}(1+g')\leqq pw_{n+i}$

となる。不等号は $n+i$ 世代の拠出をすべて充当しても不足するおそれがあることによる。よって、$n+i-1$ 世代の粗収益率 $GR_{n+i-1}$ は

(69)　$GR_{n+i-1}=\dfrac{(1+r_{n+i})f_{n+i-1}}{c}+\dfrac{w_{n+i}}{w_{n+i-1}}(1+g')\leqq \dfrac{p}{c}\left(\dfrac{k_{n+i}}{k_{n+i-1}}\right)^a<\dfrac{p}{c}=R_s$

となる。(69)の最後の不等号は、(67)が成立するのと同様に、$n+i-2$ 期から $n+i-1$ 期へ積立率とともに貯蓄率が低下するからである。よって、(60)、(62)、(67)、(69)をまとめると、

(70)　$GR_n>R_s=\dfrac{p}{c}>GR_{n+j}$　$(j=1,\cdots\cdots,i-1)$

と書ける。

さて、$n+i$ 期の実現される積立率はゼロとなり、$n+i+1$ 期から完全賦課方式に移行する。$n+i$ 期以降の貯蓄率は最小値 $s_m$ で一定となるから、$n+i+1$ 期以降の経済は

で示される。ここで、

$$(71)\quad k_t = \left(\frac{s_m A}{1+g'}\right)^{1/(1-a)} \left\{k_{n+i}\left(\frac{s_m A}{1+g'}\right)^{-1/(1-a)}\right\}^{a^{t-n-i}} \quad (t=n+i+1,\cdots\cdots)$$

で示される。ここで、

$$(72)\quad \frac{k_{n+i+1}}{k_{n+i}} = \left(\frac{s_m}{s_{i-1}}\right)\left(\frac{s_{i-1}}{s_{i-2}}\right)^a \cdots\cdots \left(\frac{s_1}{s}\right)^{a^{i-1}} \left(\frac{1+g}{1+g'}\right)^{a^i} < 1$$

と書けるから、以下同様にして、

$$(73)\quad k_{n+i} > k_{n+i+1} > k_{n+i+2} > \cdots\cdots > \lim_{t\to\infty} k_t = \left(\frac{s_m A}{1+g'}\right)^{1/(1-a)}$$

を得る。(72)、(73)を利用すれば、

$$(74)\quad \frac{k_{n+i+2}}{k_{n+i+1}} = \left(\frac{s_m}{s_{i-1}}\right)^a \left(\frac{s_{i-1}}{s_{i-2}}\right)^{a^2} \cdots\cdots \left(\frac{s_2}{s_1}\right)^{a^{i-1}} \left(\frac{s_1}{s}\right)^{a^i} \left(\frac{1+g}{1+g'}\right)^{a^{i+1}}$$

$$= \left(\frac{k_{n+i+1}}{k_{n+i}}\right)^a > \frac{k_{n+i+1}}{k_{n+i}}$$

が明らかである。(74)は資本・労働比率の対前期比は1より小さいが増加することを示している。いま、完全賦課方式移行後の $n+i$ 世代以降の各世代の一人当たり年金は、

$$(75)\quad \frac{cw_{n+h+1}L_{n+h+1}}{L_{n+h}} = cw_{n+h+1}(1+g') \quad (h=i, i+1, \cdots\cdots)$$

であるから、粗収益率 $GR_{n+h}$ は、同じく $h=i, i+1, \cdots\cdots$, として

$$(76)\quad GR_{n+h} = \frac{cw_{n+h+1}(1+g')}{cw_{n+h}} = \left(\frac{k_{n+h+1}}{k_{n+h}}\right)^a (1+g')$$

と書ける。(73)、(74)を考慮すれば粗収益率 $GR_{n+h}$ は単調に増加しつつ $(1+g')$ に接近するが、$g' \leqq r_s$ を仮定したので、

$$(77)\quad GR_{n+i} < GR_{n+i+1} < GR_{n+i+2} < \cdots\cdots < GR_\infty = 1+g' \leqq 1+r_s = R_s$$

となる。すなわち、完全賦課方式に移行してから粗収益率は次第に高くなるが、

有限時間内で当初の水準 $R_s$ を回復することはない。

## §5 置き換え比率維持、拠出率変化

ひきつづき、完全賦課方式に移行した後も置き換え比率を当初の水準 $p$ に維持することを考える。そのためには、(58)の第2式を参照すれば、現役世代の拠出率を $c$ から $c_p\left(=\dfrac{p}{1+g'}\right)$ に引き上げればよい。いま、実現される積立率が $n+i$ 世代についてはじめてゼロになるので、同世代が年金を受給する $n+i+1$ 期に拠出率を $c_p$ に引き上げると仮定すれば、同期の貯蓄率 $s_{i+1}$ は $s_m$ より小さく

(78) $\quad s_{i+1} = \sigma(1-c_p)(1-a) \equiv s_p (<s_m)$

となる。以降の各期の貯蓄率も $s_p$ で一定であるから、$n+i+2$ 期以降の成長経路は

(79) $\quad k_t = \left(\dfrac{s_p A}{1+g'}\right)^{1/(1-a)} \left\{ k_{n+i+1} \left(\dfrac{s_p A}{1+g'}\right)^{-1/(1-a)} \right\}^{a^{t-n-i-1}}$

$\quad (t = n+i+2, \cdots\cdots)$

となる。(71)の成長経路と同様に資本・労働比率は単調に減少する。しかし、貯蓄率の低下に対応してより低い資本・労働比率 $\left(\dfrac{s_p A}{1+g'}\right)^{1/(1-a)}$ が均衡値である。

$n+i$ 世代の粗収益率は、積立率がゼロ、$n+i+1$ 世代の拠出率が $c_p$ であるから、

(80) $\quad GR_{n+i} = \dfrac{c_p w_{n+i+1}(1+g')}{c w_{n+i}} = \dfrac{p}{c}\left(\dfrac{k_{n+i+1}}{k_{n+i}}\right)^a = R_s \left(\dfrac{k_{n+i+1}}{k_{n+i}}\right)^a < R_s$

を得る。$n+i+1$ 世代以降については、$h = i+1, i+2, \cdots\cdots$ として

(81) $\quad GR_{n+h} = \dfrac{c_p w_{n+h+1}(1+g')}{c_p w_{n+h}} = \left(\dfrac{k_{n+h+1}}{k_{n+h}}\right)^a (1+g')$

第7章　人口構造と年金　199

と書ける。(81)の最右辺は(76)の最右辺と同一であるから、(77)と同様に粗収益率は次第に上昇し（$1+g'$）に収束するが有限時間内で当初の水準$R_s$を回復することはない。

## §6　収益率維持

以下では、各世代の（粗）収益率を当初の水準$R_s$に維持する場合を考える。拠出率を$c$に固定する場合については、明確な結論を得ることができないが、積立率が時間とともに低下し、完全賦課方式に移行すると考えられる。完全賦課方式に移行するまでは粗収益率を当初の水準$R_s$に維持しうるであろう。しかし、移行後は、(77)で示されるように粗収益率は次第に高くなるが、$R_s$の水準を回復することはないと考えられる。

完全賦課方式移行後も粗収益率を$R_s$に維持するにはどうすればよいか。完全賦課方式の下で年金を受給する$n+i$世代の粗収益率$GR_{n+i}$は、どの世代の拠出率であるかを添え字で明示すれば、

$$(82) \quad GR_{n+i} = \frac{c_{n+i+1} w_{n+i+1}(1+g')}{c_{n+i} w_{n+i}}$$

と書ける。右辺の分母と$g'$は所与であり、分子の$w_{n+i+1}$は前期の貯蓄率に、したがって$c_{n+i}$に依存する。このように見れば、$n+i$世代の粗収益率$GR_{n+i}$を引き上げるには、$n+i+1$世代の拠出率$c_{n+i+1}$を引き上げる以外に手段はない。このとき、$n+i+1$期の貯蓄率$s_{i+1}$は

$$(83) \quad s_{i+1} = \sigma(1-c_{n+i+1})(1-a) < s_m$$

となって、$s_m$より小さい。また、$n+i+2$期以降の経済は

$$(84) \quad k_t = \left(\frac{s_{i+1}A}{1+g'}\right)^{1/(1-a)} \left\{k_{n+i+1}\left(\frac{s_{i+1}A}{1+g'}\right)^{-1/(1-a)}\right\}^{a^{t-n-i-1}}$$

$$(t = n+i+2, \cdots\cdots)$$

と示され、(67)と同じく資本・労働比率が時間の経過とともに減少するので、

$n+i+2$ 期の賃金率 $w_{n+i+2}$ も低下する。ここで $n+i+1$ 世代の粗収益率は

$$(85) \quad GR_{n+i+1} = \frac{c_{n+i+2} w_{n+i+2}(1+g')}{c_{n+i+1} w_{n+i+1}}$$

であるから、分子の賃金率が下落すれば $n+i+2$ 世代の拠出率 $c_{n+i+2}$ をさらに引き上げることが必要になる。以上のように完全賦課方式移行後も粗収益率を $R_s$ に維持しようとすると、「拠出率の引き上げが貯蓄率を低下させ、資本・労働比率を低下させる」過程が進行する。対応して一人当たり産出も低下し続けるので、完全賦課方式移行後も粗収益率を $R_s$ に維持することは不可能である。

## あとがき

　本書は、第1章を除き、これまでに発表した論文を加筆修正したものである。したがって、本書は著者の年金研究の足跡を示すものである。

　顧みれば、一橋大学経済学部および同大学院で直接御指導いただいた石弘光、江見康一、大川政三、故木村元一の各先生の存在があってはじめて今日の自分があることを感じる。改めて学恩の深さに思い至り、ただ感謝するのみである。

　著者がかつて勤務した北海道大学経済学部および現在の勤務先である千葉経済大学経済学部の先輩同僚諸氏に、著者の自由な研究を許容して下さったことに対し、深く感謝する。

　本書がこのような形で出版されるについては、鈴木信雄学兄の励ましがある。また、日本経済評論社の谷口京延氏には原稿作成にあたり様々な御示唆を頂いた。厚く御礼申し上げる。

　最後になったが、家族を忘れてはならない。結婚以来、私たちは東京から札幌へ、再び東京へと、大きく移動した。また札幌では前後4回もの引っ越しを経験した。そのような環境の変化の中で、2人の娘、名香子とすわ子を産み育て、家庭を守り、ある時には家計を支えた妻正子にはさまざまな苦労があったと推察する。ここに記して感謝の意を表す次第である。なお、母喜代子は満90歳で矍鑠としている。いつまでも健やかでありますように。（2005年5月4日）

# 索　引

## 【あ行】

（社会保障制度の）ILO基準 ………… 13
遺産 ………………… 61, 62, 65, 86, 126
　　意図した遺産 …………… 63, 65, 81
　　意図しない遺産 ………… 62, 65, 81
　　遺産動機 ………………… 8, 38, 122
一世帯当たり給付水準 ………………… 21
引退
　　引退資産 ……………………… 133
　　引退時点（の選択）…… 122, 125, 131
　　引退時点の選択に対する年金制度の影響
　　　………………………………… 131
　　引退世代扶養問題 …………………… 41
　　引退促進効果 ………………………… 83
　　（引退）（の）早期化 …… 15, 20, 84, 122, 131, 133
　　（引退）（の）晩期化 …… 122, 124, 131, 133
　　引退への影響 ……………………… 121
エリザベス救貧法 ……………………… 43
置き換え比率 ……………… 159, 160, 174
温情主義 ………………………… 18, 152

## 【か行】

価値判断 ……………… 28, 30, 35, 38, 175
加入者にとって有利な保険 …………… 32
家父長主義 ……………………………… 18
加齢による生産性低下 ………………… 33
完全積立方式 ………… 62, 68, 88, 124, 144, 149, 152, 159, 174
完全賦課方式 …………………… 160, 174
願望 …………………………… 28, 30, 33
企業内失業 ……………………………… 30
危険回避 ………………………………… 72
　　危険回避者 ………………………… 72
　　危険回避の尺度 …………………… 73
期待生涯効用 ………… 63, 67, 86, 122
給付不足（分）………………… 159, 162
強制社会保険 …………………………… 13
拠出率 ………… 68, 81, 86, 131, 132, 150, 152, 174
ギルバート法 …………………………… 44

均衡（steady state）…… 82, 86, 110, 147, 152, 174
近視眼的（な）行動 ……………… 17, 113
経営形態
　　資本主義的経営形態 ……………… 47
　　伝統的経営形態 …………………… 47
工業の特徴 ……………………………… 48
公的年金 ………………………………… 124
　　（公的年金制度の）公平の視点 … 143
　　（公的年金制度の公平の）指標 … 144, 174
　　公的年金制度の年齢 ……………… 105
　　公的年金制度の発展 ……………… 105
　　（公的年金による）引退への影響 … 121
　　（公的年金による）経済成長の阻害 … 119
　　公的年金の存在理由 ………… 15, 25
　　公的年金の需要と供給 …………… 107
　　公的年金の範囲 …………………… 12
厚生分配への効果 ……………………… 86
高負担－高給付 ………………………… 158
公平
　　機会の公平 ………………………… 178
　　結果の公平 ………………………… 178
　　公平な年金 …………………… 122, 124
　　公平な保険 …………………… 37, 123
　　公平（の）規準 …………………… 176
　　公平の視点 ……………… 143, 144, 176
　　公平の指標 …………… 151, 159, 177
　　世代間（の）公平 …… 151, 152, 159, 175
効率性（の規準）………………… 176, 177
高齢化の速度 …………………………… 1
国民負担率 ……………………………… 3
穀物収穫率 ……………………………… 46
コブ・ダグラス型生産関数 …… 68, 81, 108, 149

## 【さ行】

財政方式 …………………………… 114, 143
　　財政方式の維持 …………………… 152
　　財政方式の転換 …………………… 159
産業革命 …………………………… 43, 53, 107
資産代替効果 …………………………… 83
持続可能な資本・労働比率 ……… 111, 117

失業確率 ·········································· 30, 32
資本・労働比率（の）増加分 ··········· 110, 115
社会契約 ············································· 10
社会保障
　狭義の社会保障 ································ 13
　社会保障給付費 ·································· 2
　社会保障資産 ·································· 124
　社会保障制度審議会 ·························· 13
　社会保障制度の枠組み ······················ 12
　社会保障のあり方 ······························· 1
　社会保障負担 ······································ 3
修正積立方式 ······································ 159
収入と支出の時間パターン ··················· 7
寿命の不確実性 ··································· 62
生涯収支 ············································· 65
少額資金の不利益 ························· 15, 56
少産少死 ············· 1, 42, 49, 53, 61, 107, 112, 119
新救貧法 ············································· 44
人口
　人口革命 ····································· 1, 49
　人口構造 ································ 1, 50, 107
　（人口構造の）高齢化 ······· 1, 52, 53, 87, 119, 143
　人口構造（上）の変化 ········ 42, 49, 86, 112
　人口成長率の低下 ········ 5, 107, 119, 144, 152, 160, 174
　人口転換 ······················ 1, 42, 49, 53, 119
　人口の年齢別構造 ······················ 52, 107
　人口モデル ······································ 50
数理上公平（な） ··························· 62, 123
スピナムランド制度 ···························· 44
スライド率 ···································· 19, 20
世代間消費比率 ·································· 111
世代内部でのフリーライダー ············· 179
戦略的行動 ······························ 17, 21, 179
早期引退 ···························· 5, 106, 121, 124
阻害 ····································· 4, 107, 114

【た行】

多産多死 ································ 1, 49, 53, 107
多産少死 ····················· 1, 49, 53, 107, 112, 119
重複世代モデル ····························· 62, 108
地理変数 ··········································· 105
中負担－中給付 ·································· 158
積立金 ······························ 18, 68, 149, 160

積立方式 ···························· 41, 61, 84, 114, 159
積立率 ··············································· 160
　計算上の積立率 ······························· 162
　実現される積立率 ··························· 162
低負担－低給付 ·································· 158

【な行】

ナッチブル法 ······································ 44
任意社会保険 ······································ 13
認知的不協和理論 ···························· 25, 31
認知要素 ············································· 26
年金給付率 ····················· 144, 150, 152, 160, 174
（年金制度の）引退促進効果 ················· 83
（年金制度の）資産代替効果 ················· 83
（年金制度の）（粗）収益率 ······· 63, 132, 144, 151, 152, 164, 174
年金の目的 ······································ 7, 14
農業
　農業革命 ···································· 46, 53
　農業の特徴 ······································ 46
　農業の経営形態 ································ 46
望ましい信念 ································ 28, 35

【は行】

貧民 ··················································· 43
賦課負担 ····································· 160, 175
賦課方式 ······························ 20, 84, 114, 159
不合理な行動 ······················ 4, 17, 21, 25, 32, 38
平均標準報酬額 ··································· 19
平均標準報酬月額 ······························· 19
保険加入（の）条件 ·························· 33, 34

【ま行】

マクロ（経済を通じて作用する時間）の遅れ
　···················································· 55, 56
見なし退職（の廃止） ························· 134
民間保険市場の失敗 ······················ 15, 18

【や行】

友愛組合 ············································· 45

【ら行】

ライフ・サイクル（上）の遅れ ·········· 55, 56
ライフ・サイクルモデル ······················ 62
歴史変数 ··········································· 105

老後所得 …………………………………… 5
老後貯蓄 ………… 8, 11, 14, 21, 25, 31, 38, 42, 49, 54, 114
老人医療費 ………………………………… 2
老年人口比率 ………………… 1, 42, 51, 54, 61, 88
老年世代（の）扶養問題 ……………… 113, 119

老齢基礎年金 ……………………………… 18
老齢厚生年金 ……………………………… 18

【わ行】

わが国における公的年金制度の範囲 ………… 13

【著者略歴】

今泉佳久（いまいずみ・よしひさ）
- 1946年　東京都生まれ。
- 1970年　一橋大学経済学部卒業。
- 1975年　一橋大学大学院経済学研究科博士課程単位取得満期退学，北海道大学経済学部専任講師。
- 1977年　同助教授。
- 1988年　千葉経済大学経済学部教授。

## 公的年金の経済学

2005年9月20日　第1刷発行　　定価（本体5000円＋税）

著　者　今　泉　佳　久
発行者　栗　原　哲　也

発行所　㈱日本経済評論社
〒101-0051　東京都千代田区神田神保町3-2
電話 03-3230-1661　FAX 03-3265-2993
nikkeihy@js7.so-net.ne.jp
URL：http://www.nikkeihyo.co.jp
印刷＊文昇堂・製本＊山本製本所
装幀＊渡辺美知子

乱丁落丁はお取替えいたします。　　　　Printed in Japan
© IMAIZUMI Yoshihisa 2005　　　　　ISBN4-8188-1793-7

・本書の複製権・譲渡権・公衆送信権（送信可能化権を含む）は㈱日本経済評論社が保有します。
・JCLS〈㈱日本著作出版権管理システム委託出版物〉
本書の無断複写は著作権法上での例外を除き禁じられています。複写される場合は、そのつど事前に、㈱日本著作出版権管理システム（電話03-3817-5670、FAX03-3815-8199、e-mail: info@jcls.co.jp）の許諾を得てください。

# 経済思想　全11巻

◎編集委員
　鈴木信雄（千葉経済大学）　　塩沢由典（大阪市立大学）　　八木紀一郎（京都大学）
　大田一廣（阪南大学）　　　　大森郁夫（早稲田大学）　　　坂本達哉（慶應義塾大学）
　吉田雅明（専修大学）　　　　橋本　努（北海道大学）

## 【第Ⅰ部】

### 第1巻「経済学の現在　1」
編集責任＊塩沢由典

　環境経済学の現在
　複雑系経済学の現在
　社会経済学の現在
　レギュラシオンの経済学
　マルチエージェントベースの経済学
　実験経済学の現在

### 第2巻「経済学の現在　2」
編集責任＊吉田雅明

　進化経済学の現在
　経済学から歴史学中心の社会科学へ
　社会経済史の現在
　市民社会論の現在
　厚生経済学の系譜

## 【第Ⅱ部】

### 第3巻「黎明期の経済学」
編集責任＊坂本達哉

　ペティ
　ロック
　マンデヴィル
　カンティロン
　ヒューム
　ケネー
　ベッカリーア

### 第4巻「経済学の古典的世界　1」
編集責任＊鈴木信雄

　ステュアート
　スミス
　ベンサム
　リカードウ
　マルサス
　セー
　ミル（J. S.）

### 第5巻「経済学の古典的世界　2」
編集責任＊大森郁夫

　ジェヴォンズ
　ワルラス
　マーシャル
　シュンペーター
　ケインズ
　ヒックス
　スラッファ

### 第6巻「社会主義と経済学」
編集責任＊大田一廣

　サン-シモン
　シスモンディ
　マルクス（1）
　マルクス（2）
　ヒルファデング
　レーニン
　ルクセンブルク

### 第7巻「経済思想のドイツ的伝統」
編集責任＊八木紀一郎

　リスト
　シュモラー
　メンガー
　ベーム-バヴェルク
　ヴェーバー
　ジンメル

### 第8巻「20世紀の経済学の諸潮流」
編集責任＊橋本　努

　ヴェブレン
　カレツキ
　サミュエルソン
　ガルブレイス
　フリードマン
　ハイエク
　ポランニー

## 【第Ⅲ部】

### 第9巻「日本の経済思想　1」
編集責任＊大森郁夫

　福沢諭吉
　田口卯吉
　福田徳三
　柳田国男
　河上　肇
　左右田喜一郎
　高田保馬
　石橋湛山
　小泉信三

### 第10巻「日本の経済思想　2」
編集責任＊鈴木信雄

　山田盛太郎
　宇野弘蔵
　東畑精一
　柴田　敬
　大塚久雄
　内田義彦
　森嶋通夫
　宇沢弘文
　廣松　渉

### 第11巻「非西欧圏の経済学
　　　　　―土着・伝統的経済思想とその変容」
編集責任＊八木紀一郎

　土着・伝統的思想と経済学
　西欧経済思想導入以前の日本経済思想（1）
　西欧経済思想導入以前の日本経済思想（2）
　中国の伝統的経済思想
　中国の近代化と経済思想
　韓国・朝鮮の経済思想と経済学
　イスラムの経済思想
　南アジアの経済思想と経済学

Ａ5判　上製カバー
平均300頁
各巻　2800円～3200円（本体）